Qellqay

Qellqay ist ein Wort der Quechua-Indianer für »schreiben« – jedoch erst seit mit der conquista die europäische Kulturtechnik des Schreibens nach Lateinamerika kam. Vorher soll *qellqay* nur »malen, zeichnen« bedeutet haben.
Vom Malen zum Schreiben – hinter diesem Bedeutungswandel verbirgt sich ein viel tiefer gehendes Phänomen: die indianische Wort- und Zeichenkultur wurde durch europäische Schriftlichkeit überformt und verdeckt. Für die Indianer bedeutet dieser Übergang vielfach einen Bruch mit ihren alten Lebenszusammenhängen – mit ihren meist *mündlich* überlieferten Mythen, Liedern, Redensarten, die ihre Ethik, ihre Religion, ihre Geschichte enthielten.
Die Radikalität dieses Bruchs wird heute nur noch allzu oft durch die Unterstellung der Bildungsplaner verschärft, ohne Alphabet gäbe es keine Kultur. Die Autoren halten diese Denkfigur für eurozentrisch. Sie versuchen vielmehr zu zeigen, wie Kultur ohne Buchstaben aussehen konnte, und was geschah, als die Indianer mit dem Alphabet konfrontiert wurden.

Birgit Scharlau ist Professorin für Romanistik und Lateinamerikanistik an der Universität Frankfurt.

Mark Münzel ist Kustos der indianischen Sammlungen des Frankfurter Völkerkundemuseums und Professor für Lateinamerikanistik an der Frankfurter Universität.

Birgit Scharlau, Mark Münzel

Qellqay

Mündliche Kultur und Schrifttradition bei Indianern Lateinamerikas

Campus Verlag
Frankfurt/New York

CIP-Kurztitelaufnahme der Deutschen Bibliothek

Scharlau, Birgit:
Qellqay : mündl. Kultur u. Schrifttradition bei Indianern Lateinamerikas / Birgit Scharlau ; Mark Münzel. - Frankfurt/Main ; New York : Campus Verlag, 1986.

ISBN 3-593-33559-X

NE: Münzel, Mark

Umschlaggestaltung: Atelier Warminski, Büdingen
Umschlagabbildung: Guáman Poma de Ayala,
El Primer Nueva Corónica y Buen Gobierno
Satz: Typo Forum Gröger, Büdingen
Druck und Bindung: Fuldaer Verlagsanstalt, Fulda
Printed in Germany

Inhalt

Teil II
Indianische Oralkultur der Gegenwart
(Mark Münzel)

Einleitung

1

Qellqay ist ein Wort der Quechuasprache. Bevor mit der Konquista die europäische Schrift nach Peru gelangte, soll es »zeichnen« oder »Zeichen anbringen« bedeutet haben. Die spanischen Eroberer haben dann auch die Bedeutung des Wortes erobert und es als Übersetzung ihres eigenen Begriffes für (alphabetisches) Schreiben verwendet.

Vom Zeichnen zum Schreiben: die Wortgeschichte dient uns freilich nur als Gleichnis für tiefergehende Veränderungen.* So wie hier eine alte durch eine neue Bedeutung überdeckt wurde, so wurde auch die indianische Oralkultur durch europäischen Schriftgebrauch überlagert und verdeckt. Ihre vielfältigen Ausdrucks- und Erinnerungstechniken sind heute weitgehend aus dem öffentlichen Bewußtsein verbannt. Die Situation derer, die sich nicht der Schrift bedienen, wird nurmehr unspezifisch als »Analphabetismus« begriffen.

2

Die Überwindung dieses Analphabetismus und die Schriftverbreitung nach europäischem Vorbild ist nicht einfach nur Ein-

* Ohne uns damit in die komplexe Diskussion um die altperuanischen Zeichen einmischen zu wollen, die mit dem Wort »qellqa« bzw. »quillca« benannt werden.

übung in ein anderes Medium oder eine neue Technik. Für viele außereuropäische Völker bedeutet sie zusätzlich einen Bruch mit dem autochthonen Lebenszusammenhang, einen Angriff auf die einheimische Kultur.

Denn Mündlichkeit ist bis heute für große Bevölkerungsgruppen der Welt ein wesentliches Element ihrer Tradition. Indianische Ethik und Religion werden meist durch Mythen, Lieder oder Redensarten überliefert, ohne daß es daneben (wie neben europäischen mündlichen Traditionen) seit Jahrhunderten auch eine lebendige schriftliche Überlieferung der eigenen Kultur gäbe.

Die Radikalität des Bruches wird nicht selten noch durch den Glaubenssatz verschärft, Analphabeten seien von Kultur überhaupt ausgeschlossen – eine eifernd eurozentrische Gleichsetzung von Schriftkultur mit Kultur überhaupt. Die zahlreichen Alphabetisierungsmethoden und -kampagnen, mit denen Lateinamerika seit den fünfziger Jahren unseres Jahrhunderts überzogen wird, diskutieren wir in unserem Buch nicht direkt – indirekt aber geht es sehr wohl um sie.

3

Seitdem man alphabetische Literalität zum Maßstab für Entwicklung und Fortschritt nimmt, macht man es sich mit den Analphabeten leicht. Unterschieden wird nur noch, ob jemand schreiben kann oder nicht. Die vielfältigen Ursachen und gegenwärtigen Erscheinungsformen der Mündlichkeit bleiben dabei ausgeblendet.

So gibt es etwa Analphabeten, die nur mündlich kommunizieren, weil sie die einmal gelernte Schrift im Alltag nicht brauchen und deshalb vergessen haben. Andere Analphabeten sind der Schrift zwar nicht mächtig, nehmen aber den von Schriftkenntnis geprägten Stil der Alphabeten in ihre Sprache mit hinein. Noch andere Analphabeten sind in einer jahrhundertealten Tradition der Mündlichkeit zuhause und lassen sich kaum von der Schriftlichkeit beeinflussen. Bei wieder anderen hat sich der alten Mündlichkeit eine neue, mediatisierte Mündlichkeit überlagert. Das Medium, das ihre Ausdrucksweise prägt, ist nicht die Schrift, sondern der Rundfunk und das Fernsehen.

All diese verschiedenen Arten von Mündlichkeit werden aus der Logik alphabetischer Literalität als ein einziges kulturelles Defizit erfaßt. Den Blick für die verschiedenen Formen der Mündlichkeit hat die praktisch-politisch begründete Vormacht der Alphabetisierungsidee teilweise verstellt. Stattdessen hat sie zahllose Statistiken hervorgebracht, die dokumentieren, wie viele Analphabeten es in diesem oder jenem Land noch gibt, oder wie viele zur Schrift bekehrt wurden.

Die Alphabetisierungsidee insgesamt wollen wir mit diesen Bemerkungen nicht in Frage stellen. Es läßt sich heute nicht mehr übergehen, daß die Forderung nach Alphabetisierung, nach Lehrern und Schulen gerade von Indianern immer häufiger und heftiger vorgetragen wird. Dahinter stehen Erfahrungen damit, daß Nicht-Lesen-und-Schreiben-Können den Ausschluß aus dem sozialen und politischen Leben der übrigen Gesellschaft bedeutet. Mittlerweile ist schon die Zeit gekommen, da bildungsfreudige Indianer sich gegen bildungs- und zivilisationskritische europäische Entwicklungsplaner auflehnen. Zynismus wäre es, den Indianern, die nach mehr Schule verlangen (um sich in einer immer mehr verschulten Welt behaupten zu können), stattdessen die neuesten europäischen Gedankenspiele der Entschulung anzubieten oder gar anstatt einer Berufsausbildung die Rückkehr zum Märchen vorzuschlagen.

4

Die mündliche Kultur der Indianer, an die wir in diesem Buch erinnern, läßt sich sicher nicht mumienartig konservieren und dann als Lösungsmodell für die Probleme des 21. Jahrhunderts empfehlen. Vielleicht läßt sich aber doch für eine stärkere Berücksichtigung der Qualitäten oraler Kultur bei der Alphabetisierung der Indianer plädieren. Hier halten wir auch die historische Rückbesinnung für nützlich: Schon in der frühen Kolonialzeit gab es sehr unterschiedliche Wege der Verschriftlichung, diente das europäische Alphabet teils der Bewahrung, teils der Zerstörung indianischer Kultur.

Dabei können und wollen wir weder die gesamte Kulturgeschichte der Kolonialzeit noch die ganze Vielfalt heutiger indianischer Oralkulturen in Lateinamerika darstellen. Stattdessen greifen wir einige wenige Fälle heraus, deren Auswahl sicher subjektiv ist und weder einem enzyklopädischen Vollständigkeitsanspruch noch dem perfektionistischen Bemühen genügen soll, möglichst »typische« Beispiele zu finden. Bei der Vielzahl indianischer Völker und Kulturen in Lateinamerika (über 120 allein in Brasilien, jede mit ihrer eigenen Sprache, ihrer eigenen mündlichen Literatur, ihren unverwechselbaren Charakteristiken, und jede mit ihrer eigenen, spezifischen Auseinandersetzung mit unterschiedlichen »Zivilisierungs«-Praktiken) wäre ein solcher Versuch wohl nur ein Zeichen von Ignoranz.
Vielmehr wollen wir uns auf zwei Punkte konzentrieren:

– Auf vorkoloniale Traditionen und deren kolonialzeitliche Umwandlung: Das Beispiel Mexiko zeigt schon in voreuropäischer Zeit eine Art Schrift, nur eben eine *indianische*, die der mündlichen Kultur der Indianer nicht zerstörerisch gegenübertrat, sondern aus ihr hervorging und sie erweiterte. Das besondere Problem der *europäischen* Schrift in ihrem Kontakt mit indianischer Kultur: Es ging bei der Alphabetisierung der Indianer zunächst gar nicht um die Einführung der Schrift, sondern: um die Einführung der Schrift als Medium *europäischer* Gedanken.

  Um so wichtiger ist es, daß es Indianern dennoch gelang, die fremde Schrift nicht nur zu erlernen, sondern auch, sie sich zu eigen zu machen. Die spanische Konquista mag uns zwar aus vereinfachender Sicht vernichtend fanatisch erscheinen – die frühe Kolonialzeit ließ aber mehr Nischen und Übergangszonen zu, als dies für das 20. Jahrhundert denkbar erscheinen mag; Nischen, in denen sich indianische Kultur oft leichter weiterentwickeln konnte als heute.
– Ein Beispiel aus dem 20. Jahrhundert zeigt, wie eine von der Verschriftlichung noch nicht erreichte Oralkultur aussehen kann, welche Ausdrucksmöglichkeiten jenseits der Schrift sie besitzt. Die Waldindianer des tropischen Südamerika, und erst recht die von uns genannten Aché in Paraguay sind wohl kein Modell einer zukünftigen Weiterentwicklung – aber sie zeigen, was missionarische Begeisterung zerstört.

Teil I

Altindianische Oralkultur zwischen Bilderschrift und Alphabet

(Birgit Scharlau)

1

Annäherung an eine fremde Vergangenheit

Begriffe wie »Analphabetismus« oder auch »Schriftlosigkeit« greifen häufig recht kurz. Sie signalisieren nur, daß wir bei anderen unsere Schrift vermissen. Besondere Ausformungen von Mündlichkeit, fremde Oral- und Zeichenkulturen bleiben dabei nur allzuleicht unbeachtet. Daß es jenseits der alphabetischen Welt in Lateinamerika eine Vielzahl solcher anderer, mündlicher Welten gibt, läßt sich fast überall, besonders eindringlich jedoch am Beispiel indianischer Verhältnisse zeigen.

Hier geht es zunächst nicht um deren Gegenwart, sondern um die präkolumbische Tradition – um altindianische Mündlichkeit und Zeichenpraxis. Gewiß, viel ist davon nicht mehr übrig geblieben. Die Europäer haben im Zuge von Konquista und Kolonisierung die alten Worte verändert und die vorgefundenen Zeichen zunächst zerstört. Sie haben schließlich mit ihren Lebens- und Denkweisen auch die alphabetische Schrift in der Neuen Welt eingeführt. Jedoch wurden die Spuren der voralphabetischen Verhältnisse im alten Amerika von ihnen nicht völlig verwischt, sondern – aus vielfältigen Gründen – auch erhalten und überliefert.

So finden sich in Chroniken, Berichten und Geschichten recht detaillierte Angaben über mündliche und schriftähnliche Techniken der Indianer. Die fremde Medienwelt rückt uns dadurch schon etwas näher. Ergänzend kommen archäologische und andere Funde hinzu, in denen man Knoten-, Bilder- und Zeichentexte erkennen kann. Aber nicht nur jene, dauerhaften Zeichen, auch gesprochene oder gesungene, in jedem Falle mündliche Produkte aus alter Zeit sind bekannt. Frühkoloniale Schreiber haben sie transkribiert oder dem Inhalt nach aufgeschrieben – nicht so sehr für eine philologisch beflissene Nachwelt, als für die spanischen Könige und deren Informationsbedarf.

Schließlich rundet auch die Kenntnis indianischer Oraltraditionen aus heutiger Zeit das Bild der präkolumbischen Praktiken ab. Natürlich entspricht das eine dem anderen nicht mehr: nahezu fünfhundert Jahre, die koloniale Prägung und neuere Entwicklungen haben die indianische Wortkultur verändert. Freilich nicht so sehr, daß Rückschlüsse von heute auf damals unmöglich wären.

All diese Quellen, Funde, Überlieferungen und Hinweise erlauben, bis zu einem gewissen Grad, die Rekonstruktion voralphabetischer Verhältnisse im alten Amerika. Es käme nur darauf an, die Spuren angemessen zu interpretieren. Wie immer bei fremdkulturellem Verstehen verstellt auch hier die Befangenheit in der eigenen Kultur leicht den Zugang zum Anderen. So soll und kann es nicht unmittelbar um eine Schilderung altindianischer Medienpraxis gehen, sondern zunächst einmal um die alphabetische, schriftkulturelle und sonstige Bedingtheit des europäischen Blickes auf sie.

Chroniken, Berichte, Geschichten

Wichtig für die Kenntnis der vorkolonialen Zeit sind vor allem Texte aus dem 16. und 17. Jahrhundert. Ihre Autoren sind meist Europäer, vielfach Spanier, die an der Eroberung und Kolonisierung der Neuen Welt mitwirkten – sei es als Soldaten, als Missionare oder als Funktionäre der Kolonialverwaltung. Sie haben, zusammen mit den offiziell beauftragten Berichterstattern, aber auch mit einigen Autoren indianischer Herkunft, zahlreiche Beschreibungen des Vorgefundenen hinterlassen (Abb. 1). Diese können freilich nicht ohne weiteres als Spiegel der fernen Verhältnisse begriffen werden – kommt das Fremde darin doch vorwiegend in europäisierter Form zur Geltung. Zwischen das Beschriebene und den räumlich und jetzt auch zeitlich fernen Leser schieben sich Schichten, die man erst abtragen muß, will man an die »eigentlichen« Qualitäten herangelangen.

LIBRO PRI
MO DE LA CONQVISTA
del PERV & prouincia del Cuzco
de le Indie occidentali.

Con gratia & priuilegio per anni X.

Abb. 1: Titelblatt eines spanischen Berichts von der Konquista Perus

Abtragen heißt hier unter anderem, daß die Texte nicht einfach als schriftliche Verkörperung vor- und frühkolonialer Zustände, sondern als Versionen verstanden werden. Und weiter: daß deren Entstehungsbedingungen in die Lektüre miteinbezogen werden. Wie entsteht also eine solche Version? Dazu ein Beispiel: Den ersten Berichterstattern aus der Neuen Welt fehlen häufig Begriffe und Wörter, um das Neue erfassen und beschreiben zu können. Zuviel Unbekanntes kommt auf sie zu. Um sicher zu gehen, halten sie sich zunächst nur an das, was sie kennen oder wiedererkennen. Sie erschließen sich das Fremde – wie könnte es anders sein – über die Kategorien des schon Bekannten. Die Dinge und Verhältnisse der Neuen Welt werden dabei nur insoweit registriert, als sie den vertrauten Dingen der Alten Welt ähneln oder sich von ihnen unterscheiden.

Aus diesem Beschreibungsraster geht die erste Version der transatlantischen Welt hervor. Kolumbus etwa schreibt, daß die Bäume alle »grün, wie Andalusien im Mai«, im übrigen aber ganz anders als die spanischen Bäume aussähen. Die Muscheln auf Kuba findet er groß, aber »nicht so schmackhaft wie die in Spanien«. Auch Cortés mißt das Fremde am Maßstab des Vertrauten. Bei ihm fallen die Unterschiede allerdings weniger ins Gewicht als die Ähnlichkeiten. Was immer er bei seinem Eroberungszug durch das Aztekenreich sieht – alles kommt ihm »spanisch« vor. Die Stadt des Herrschers Moctezuma sei »so groß wie Sevilla oder Córdoba«, der Hauptplatz darin »doppelt so groß wie die Stadt Salamanca« und die Kirschen und Pflaumen auf den Märkten »ähnelten denen in Spanien«.[1]

Andere berichten, daß es bestimmte Dinge, die sie von Spanien her kennen, in der Neuen Welt nicht gäbe. So stellen sie beispielsweise nach einer ersten und noch sehr begrenzten Erfahrung mit Einheimischen fest, daß diese weder König, noch Glauben, noch Gesetz hätten. Schließlich eine weitere Fehl-Meldung: »Sie wissen weder von heyliger oder weltlicher Schrifft / haben auch gar keine Charakteres, Buchstaben / oder andere merck / damit sie etwas mögen auffmerckte / ...[2]

Man wird diese Sätze nicht so lesen können, wie sie dastehen, sondern nach dem Schriftbegriff fragen müssen, der dahinter steckt. Sprechen die Chronisten die gleiche Sprache wie wir?

Oder genauer: meinen sie mit ihren Wörtern das gleiche, was wir darunter verstehen? Welche Vorstellungen verbinden Autoren des 16. Jahrhunderts etwa mit dem Begriff »Schrift«?

Eine gewisse Antwort auf diese Fragen findet sich in den Büchern des Jesuitenpaters José de Acosta. Er kam als Missionar in die Neue Welt und verfaßte gegen Ende des 16. Jahrhunderts ein umfassendes Werk über ihre Geschichte und Kultur.[3]

Acosta gehört zu denjenigen, die die Konfrontation mit dem Fremden nicht mehr nur durch dessen Assimilation verarbeiten. Stattdessen erfolgt eine Auseinandersetzung mit den eigenen, vertrauten Verhältnissen. So beginnt er die Schriftpraxis, die ihm bisher selbstverständlich war, zu überdenken und sich klar zu machen, was Schreiben eigentlich bedeute:

»Die Buchstaben wurden erfunden, um die Wörter, die wir aussprechen, unmittelbar wiederzugeben. Ebenso sind die Wörter und Vokabeln selbst – nach Meinung des Philosophen [Aristoteles] unmittelbare Zeichen für Konzepte und Gedanken der Menschen. Und die einen wie die anderen (ich meine die Buchstaben und die Laute) werden in bestimmte Anordnungen gebracht, um Dinge zu bezeichnen: Die Laute, um gegenwärtige und die Buchstaben, um abwesende, das heißt vergangene und zukünftige Dinge zu bezeichnen. Die Zeichen jedoch, welche zusammengefügt werden, nicht, um Wörter, sondern um Sachen zu bedeuten, sind nicht im eigentlichen Sinne Buchstaben und können auch nicht als solche bezeichnet werden, obwohl sie hingeschrieben sind. So kann man vom Bild einer gemalten Sonne nicht sagen, daß es sich dabei um Schrift handele; vielmehr muß man es als Malerei betrachten . . .«[4]

Acostas Schriftdefinition hat, zumindest im ersten Teil des Zitats starke Anklänge an Definitionen aus heutiger Zeit. Auch in diesen ist meist von zwei aufeinander bezogenen Zeichensystemen die Rede. Die graphischen Zeichen repräsentieren demnach Sprachzeichen, die ihrerseits für das Bedeutete stehen.[5] Aber täuschen wir uns nicht. Acostas Vorstellungen ähneln den heutigen nur dem Schein nach. In einem wesentlichen Punkt unterscheiden sie sich jedoch von ihnen. Wie viele seiner Zeitgenossen kann er Schrift nämlich nicht anders als im Sinne der ihm vertrauten Buchstabenschrift verstehen. Die graphische Realisierung von Sprachlauten muß in Form von Buchstaben geleistet sein, damit sie als Schrift gelten kann. Alles, was von dieser graphischen Norm abweicht, beurteilt Acosta grundsätzlich anders. Nicht nur die aztekischen Sonnenbilder werden von ihm ausgegrenzt, sondern auch die Zeichen der chinesischen Schrift: »... man kann sie nicht wirklich lesen und schreiben, denn es handelt sich dabei nicht um Buchstaben, die sich auf Wörter beziehen, sondern um Bildchen von zahllosen Dingen.«[6]

Es gab damals freilich auch andere, unserem heutigen Kulturrelativismus nähere Schriftkonzeptionen. Nur dreißig Jahre nach Acostas Aufzeichnungen leitet der Chinabericht seines französischen Ordensbruders Trigault ein neues Verständnis nicht-alphabetischer Schrift ein. Die chinesische Schrift wird darin nicht mehr als schlechtere, sondern lediglich als andere graphische Ausdrucksweise beschrieben – noch dazu als eine, in der man komplexere Gedankenverbindungen in aller Kürze, ohne die lineare Umständlichkeit der alphabetischen Schreibordnung, darstellen könne.[7] Trigaults Beschreibungen suggerieren die Entdeckung einer Begriffsschrift, die unabhängig vom Gesprochenen ist und über aller sprachlicher Verschiedenheit zu stehen scheint. Ihn selbst, den Missionar, wird daran vor allem die Möglichkeit der Verbreitung von Botschaften (zum Beispiel der christlichen) in fremdsprachigen Gebieten faszinieren. Vorbild dafür ist ihm die schriftbedingte Streuung der chinesischen Kultur in asiatischen Nationen verschiedenster Sprachen. Andere gehen noch einen Schritt weiter. So etwa Leibniz, der Philosoph, der sich durch solche Berichte zum Entwurf eines universalen Verständigungssystems anregen läßt.

In gewisser Weise ist damit der Glaube an das Primat der alphabetischen Schrift als konkurrenzlosem Ausdrucksmittel gebrochen. Wird die chinesische Schrift doch zeitweilig als perfekteres, da von gesprochener Sprache unabhängiges System betrachtet.[8] Was aber für das chinesische Medium gilt, gilt noch längst nicht für das aztekische oder ägyptische. Während die chinesischen Schriftelemente nun als nicht-bildlich und damit schriftfähig interpretiert werden, läßt die Einschätzung der mexikanischen und ägyptischen Systeme als Bilder*schriften* noch auf sich warten. Ganz offensichtlich ist deren Bildlichkeit für das Auge des Europäers zu konkret, als daß er darin zunächst etwas anderes als reine »Bilder« hätte erkennen wollen. Nur so ist die Aufwertung der chinesischen Schrift bei gleichbleibender Abwertung der aztekischen und ägyptischen Bildzeichen erklärbar. Deren weniger abstrakte Formen bleiben auch weiterhin, während des ganzen 16. und 17. Jahrhunderts, Inbegriff von Unvollkommenheit und kultureller Rückständigkeit.

Erst nach den Schriftdiskussionen des 18. Jahrhunderts wird ein anderer Blick auf die außereuropäischen Schriften möglich: Champollion entdeckt, daß sich hinter der Bildform ägyptischer Hieroglyphen auch Lautzeichen verbergen können. Man fängt an, die bildförmigen Repräsentationen danach zu klassifizieren, ob sie sich auf Dinge, Begriffe oder Sprachlaute beziehen. Aber nicht nur Piktogramme, Ideogramme und Phonogramme werden wahrgenommen, sondern auch das komplexe Spektrum ihrer Mischungen. Damit sind die traditionellen Vorurteile gegen die Bildlichkeit des ägyptischen Systems überwunden.

In der Folge kann sich auch eine neue Rezeption mesoamerikanischer Bilderschriften durchsetzen. Hinter manchem, was früher als bloße Malerei, als Bilder oder Figuren abgetan worden war, werden plötzlich Schriftelemente aufgetan. Dies gilt auch für die aztekischen Sonnenbilder, von denen schon Acosta sprach. Wir erfahren nunmehr, daß mit einer abgebildeten Sonne bei den Azteken nicht nur das Piktogramm für den Planeten, sondern auch das Ideogramm für den Begriff des Sonnengottes und schließlich gar das Phonogramm für den Lautwert »teo-« gemeint sein kann.[9]

Bei alledem wundert es nicht, wenn die ersten Europäer in der Neuen Welt guten Gewissens behaupten konnten, daß es dort keine Schrift gegeben habe. Für den Leser des 20. Jahrhunderts heißt das im Klartext zunächst jedoch nur, daß sie auf nichts »Buchstäbliches« stießen und daß ihr epochenbedingtes Schriftverständnis sie an weitergehenden Entdeckungen in dieser Richtung hinderte.

Warum, so bleibt noch zu fragen, sind sie überhaupt so hartnäckig auf Schriftsuche gewesen? Was mögen sie sich von indianischer Schrift versprochen haben? Offenkundig ist, daß sie das Medium nicht um seiner selbst willen suchten. Weder graphische Begeisterung, noch theoretische Motive haben sie dazu angetrieben. Stattdessen stehen ganz pragmatische Interessen im Vordergrund. Man befaßte sich grundsätzlich mit allen indianischen Medien, um sie gegebenenfalls zu Sprachrohren für die christliche Botschaft zu machen. Auch erhoffte man sich von der gesuchten Schrift Zugang zu indianischer Geschichtsschreibung und damit zu Informationen, die für Bekehrung und Kolonisierung hätten wichtig sein können.[10] Dies erklärt, wieso auch die Chronisten immer wieder auf die Schriftfrage zurückkommen.

Mehr noch: Es wird nun auch klar, weshalb sie sich nicht mit Fehlmeldungen begnügen, sondern statt der vermißten Schrift die vorgefundenen indianischen Merktechniken bis ins letzte Detail hinein beschreiben. Derselbe Acosta, welcher bildliche Notierungen grundsätzlich vom Schriftbegriff ausschließt, erläutert voller Hingabe und mit großer Sachkenntnis die piktographische und ideographische Praxis der Indianer. Viele andere Autoren tun es ihm gleich.[11]

Von daher wissen wir, was man im alten Amerika anstellte, um Inhalte dauerhaft zu fixieren. Allerdings beschreiben die europäischen Autoren nur die Techniken, nicht jedoch deren praktische Ergebnisse. Die Erkenntnis der Sache bedarf freilich mehr als nur der Einsicht in die Logik des Systems. Man denke zum Vergleich einmal an das Alphabet. Mit abstraktem Wissen um seine Funktionsweise ist es noch nicht getan. Erst die Konkretion durch geschriebene Texte rundet das Verständnis ab. Über solche empirischen Aspekte schweigen sich die Chronisten aus. Hier helfen jedoch andere Zeugnisse aus alter Zeit weiter.

Archäologische und andere Funde

Der Ertrag des Aufgefundenen entstammt vorwiegend Ausgrabungen oder auch Entdeckungen in Archiven. Teilweise sind auf den Fundstücken bedeutsame Zeichen entdeckt und manche davon auch entschlüsselt worden. Auf anderen werden Bedeutungen bislang nur vermutet. In jedem Fall liegen damit – ob verstanden oder unverstanden – konkrete Fragmente einst fixierter Inhalte vor.

Die Funde konzentrieren sich auf den andinen und den mesoamerikanischen Raum. Aus dem Andengebiet sind unter anderem Knotenschnüre (*quipus*, Abb. 2), ferner bestimmte Muster in Geweben (*quillcas*, Abb. 3), auf Holzbechern (*qeros*, Abb. 4) oder aber auch auf Bohnen (*pallares*, Abb. 5) belegt. Aus Mesoamerika sind bildliche und bilderschriftliche Funde bekannt: Fresken und Inschriften auf Wänden oder auf Decksteinen von Tempelräumen und Grabkammern; szenische Darstellungen samt Hieroglyphen auf Keramiken; hieroglyphische Notierungen auf Steindenkmälern verschiedenster Form oder auch auf kostbaren Materialien wie Jade, Knochen und Muscheln; schließlich Bilderhandschriften (*codices*) mit farbigen Formen auf papierähnlichem Material, das zurechtgeschnitten und – leporelloartig – zu einem Buch oder Album gefaltet sein kann.

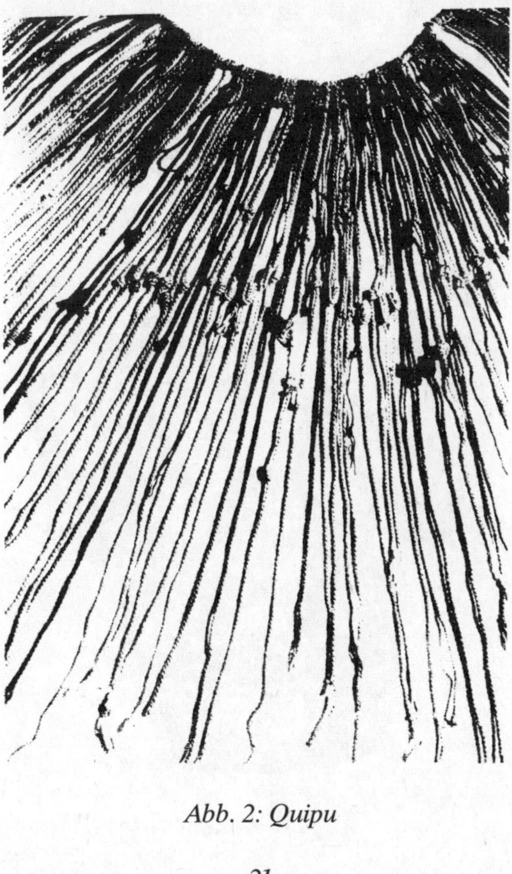

Abb. 2: Quipu

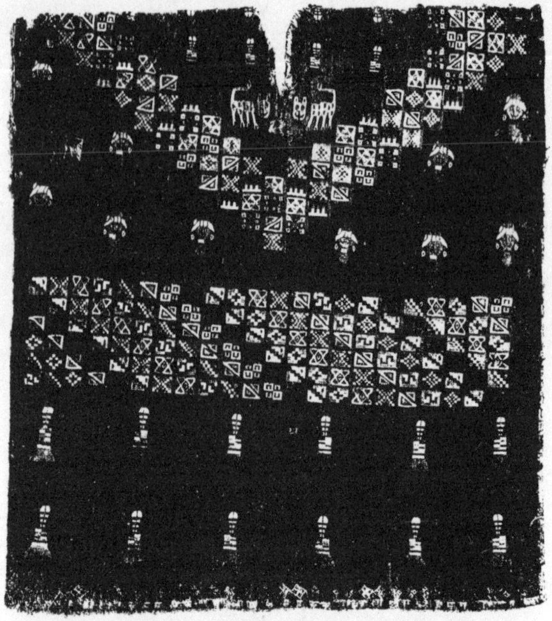

Abb. 3: Inkaisches Prunkgewand mit quillcas

Abb. 4: Qero mit Mustern und Zeichen

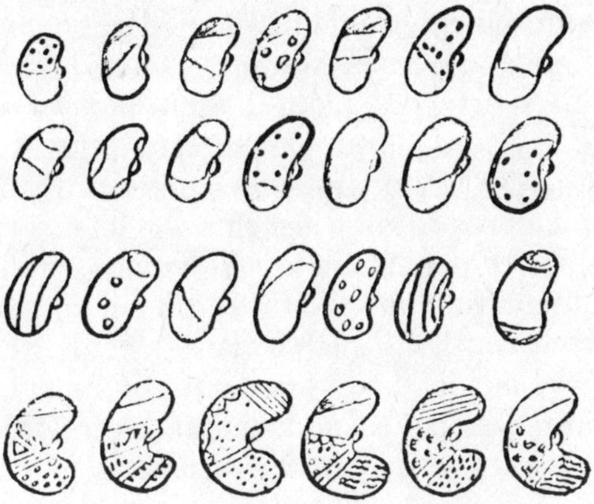

Abb. 5: Bohnenförmige Zeichen

Wie sind diese Funde einzuordnen? Spielen die Knoten-, Bilder- oder Hieroglyphentexte in den altindianischen Kulturen die gleiche Rolle wie geschriebene Texte bei uns?[12] Vergegenwärtigen wir uns dazu noch einmal die Funktion, welche Schrifttexte in einer alphabetischen Kultur haben: sie dienen nicht nur der situationsentbundenen Kommunikation (z.B. in Form von Briefen), sondern auch der längerfristigen Bewahrung und Übermittlung von Wissensbeständen (in Form von Büchern aller Art) – und zwar auf lautlich genaue und sprachlich explizite Weise. Alphabetische Texte sind nicht nur autonome, d.h. gedächtnisunabhängige Speicher schlechthin – sie stehen auch als solche im Mittelpunkt einer jahrhundertealten Schriftkultur. Die Entwicklung »neuer Medien« hat diese zentrale Funktion der Schrifttexte zwar relativiert, jedoch noch nicht grundsätzlich in Frage gestellt.

Kein Zweifel: auch die Zeichentexte aus präkolumbischer Zeit spielten eine wichtige Rolle – dies läßt sich an der Art der Objekte und Materialien erkennen, denen sie auf- oder eingeprägt sind. Aber waren sie in jenen alten Kulturen und Gesellschaften auch *zentral*? Kam ihnen die gleiche Wiedergabe- und Speicherfunktion zu wie alphabetischen Texten in heutiger Zeit? Die Analogie ist verführerisch. Im einen wie im anderen Fall haben wir es ja mit der zeichenhaften Materialisierung von Inhalten zu tun. Freilich ist damit noch nicht entschieden, ob den präkolumbischen und den alphabetischen Texten der gleiche kulturelle Stellenwert zukommt.

Entzifferungsversuche allein helfen hierbei nicht weiter. Diese können bestenfalls nur einige verschüttete Inhalte zutage fördern. Über die weitergehende Funktion der Zeichentexte erfahren wir dadurch so gut wie nichts. Aber aus den Chronikberichten erfahren wir es. Denn immer wieder wird darauf hingewiesen, daß die altindianischen Traditionen vorwiegend *mündlich* übermittelt wurden – auch wenn zeichenhafte Fixierungen aller Art dabei mit ins Spiel kommen konnten. Laut Aussage der Chronisten hatten diese jedoch nur sekundäre Funktionen. So heißt es beispielsweise von den Azteken:

»Es ist darauf hinzuweisen, daß es nicht ausreichte, wenn sie mit ihren verschiedenen Bildern und Figuren Dinge notierten ... sie konnten damit in eindeutiger Weise höchstens Konzepte, aber keine Wörter wiedergeben. Wohingegen wir mit unserer Schrift Texte durchaus wörtlich wiedergeben können.

Um aber die langen Erzählungen ihrer Redner wörtlich im Gedächtnis zu behalten und um sich auch die vielen Gesänge wörtlich merken zu können, wurden sie nicht nur durch Bilder und Figuren festgehalten, sondern ... wurde die wörtliche Wiedergabe von denen ... die als Redekünstler herangebildet werden sollten, in besonderer Weise geübt: Durch ständiges Aufsagen und Wiederholen ... und so erhielten sich viele Reden im Wortlaut und wurden von Mund zu Mund weitergereicht, bis die Spanier kamen, die viele dieser Reden und Gesänge in Buchstabenschrift niederschrieben ...«[13]

Beschreibungen wie diese bereiten voreiligen Analogien zwischen präkolumbischen Zeichentexten und alphabetischen Texten ein Ende – machen sie doch deutlich, daß die fremden Konfigurationen in einen oralkulturellen Rahmen gehören.

Oralkulturen sind ja keineswegs nur monomedial, d.h. auf den mündlichen Ausdruck beschränkt. Charakteristisch für sie sind vielmehr multimediale Praktiken. Fast immer trifft man nämlich auf ein mehr oder weniger großes Spektrum von Hilfsmedien, die den mündlichen Ausdruck stützen. Auch das Alphabet stand einst als Hilfsmedium mündlichen Ausdrucksbedürfnissen zu Diensten, war Gedächtnisstütze, ehe es zum autonomen Medium inhaltlicher Darstellung und Übermittlung wurde.[14] Häufig ist es – wie im Falle der aztekischen Bilderschrift – so, daß die Notierungen selbst gar keine expliziten

Texte transportieren – sie sollen an solche nur erinnern, sollen mündlich Memorisiertes wieder ins Gedächtnis rufen.

Wer die präkolumbischen Zeichen aus alphabetisch-schriftkultureller Perspektive und nicht aus ihrer eigenen Logik heraus anvisiert, wird daher immer nur mangelnde inhaltliche Wiedergabeleistung, Ungenauigkeit und Mehrdeutigkeit feststellen können. Tatsächlich hat dies dazu geführt, daß beispielsweise die Bilderschrift in manchen schrifttypologischen und -historischen Abhandlungen eher als »unvollkommenes Alphabet«, denn als besonders weit entwickeltes oralkulturelles Hilfsmedium vorgestellt wird.[15] Der Vergleich mit dem Alphabet hinkt freilich. Man kann die präkolumbischen Zeichen nicht einfach *per se* (so wie das autonome Medium einer Schriftkultur) betrachten, sondern muß sie in dem dazugehörigen oralkulturellen Rahmen sehen. Dabei erweist sich nämlich, daß die aus alphabetischer Sicht diagnostizierte Ungenauigkeit häufig durch die Genauigkeit mündlicher Memorisierung aufgefangen und ausgeglichen wird. Die typologisch festgeschriebene »Unvollkommenheit« scheint daher weniger an den Bilderschriften selbst als am unvollkommenen Blick des fernen Betrachters zu liegen.

Transkriptionen und Aufzeichnungen

Nach alledem verlagert sich unsere Betrachtung nun von den Zeichen-, Bilder- und Schriftrelikten auf die besondere Bedeutung altindianischer Mündlichkeit. Gerade diese scheint aber schwer faßbar zu sein. »Verba volant« – Wörter verflüchtigen sich. Wie können wir erfahren, was sich die Einheimischen in vorkolonialer Zeit erzählten und in welcher mündlichen Form sie ihre Erzählungen von Generation zu Generation weiterreichten?

Immerhin berichtet der oben zitierte Chronist, daß die Spanier »viele dieser Gesänge und Reden in Buchstabenschrift niederschrieben«. Aber auch alphabetisierte Indianer wirken bei dieser Arbeit mit.[16] Einige Texte scheinen Wort für Wort transkribiert, andere nur sinngemäß aufgezeichnet worden zu sein. Aus kolonialhistorischen Gründen fallen die Ergebnisse der

Niederschrift von Region zu Region unterschiedlich aus. Während vorkoloniale Mündlichkeit aus dem alten Peru kaum überliefert ist, treffen wir in Mexiko auf eine Flut entsprechender Dokumente – viele davon in einheimischer Sprache.[17] So sind beispielsweise lange Moralreden, Liedertexte und Erzählungen aller Art erhalten. Sie vermitteln uns Einblick in die Themen und Inhalte aztekischer Wortkunst und zeigen uns deren Vielschichtigkeit. Allein an diesen alphabetisch-fixierten mündlichen Produktionen läßt sich schon eine ähnlich komplexe Auffächerung in Genres erkennen, wie sie uns von schriftlichen Literaturen her bekannt ist. Angel María Garibay hat diese mündlich-literarische Vielfalt für den aztekischen Bereich in religiöse, lyrische, epische, dramatische Poesie sowie in didaktische, historische und imaginative Prosa kategorisiert.[18] So unbefriedigend derartige Übertragungen schriftkulturell assimilierter oder rein schriftkultureller Genres auf oralkulturelle Gegebenheiten auch sein mögen – sie vermitteln zumindest eine Ahnung vom Grad der Ausdifferenziertheit mündlicher Praxis im alten Mexiko.

Damit sind wir aber auch schon an den dokumentarischen Grenzen der Aufzeichnungen angelangt. Was für Garibay und seine Übertragung vertrauter Kategorien auf die fremde Mündlichkeit gilt, gilt ja erst recht für die Aufschreiber selbst. Nicht nur, daß sie die mündlichen Texte häufig im Sinne kolonialer Informationsinteressen pointieren und dabei reduzieren. Sie verwischen auch oft die mündlichen Formen durch ihre schriftkulturellen Stilgewohnheiten. Im Gegensatz zu heutigen Ethnolinguisten, die den Indianern nicht mehr nur die Erzählinhalte ablauschen, sondern möglichst auch noch den Erzählmodus, die Gesten und Intonation festhalten wollen, tendieren viele der frühkolonialen Aufschreiber dazu, die Stilmerkmale der Mündlichkeit (Wiederholungen, Stereotypen, Formeln usw.) durch schriftlich normierten Stil zu ersetzen. Die meisten von ihnen prägen dem mündlichen Material neue Akzente ein, indem sie Punkt und Komma setzen, Prosa oder Versform benutzen, Wiederholungen vermeiden oder andere Glättungen vornehmen. Allerdings gelingt ihnen das nicht immer so, wie sie es gerne hätten. Einer von ihnen klagt beispielsweise über die »blumige Sprache« der Indianer. Ein anderer müht sich, dem

Leser seine Probleme mit dem indianischen Stil zu erklären und sich für die holprige Wiedergabe zu entschuldigen: »Wenn ein Indianer spricht, dann holt er weitschweifig aus, käut die Gedanken wieder, wiederholt ohne Notwendigkeit dieselben Sätze ... Um alles gut wiedergeben zu können, muß ich in gewisser Weise die indianische Erzählmanier beibehalten ...«[19]

Gerade in diesen Schwierigkeiten liegt jedoch die Chance, daß zumindest einige formale Besonderheiten der mündlichen Vorlagen uns noch erreichen. Vermutlich sind es wenig genug. Insgesamt kann dadurch der stilistische Verwischungseffekt, der beim Aufschreiben des Erzählten entsteht, nicht rückgängig gemacht werden. Das Aufgeschriebene zeugt somit vorwiegend von den ehemals mündlich übermittelten Inhalten und auch von der Genrevielfalt. Von den Eigenheiten oralen Stils erhalten wir nur in seltenen Fällen einen Eindruck.

Neuere indianische Oraltraditionen

Wenn die schriftliche Überlieferung der alten mündlichen Texte im Hinblick auf die Bewahrung stilistischer Besonderheiten größtenteils versagt, bleibt noch die Möglichkeit, heutige Oraltraditionen von Indianern zu Rate zu ziehen. Wie Mark Münzel erläutert (S. 157ff.), gibt es in Lateinamerika noch immer Reservate der Mündlichkeit, in denen sich autochthone orale Strukturen erhalten haben.

Davon ausgehend ist man durch kulturelles Extrapolieren auch zu gewissen Erkenntnissen über altindianische Mündlichkeit gelangt. So schließt etwa Georges Baudot von der mündlichen Literatur der Mbyá-Indianer auf Besonderheiten vorkolonialer Oralliteraturen in ihren Gebieten. José María Argüedas und Alejandro Ortíz Rescaniere haben ihrerseits die Kontinuität vorkolonialer, frühkolonialer und moderner Mythen im Andenraum aufgezeigt.[20] Durch diese Untersuchungen wird die Möglichkeit des Rückschließens von neueren auf alte Erzähltraditionen grundsätzlich bestätigt. Allerdings liegt der Akzent hier auf dem Nachweis einer inhaltlichen Kontinuität. Daß es dabei auch manche stilistische Kontinuität gibt, haben weitere Untersuchungen gezeigt.[21]

Das ist nun keineswegs selbstverständlich, denn neuzeitliche indianische Mündlichkeit ist mit der altindianischen Mündlichkeit nicht ohne weiteres gleichzusetzen. Auch wenn weiterhin Mitteilungen und Erzählungen von Mund zu Mund und von Generation zu Generation wandern, hat sich doch die mündliche Praxis im Verlauf der Jahrhunderte mit der Situation der Indianer insgesamt verändert.

Die alten Mayatraditionen etwa sollen noch durch eine kleine Herrschaftskaste von Priestern kontrolliert und teilweise auch bilderschriftlich fixiert worden sein. Sie dienten offenbar der inneren Festigung der Maya-Gesellschaft und wurden in diesem Sinne gelenkt und systematisiert.[22] Seit der politischen und kulturellen Unterwerfung der Mayas im 16. Jahrhundert haben sich die Erzählungen ohne solch strikte Kontrolle und Zentralisierung weiterentwickelt und erfüllen heute neue Funktionen. So sind sie unter anderem zu einem Mittel der Behauptung gegen zerstörerische Einflüsse von außen geworden: gegen die mexikanische Nationalgesellschaft und die von ihr ausstrahlende Bedrohung der Assimilation durch gezielte politische Maßnahmen, durch schriftkulturelle und durch massenmediale Überfremdung. Das alles ist an den Erzähltraditionen nicht spurlos vorbeigegangen. Insgesamt gesehen stellen sie synkretistische Produkte dar. Altes ist darin mit Modernem, Vorschriftliches mit Christlichem, Mythisches mit Geschichtlichem zu einer neuen Einheit verbunden.

Im Falle der Erzählungen der Chamula-Indianer zum Beispiel, einer Maya-Gruppe in Mexiko, ist diese Verquickung freilich nicht so stark, daß sie alle früheren Spuren hätte verwischen können. Gary H. Gossen vergleicht einen in frühkolonialer Zeit aufgezeichneten Schöpfungsmythos der Maya (»Popol Vuh«, dazu auch S. 137) mit einem Schöpfungsmythos der Chamulas aus neuerer Zeit und stellt nicht nur inhaltliche, sondern auch strukturelle und formale Gemeinsamkeiten fest. Das gilt einmal für die Gliederungsprinzipien des Erzählten: im einen wie im anderen Fall wird danach unterschieden, ob über ferneres mythisches oder über näherliegendes historisches Geschehen berichtet wird. Der Einteilung in »Worte aus alter Zeit« und »Worte aus jüngerer Zeit«, die die Chamula hierbei vornehmen, entspricht eine Einteilung des Popol Vuh in Schöpfungsversuche aus Urzeiten und der endgültigen Schöpfung, aus der der historische Maya-Mensch und damit letztlich auch der Erzähler des Mythos hervorgegangen ist. Zum anderen zeigen sich auch Ähnlichkeiten im stilistischen Bereich. In der alten wie in der neueren mündlichen Überlieferung sind die jeweils aufeinanderfolgenden Sequenzen (»Zeilen«) auf sehr spezifische Weise miteinander verflochten: nicht etwa durch Reim, Assonanz oder metrische Entsprechung, sondern allein durch das Prinzip semantischer Korrespondenz. Zwei Folgesequenzen können dabei syntaktisch ganz verschieden aussehen. Sie müssen nur Wörter enthalten, die auf bestimmte Weise Bedeutungspaare bilden – so wie etwa die Wörter »Sonne« und »Mond«, »Tag« und »Licht«, »Tier« und »Vogel«, »schwarz« und »weiß«. Dadurch wird zwischen den einzelnen Teilen der Überlieferung ein erkennbarer Zusammenhang gestiftet.[23]

Gewiß, das ist nichts grundsätzlich Neues. Dahinter steckt das Phänomen des Parallelismus, das ja ins Repertoire vieler mündlicher Kulturen gehört. Es weist hier freilich so starke lokalspezifische Ausprägung auf, das dadurch nicht nur mündlicher Stil schlechthin deutlich wird, sondern auch die spezielle Stilkontinuität zwischen alten und neueren indianischen Oraltraditionen in Mittelamerika.

Welche Mündlichkeit?

Wie sieht eine altindianische Oralkultur nun eigentlich aus? Bekannt sind bisher nur die Möglichkeiten und Grenzen der Rekonstruktion. Wir wissen, daß uns die entsprechenden kulturellen Techniken im alten Amerika partiell zugänglich sind. Andererseits ist aber auch klar, daß angesichts der interessenbedingten Gewichtung der Berichte und der Zufälligkeit der Funde ein umfassender Einblick in die fremden Verhältnisse verwehrt bleibt. Was auch immer in den folgenden Kapiteln beschrieben wird – es kann nur ein Teil des Ganzen sein. Auf diese Beschränkung kann nicht oft genug hingewiesen werden. Denn nur allzuleicht macht sich die Illusion breit, daß mit den Chronikberichten bereits alle Dimensionen altindianischer Oralkultur erfaßt seien. Tatsächlich sind darin jedoch nur jene

Aspekte angesprochen, die für die Weiterführung des kolonialen Projekts, für Bekehrung, Verwaltung und Beherrschung also, von Belang waren. Indianische Mündlichkeit wird von den Chronisten nicht insgesamt, sondern nur punktuell anvisiert. Das führt bei der Beschreibung zu signifikanten Ausblendungen. Es gibt gute Gründe anzunehmen, daß die alten Oralkulturen noch wesentlich komplexer waren, als Berichte, Aufzeichnungen und Funde glauben machen. Worauf stützt sich eine solche Annahme? Oder zunächst ganz allgemein: Wodurch können wir uns heutzutage (außer durch Chronikberichte) ein Bild von altindianischer Mündlichkeit machen?

Im Prinzip kennen wir ja mündliche Ausdrucksformen auch aus eigener Erfahrung. Aber wieder droht hierbei die Gefahr falscher Analogien, denn Mündlichkeit ist nicht gleich Mündlichkeit. Es handelt sich zwar, im einen wie im anderen Fall, um das gleiche Medium. Gleichzeitig haben wir es aber auch mit zwei verschiedenen Systemen zu tun: Mündlichkeit, die (wie bei uns) in arbeitsteiligem Verhältnis zu Schrift steht, ist »mediatisiert« und hat einen historischen Prozeß der Nivellierung von Ausdrucksfunktionen durchlaufen.[24] Diese sind dadurch freilich nicht generell verlorengegangen, sondern haben sich teilweise ins andere Medium verlagert. Der Einebnung von Registern und Genres im mündlichen Bereich entspricht eine betonte Ausdifferenzierung im schriftlichen Bereich. Im Falle oralkultureller Mündlichkeit hingegen werden viele Funktionen noch primär über das gesprochene oder gesungene Wort realisiert. Von daher die ganz andere Architektur dieser Mündlichkeit! Um sie besser verstehen zu können, wäre ein Blick auf heutige indianische Oralkulturen sicher hilfreicher als Ableitungen aus unserer eigenen, schriftkulturell geprägten Praxis des Sprechens.

Von den schon erwähnten Chamula-Indianern Mexikos weiß man beispielsweise, daß sie mehr als dreißig verschiedene Funktionen von Mündlichkeit kennen – untergliedert in drei Hauptkategorien: in alltagspraktische Kommunikation, emotionales Sprechen und Überlieferung. Erkennbar geworden ist diese Vielfalt keineswegs nur durch Beobachtung von Sprechweisen. Vielmehr hat man auch Klassifikationen oder Bezeichnungen berücksichtigt, die die Indianer selbst für die Gliederung ihres mündlichen Universums vorgesehen haben. Dadurch wird dem

Außenstehenden ein von der Innenperspektive her angeleitetes Verständnis der Oralkultur eröffnet. Mit dieser Methode läßt sich auch nachweisen, daß die Genrevielfalt in altindianischen Oralkulturen noch wesentlich größer war, als auf Grund der Chroniklektüre angenommen werden kann. Es ist uns nämlich in kolonialzeitlichen Wörterbüchern eine Flut von einheimischen Terminologien für alte mündliche Genres belegt. Auch wenn wir von ihnen kaum mehr als den Namen wissen, zeugen sie von oralkulturellen Dimensionen, die weit über das in den Chroniken Beschriebene hinausreichen.[25]

Dennoch bleiben Chroniken die Hauptquelle, weil darin wichtige Aspekte altindianischer Mündlichkeit näher beleuchtet werden. Um welche Aspekte geht es und weshalb hat man gerade sie und nicht andere hervorgehoben? Hier kommt wieder die Interessenlage der Chronisten mit ins Spiel. Die meisten (freilich nicht alle) wollen nicht die fremden Verhältnisse an sich, sondern ihre nutzbringenden und kolonial verwertbaren Momente erfassen. An altindianischer Mündlichkeit beschreiben sie deshalb alle jene Formen, in denen Traditionsinhalte übermittelt werden. Beides ist für die Eroberer von Belang: die Inhalte, weil sie sich teilweise in herrschaftspraktische Information ummünzen lassen; und die Formen, weil man sie der alten Inhalte entleeren und zum Transportmittel für christlich-europäische Inhalte machen kann. So konzentrieren sie sich auf gesungene, getanzte oder gesprochene Traditionen, auf rituelle, offizielle und formalisierte Rede, auf alle Formen vertikalen Sprechens, durch die Botschaften »von oben nach unten« geleitet werden. Die zum Herrschaftsinstrument indianischer Eliten geformten Worte sind dabei interessant, nicht die Sprachgewohnheiten von Indianern schlechthin.

Dagegen erfahren wir schon etwas weniger von den erbaulichen Funktionen dieser Mündlichkeit. Und so gut wie gar nicht wird berichtet, wie mündliche Praxis aussah, wenn nicht tradiert oder sich vergnügt wurde, sondern die Indianer direkt – in praktischen Situationen – miteinander kommunizierten. Formen des Gesprächs, der Konversation und des Dialogs sind nur in Ausnahmefällen belegt.

Da gibt es beispielsweise Kostproben indianischer Kommunikation, die uns der französische Chronist Jean de Léry 1578 in

X X. Capittel.

Argument.

Ein Gespräch mit den Brasilianern so/ man die Tuppinlmbas, vnd die Tuppinlkins nennet/wenn man erstlich zu jhnen eynkehret/ in Brasilianischer vnd Teutscher Sprach beschrieben.

. . . .

Tuppin.

I-endè rèpiac? aout I-enderèpiac, aut è chèraire Teh, ocuèreté Teuoij Lery-oussou ymeen. Ey sihe mein lieber Son/ er ist in dieses Land kommen/ vnd hat an vns gedacht.

Carameno sind Kisten vnd andere Geschirr

Erèrou dè caramèmo? Bringstu Kiste mit dir? (dardurch wirt alles verstanden/darinn man etwas einlegen kan/oder infassen.)

Gallus.

Pá arout, Ja ich hab irer mitbracht.

Tuppin.

Mobouy? Wie viel. (So viel als du nun deren haben wirst/ kanst du mit jhrer

jhrer zahl neñen/biß auff fünff/Nemlich also: Augé-pé, Eine. Mecouein, Zwo/ mossaput, drey oioi coudic, vier/ ecoimbo, fünff. Hastu aber nur zwo/so mustu nicht vier zehlen/denn es ist gnug/so du zwo sprichst. Mocouein, Hastu deren vier/so sprichstu oioicoudic, vnd so fort an. Hastu jhrer denn mehr denn fünff/ so magstu dieselbige zahl andeuten/durch deine Finger/so aber das auch nicht genug ist/so nimb die Finger der jenigen/darzu die bey dir stehen. Denn sie habē sonst keine ander e weiß zu zehlen. Tuppin.

Máé pérérout, de caramémo poupeis? Was hastu in den Kisten mit dir bracht? Gallus.

A-aub, Kleyder.

Tuppin. Kleyder.

Mara vaé? Wie sehen sie?

Gallus.

Sóbouy-été, Himmelblaw.
Pirenk, Roth. Farben.
Ioup, Geel.
Son, Schwartz.
Sabony, massou, Grün.
Pirienlz, Allerley Farben.
Pegassou-aué, Eschenfarb.
Tin, Weiß. Darmit meinen sie Hembder.

Tuppin.

Máé-pamo? Was mehr?

Gallus.

Acangaubé-roupé, Hüte.

Tuppin.

Seta-pe? Viel?

Gallus.

Icatoupaué, Vnzehlich viel.

Tuppin.

Ai pogno? Ist es das alles?

Gallus.

Erimen, Mit nichten.

Abb. 6: Dialog zwischen Indianer und Europäer (in Tupí-Sprache mit deutscher Übersetzung) seiner »Geschichte einer Reise in das Land Brasilien« vorsetzt. Er hat darin eine Art Sprachführer für nachfolgende Reisende geschrieben und führt zu diesem Zweck Dialoge in der Sprache der Tupinambá (mit Übersetzung) vor. Dialogpartner sind ein neuangekommener Franzose (»Gallus«) und ein Indianer (»Tuppin«). Sie unterhalten sich über alles, was in der Situation des ersten Kontakts von Wichtigkeit sein könnte – so beispielsweise über Anzahl und Inhalt des Reisegepäcks, das der Franzose mit an Land gebracht hat (Abb. 6). Die schriftlich gefaßte Mündlichkeit, auf die der Leser hierbei trifft, scheint freilich eher die des Autors als die der Indianer zu sein. Sie ist als didaktische Konstruktion, nicht als empirischer Beleg zu verstehen.[26]

Umstritten ist auch die schriftliche Wiedergabe jener »Wechselreden indianischer Vornehmer und spanischer Glaubensapostel«, die kurz nach der Konquista Mexikos zwischen Vertretern der aztekischen und der christlichen Religion geführt worden sein sollen. Wir haben es hier mit einem eindrucksvollen Kulturdialog zu tun, in dessen Verlauf den indianischen Klagen das christliche Recht auf Verbreitung des Gottesglaubens entgegengehalten wird (Abb. 7). Der in aztekischer Sprache abgefaßte und hier ins Deutsche übersetzte Text ist jedoch nicht als Dokument einheimischer Rede zu begreifen, sondern als speziell bearbeitete und somit europäisierte Erbauungsliteratur.[27]

Authentischer scheinen hingegen die Beispiele aztekischer Sprechgewohnheiten zu sein, die in den Aufzeichnungen alphabetisierter Indianer und in dem von Bernardino de Sahagún inspirierten indianisch-europäischen Gemeinschaftswerk, einer Art Enzyklopädie der Aztekenwelt (1558–1585), festgehalten sind.[28] Sahagún gibt uns Einblick in die klassenspezifischen Redeweisen der Azteken sowie auch in die Ausdrucksformen mancher Berufsgruppen, etwa die der Kaufleute. Man erfährt wie die aztekischen Adligen Streit anfingen, austrugen und schlichteten; ferner, wie sich ihre Sprache dabei von ihren nichtadligen Zeitgenossen unterschied. Des weiteren liefert er uns Beispiele für die Variation von Begrüßungsformeln – je nach gegebener Situation und nach gesellschaftlichem Rang der Beteiligten:

> Wenn ein Vornehmer in das Haus eines Machthabers eintritt, oder auch ein anderer Herr, der genau so ein Machthaber oder Vornehmer

»Wechselreden indianischer Vornehmer und spanischer Glaubensapostel«

Die aztekischen Priester:

. . .
Nicht können wir uns zufrieden geben,
und zwar glauben wir noch nicht,
noch nicht nehmen wir das Fremde als Scherz:
Wir werden euch beleidigen.
Hier befinden sich
die Bürger,
die Fürsten, die Könige,
die tragen, die regieren
die ganze Welt.
Genug allein mit dem, daß wir einbüßten,
daß wir verloren, daß uns weggenommen wurden,
daß uns verboten wurden
die Matte (und) der Sitz (die Herrschaft).
Werden wir am selben Orte wohnen bleiben,
nur eingeschlossen (gefangen) werden wir sein.
Möget ihr mit uns machen,
was ihr wollt!
Das ist alles, womit wir erwidern,
womit wir antworten
eurem Hauch,
eurer Rede,
o unsere Herren!

Die spanischen Geistlichen:

Als fertig, zu Ende war ihre Rede,
die Antwort der Priester,
sie, die zwölf Geistlichen,
sprachen darauf:
Nicht seid ängstlich,
o unsere Lieben,
nicht haltet für ein schreckliches Vorzeichen
unser Wort, das wir euch gesagt haben,
wie, in welcher Weise
keiner von den verschiedenen Göttern der wahre ist,
insgesamt von denen, die ihr göttlich verehrt,
die ihr ständig anbetet.

. . .

Alles werden wir euch sagen,
werden wir euch mitteilen,
wenn ihr es wollt,
und durchaus werden wir euch zufriedenstellen.
Weil wir es sind, die hüten (haben)
das Gottesbuch, das Gotteswort,
worinnen erscheint, geschrieben steht,
der Reihe nach geordnet ist
insgesamt das Wort
des Herrn des Mit und Bei.
Das geschah schon vor sehr langer Zeit.
Und dieses Gotteswort
ist höchst wahr, durchaus lauter,
durchaus glaubwürdig,
und überall auf der Erde, in der Welt
ward es gehört, ward es geglaubt,
von wo wir gekommen sind,
. . .

Abb. 7: Dialog zwischen Azteken und Spaniern (aus dem Aztekischen übersetzt von Walter Lehmann) ist, spricht er zu jenem: »Mein hoher Herr, daß Du Dich wohl vom Lager erhebest!«

Und der antwortet sogleich: »Mein hoher Herr, Du hast es Dir Mühe kosten lassen, doch schon kommst Du hier an!«

Und wenn sie sich irgendwo unterwegs begegnen, reden sie sich an: »O daß ich mich doch nicht von Dir lossagte, mein hoher Herr!«

Und der Andere sagt sogleich: »Daß Du doch nicht zu Fall kämest, mein hoher Herr, mein jüngerer Bruder!«[29]

Etwas formloser als die Begrüßungen der Vornehmen klingen die der übrigen:

Wenn sie in die Hütte eintreten, reden sie einander so an: »Mein lieber jüngerer Bruder, daß ich Dich nicht erschrecke!«

(Und der) antwortet ihm: »Komm an, mein lieber jüngerer Bruder, willkommen hier!«

Und wenn sie sich unterwegs begegnen, sagen sie: »Komm nicht zu Fall, mein lieber jüngerer Bruder!«

(Antwort): »Komm gut heim, mein lieber jüngerer Bruder! Daß ich mich doch nie von Dir lossagte!«[30]

Noch formloser wirken schließlich die Grußformeln, mit denen sich Personen von gesellschaftlichem Rang an solche von geringerem Rang wendeten:

»Wahrlich, es ist gut, daß Du hier bist!«[31]

Schon diese spärlichen Zitate lassen ahnen, daß es hierbei um ein recht ausgefeiltes Arsenal von Sprechmöglichkeiten geht. Damit ist die Beschreibung des Kommunizierens in altindianischen Gesellschaften auch schon weitgehend erschöpft.

Die Chronisten rücken stattdessen jene andere mündliche Praxis in den Mittelpunkt, durch die die Indianer ihre denkwürdigen Inhalte und kollektiven Erinnerungen über Generationen hinweg vermittelt haben. Den Berichten zufolge scheint es dabei zwei Grundformen des Tradierens zu geben: das (häufig mit Tanz verbundene) Singen und das (meist ritualisierte) Sprechen.

2
Medien der Erinnerung

Das gesungene und getanzte Wort

Von den indianischen Stämmen auf der Antillen-Insel Hispaniola berichtet uns ein Chronist: »Auf dieser Insel gibt es ... Gesänge, die sie *areitos* nennen. Diese sind wie ein Buch oder Merkbuch, das von einem zum anderen weitergereicht wird, von den Vätern an die Söhne oder (wie man hier sagt) von den Gegenwärtigen an die Zukünftigen.« Einige Zeilen später verbessert er sich jedoch und meint, daß die *areitos* nicht einfach nur Gesänge seien, sondern Gesänge mit Tänzen. Schließlich macht er noch einen dritten Versuch und bezeichnet den Vorgang als »Tanzen, bei dem man gleichzeitig singt«.[1]

Ähnliche Passagen bei anderen Chronisten zeigen, daß die Unsicherheiten bei der Bezeichnung des Phänomens keineswegs nur subjektiver Art sind, sondern objektive Gründe haben müssen. Das, was vor den Augen der europäischen Beobachter stattfindet, mag zwar an Gesang, Tanz und Musik erinnern, kann durch diese Begriffe aber offensichtlich nicht zutreffend beschrieben werden. Eine Hauptschwierigkeit liegt darin, daß es sich nicht um drei getrennte Ausdrucksformen zu handeln scheint, sondern um eine einzige. Die Komponente des Singens wird dabei häufig als eine Aktivität beschrieben, die im Zwischenbereich von rhythmisiertem Sprechen und dem uns bekannten Singen liegt. Tanz und Musik »begleiten« den gesungenen Text nicht, sondern erwachsen aus ihm. Die Chronisten bemühen sich um eine möglichst genaue Wiedergabe dieses für sie erstaunlichen Vorgangs: »Die Anzahl der Schritte stimmt genauestens mit den Versen und Worten überein, die sie singen« ... »sie waren stolz darauf, daß sie die Füße dem Klang der Musikinstrumente entsprechend bewegten, daß sie im gleichen Takt ihre Körperbewegungen ausführten und auch im gleichen Takt die Stimmen erklingen ließen; denn ihr Tanz geht nicht nur mit der Musik einher, sondern auch mit den hohen und tiefen Tönen des Gesangs ... und so tanzen und singen sie in einem.«[2]

Das enge Zusammenwirken verschiedener Komponenten in ein und derselben, freilich sehr komplexen Ausdrucksform mag hierbei überraschen. Jean Jacques Rousseau hat uns auf derartige Überraschungen allerdings in gewisser Weise vorbereitet. In seiner Schrift über den Ursprung der Sprachen skizziert er einen Zustand, in dem Poesie, Musik und Rede noch eins sind, ehe sie sich – im Zuge gesellschaftlicher und institutioneller Entwicklungen – auflösen und zu autonomen Ausdrucksmöglichkeiten werden.[3] Man könnte meinen, Rousseau habe hierbei die mündlichen Kulturen der Neuen Welt vor Augen gehabt. Dennoch ist es nicht die Rekonstruktion historischer Ausdrucksformen, die er im Sinne hat. Er ist vielmehr Kritiker seiner Zeit und als solcher will er die spezialisierte, rationalisierte und (wie er meint) verarmte Expressivität fortgeschrittener Gesellschaften durch das Gegenbild ursprünglicher Einheit und Fülle geißeln. Dabei kommt auch, vermutlich zum ersten Mal, die historische und gesellschaftliche Bedingtheit expressiver Systeme zur Sprache.

Rousseaus Hinweis regt zu weiteren Überlegungen an. So dürften etwa die diversen Ausdruckssysteme, die sich – in Raum und Zeit verteilt – finden lassen, nicht mehr als grundverschiedene betrachtet werden. Vielmehr könnte man sich ein ihnen allen gemeinsames (artikulatorisches, motorisches und mediales) Ausdrucksrepertoire vorstellen. Denkbar wäre dann, daß die Einzelsysteme sich voneinander weniger durch ihre expressiven Möglichkeiten unterscheiden als durch die spezifische Weise, wie dieselben genutzt werden – wobei die Nutzungsweise von den jeweils gegebenen gesellschaftlichen Voraussetzungen abhinge.

Was unsere eigene Ausdruckskultur von der altindianischen unterscheidet, mögen tatsächlich weniger ihre Mittel sein, als die Form, in der diese sich angeeignet finden. Auch wir kennen ja Tanz, Gesang und Musik. Mit der arbeitsteiligen Industriegesellschaft, der Sektorialisierung des Lebens und der Zergliederung des Alltags in Arbeitszeit und Freizeit haben diese Ausdrucksweisen sich allerdings immer mehr verselbständigt. Singen, Tanzen und Musizieren können kaum mehr als einheitliche Tätigkeit begriffen werden: wer musiziert, muß nicht unbedingt auch etwas mit Tanzen oder Singen zu tun haben; wer Sänger ist, ist deshalb noch kein Tänzer; und wer tanzt, denkt dabei höchst selten auch ans Singen.

So klaffen die expressiven Tätigkeiten immer mehr auseinander. Sie können aber, auf anderer Ebene, auch neu zusammengeführt werden. Häufig taucht ja das, was verlorengeht, als Kunstform wieder auf. So auch die verlorene Einheit der Expressivität, wenn sie ins Bewußtsein dringt. Denken wir etwa, um ein Beispiel aus Europa zu nennen, an die spanischen *seguidillas*. Ursprünglich handelt es sich dabei um einen eher volkstümlichen Paartanz mit Gesang – beides im Bolerorhythmus. In dem Maße jedoch, wie die im Volkstanz noch aufgewahrte Einheit von Singen und Tanzen sich auflöst, wird sie im Bereich der Kunstmusik wieder hergestellt. Seit dem 19. Jahrhundert findet man *seguidillas* in raffinierten Kompositionen als Verbindung von ballettähnlichen Elementen mit Koloraturgesang.[4]

Doch zurück zum präkolumbischen Amerika. Tanz, Gesang und Musik scheinen dort – nach allem, was darüber berichtet wird – häufig »im Verbund« oder besser noch: als ungeschiedene Komponenten einer relativ einheitlichen Ausdrucksform vorzukommen. Nicht nur den Chronisten des 16. Jahrhunderts, sondern erst recht dem heutigen Betrachter bereitet das Verständnis dieses Phänomens gewisse Schwierigkeiten. Er kennt zwar die daran beteiligten Komponenten, ihm fehlt aber fast durchweg die Erfahrung jener klanglichen, rhythmischen und motorischen Synchronie, von der aus dem alten Amerika berichtet wird.

Wo aber Erfahrungen fehlen, fehlen auch Begriffe. So gibt es in unserer heutigen Sprache keine Vokabel, durch die man die enge Verquickung von Singen und Tanzen auf Anhieb treffend bezeichnen könnte. Man ist also darauf angewiesen, auf entsprechende altindianische Bezeichnungen zurückzugreifen.

Oder man bemüht fast vergessene Begriffe aus der eigenen kulturellen Vergangenheit – so wie Leonhard Schultze Jena, wenn er von aztekischen »Tanzliedern« spricht.[5] Schließlich könnte man auch neue Umschreibungen oder Wortkompositionen dafür finden, etwa »Tanzgesänge«, »Singtänze« oder ähnliches. In jedem Fall scheint die Beschreibung des fremden Phänomens hier nurmehr durch Verfremdungen der vertrauten Sprache möglich zu sein.

Die Singtänze können in altindianischen Gesellschaften ganz unterschiedliche Ausprägung erfahren. Da sind zunächst die schon erwähnten *areitos* von der Insel Hispaniola – eine Variante des Singtanzes, wie sie bei den Arawaken und somit in einer nicht-staatlichen Indianergemeinschaft praktiziert wird. Meistens finden die *areitos* im Rahmen großer Festveranstaltungen statt, bei denen die Götter, Helden und Siege gefeiert werden. Erst versammeln sich die Indianer, dann fassen sie sich an den Händen oder haken sich zu einem Reigen ein. Einer von ihnen – ganz gleich, ob Mann oder Frau – übernimmt die Aufgabe des Chor- und Tanzleiters, gibt die Töne und Schritte an. Die übrigen machen es ihm nach. Zu diesem Sing- und Tanzdialog zwischen dem einzelnen und der Menge können noch Trommelklänge hinzukommen. Das Ganze dauert Stunden oder auch Tage und endet – den pikierten Aussagen der Chronisten zufolge – regelmäßig in Volltrunkenheit und Ekstase aller Beteiligten.[6] Wir haben es im Falle der arawakischen *areitos* nicht mit einem einzigen Vorgang, sondern mit einer Serie von Singtänzen zu tun.

Auch von den altindianischen Staatsgemeinschaften her sind Singtänze als Medium der Überlieferung bekannt: »Es handelt sich hierbei sicher um ein wichtiges und für diese Menschen sehr notwendiges Mittel. In Peru nannten sie die Tänze *takis*, in Mexiko heißen sie *mitotes*...«[7] Von den Inka wird weiterhin berichtet:

»Sie kannten keine Buchstaben, sondern nur eine Art Singtanz... und dabei erinnerten und erzählten sie vergangenes Geschehen in folgender Weise: Männer und Frauen faßten sich an den Händen oder hakten die Arme ineinander. Der Leiter der Gruppe begann mit dem Singen. Die übrigen antworteten ihm ebenfalls durch Singen. Dieser Wechselgesang dauerte drei oder vier Stunden – bis der Leiter mit seiner Überlieferung geendet hatte. Manchmal wurde der Gesang von Trommelschlag begleitet. Die Überlieferungen handelten vom Tod einzelner Inkaherrscher, von ihrer Persönlichkeit, ihren Taten und von alledem, was die Alten wie die Jungen nicht vergessen sollten. Währenddessen brachten Helfer Krüge voller *chicha* [Maisbier] für die Tänzer herbei. Diese tranken, ohne mit Tanzen aufzuhören. Nach mehreren Stunden fiel einer nach dem anderen betrunken zu Boden...«[8]

Ähnliches liest man auch über die Singtänze bei den Azteken. Viele der schon auf Hispaniola beobachteten Elemente finden sich dabei wieder: der besondere Anlaß, der Reigen, der Dialog zwischen dem Vorsänger und der Menge, die Einheit von Gesang, Körperbewegung und Instrumentenklang, die lange Dauer, die Trunkenheit und Ekstase.[9] Gleichzeitig sind jedoch einige dieser Elemente weiter entfaltet. Eingebettet in komplexere gesellschaftliche Strukturen kann der Singtanz in den indianischen Hochkulturen größere Dimensionen, vielfältigere Varianten und vor allem auch Reflexe der Klassenstruktur aufweisen.

Bei den Azteken nehmen manchesmal bis zu zehntausend Tänzer, Sänger und Musiker daran teil. Allen voran der Herrscher, die Priester, die Adligen – alle prächtig gewandet und geschmückt. Aber auch das Volk war an diesen Festen beteiligt:

»Dieser Tanz, der *mitote*, fand normalerweise auf den Tempelplätzen oder auf den Plätzen vor dem Herrscherhaus statt... In die Mitte wurden zwei Instrumente gestellt: eines in der Art einer Trommel – das andere in Form eines Fasses, ganz aus einem Stück und innen hohl... Diesen entlockten sie viele verschiedene Klänge... Dazu sangen und tanzten alle mit großer Übereinstimmung; keiner wich vom anderen ab, alle bewegten sich im Einklang der Stimmen und der Schritte... Für diese Tänze wurden jedesmal zwei Reigen gebildet: in der Mitte, wo die Instrumente standen, waren die Alten, die vornehmen Leute und wichtigeren Persönlichkeiten plaziert. Dort tanzten sie oder wiegten sich (fast ohne die Füße zu bewegen) und sangen dazu. Um sie herum tanzten die übrigen, jeweils zu zweien. Dabei ging es schneller zu, wurden Drehungen und Sprünge gemacht. Auch bildeten diese Tanzpaare einen sehr großen Reigen...«[10]

Es gibt bei diesen Singtänzen feierlichere, die der Huldigung der Götter vorbehalten sind, und vergnüglichere, die der Unterhaltung dienen. Im einen wie im anderen Falle gehören sie aber zum Ritual. Von daher auch die strikte Kontrolle aller sängerischen und tänzerischen Abläufe. Ein falsches Wort, ein falscher Schritt – und der Betreffende kann mit dem Tode bestraft werden. Es gibt weder freies Improvisieren, noch ungefähres Wiederholen des Gemeinten, sondern einzig das Diktat sakraler Genauigkeit.[11]

Die Einhaltung staatlich verordneter Erinnerungsmuster ist deshalb auch durch besondere Institutionen abgesichert: »In allen Städten gab es neben den Kultstätten große Häuser, in denen Tanz- und Gesangslehrer wohnten. Man nannte diese Häuser *cuicacalli*... Dort wurde den Jünglingen und den Mädchen ausschließlich Tanz und Gesang gelehrt... Abwesenheit vom Unterricht galt als Verbrechen und für diejenigen, die fernblieben, waren Strafen vorgesehen...«[12]

Der Bedarf an Überlieferungskünstlern (und damit auch an Sängern und Tänzern) ist groß. Einmal erfordern Anlässe wie Siege, Niederlagen und Herrschaftswechsel die ständige Revision alter und die Komposition neuer Überlieferungen. Zum anderen erwachsen immer neue Anlässe aus dem religiösen Zyklus, der bei den Azteken 260 Tage umfaßt. Für jeden einzelnen davon müssen die Poeten und Komponisten einen passenden Gesang bereithalten – so wie die Priester immer ein neues Omen auszugeben haben.

Das bedeutet, daß jenseits des gängigen Singtanzes ein reichhaltiges Repertoire erforderlich wird. Dabei muß sich jede einzelne Komposition von der anderen klar unterscheiden, um einem bestimmten Tag oder Ereignis zugeordnet werden zu können. Die aztekischen Künstler stehen also vor dem Problem, aus den gegebenen Möglichkeiten heraus eine Vielfalt von Werken zu schaffen. Sie lösen es, indem sie die im Singtanz angelegten Komponenten (Musik, Tanz, Sprache) unentwegt variieren.[13]

So werden etwa durch den Einsatz verschiedenster Instrumente *Klang*variationen bewirkt. Dabei kommen mehrere Arten von Trommeln und Pauken zum Einsatz, allen voran das *huehuetl*, die sogenannte Fellpauke und das *teponaztli*, die

Abb. 8: Aztekische Abbildung eines Sängers

»Der Sänger läßt seine Stimme ertönen, er gibt gute Klänge von sich, er spricht vernehmlich, er gibt Atem her, strengt sich tüchtig an; er hebt seine Stimme und senkt sie wieder. Er ist ein Tonsetzer, ein Komponist, ein Erfinder und Erbauer von Liedern . . . Er hat ein gutes Gedächtnis und pflegt es; er ist einer, der sich an alles erinnert und nichts vergißt. Er singt also, läßt seine Stimme ertönen, gibt gute Klänge von sich mit einer Stimme stark wie eine runde Steinsäule, spricht laut und gibt Atem her; er macht seine Stimme schmelzend und weich. Kunstgerecht führt er (den Chor) an und erfindet Lieder (für ihn). Ja, er setzt in Musik, komponiert, erfindet Lieder und singt sie, singt sie mit Kraft; er musiziert für andere und unterrichtet sie darin.«[14]

Klangbüchse. Ferner stehen Muscheln, Trommelschellen, Knochenrasseln, Schildkrötenpanzer, Glöckchen, Schellen, pentatonische Flöten und noch andere Instrumente zur Verfügung. Ob diese auch alle zur Differenzierung gesungener und getanzter Bedeutungen genutzt wurden, ist nicht bekannt. Überliefert ist nur, daß manche Instrumente an bestimmte Inhalte und manche andere an spezielle choreographische Abläufe gebunden waren. Wenn auf Schneckenhäusern geblasen wurde, drehte sich das singtänzerische Geschehen um den Windgott Ehecatl-Quetzalcoatl. Und wenn die Fellpauke eingesetzt wurde, handelte es sich meist um mimisch-dramatische Tanzgesänge.

Auch durch *choreographische* Variationen können die Singtänze zu einem breiten Spektrum aufgefächert werden. Immer andere Arten der Gestik, Mimik, Kostümierung, der Schritte und Bewegungen tragen zur Ausprägung unterschiedlicher Arten von Singtänzen bei. Die Künstler greifen dabei oft regional-, geschlechts- und gruppenspezifische Eigenarten auf. So entstehen Singtänze »nach Art der Leute von Anáhuac« oder »nach Art der Leute von Huexotzinco«, ferner solche »nach Art der Frauen«, »nach Art der Arroganten«, »nach Art der Händler«, schließlich sogar Singtänze »nach Art der Hasen«.

Eine noch größere Vielfalt wird durch *inhaltlich-thematische* Variation erzielt. Je nachdem, ob es in den gesungenen Texten um Götter, Kämpfe, Siege, Niederlagen und Kriegsherren, um Freundschaft, Liebe, Natur, um das Lob des Lebens oder um die Klage von Vergänglichkeit und Tod geht, lassen sich auch (dank der überlieferten Terminologien) unterschiedliche Genres nachweisen.

Man kann sich vorstellen, daß durch all diese Differenzierungsmöglichkeiten ein äußerst vielschichtiges Spektrum gesungener und getanzter »Literatur« geschaffen wird. Die spanischen Missionare, die sich als erste Europäer damit befassen, staunen nicht schlecht über diesen Reichtum an lebendigen Traditionen. Sie erleben auch, daß mit der Konquista die Praxis des Singtanzes noch keineswegs abgerissen ist, sondern ständig neue Kompositionen entstehen. So sind die Besiegten, noch während die Sieger sich umsehen und umhören, längst dabei, auch die Geschehnisse der Konquista in ihr klangvolles und bewegungsreiches »Erinnerungsbuch« einzuarbeiten:

Nur Trauerblumen und Trauergesänge gibt es hier
in Mexiko, in Tlatelolco, ja dort ist's, wo Leid
gefühlt wird.

Unsichtbar ist das Gute, das Du, Ipalnemoa, uns doch
einst angetan hast. Wo werden wir nun umkommen, wir,
Deine Untertanen?

O wir Unglücklichen! Nur Gram ist uns Untertanen
beschieden. Wahrlich, gar blutiges Leid haben wir
dort, wo man es schon gewohnt ist, erfahren.

Wir sind verstört und verbittert. Auf Deinen Unter-
tanen in Tlatelolco häuft sich Leid, da lernt man
es kennen. Davon sind wir mürbe, verlassen sind wir,
Ipalnemoa!

Seufzer stöhnen und Tränen rieseln dort in Tlatelolco.
Hingestürzt sind die Frauen der Mexikaner, die zum
Wasser gegangen sind. So gehen denn alle dahin, wo un-
sere Freunde hingestreckt liegen.

(Ausschnitt aus dem »Tanzlied der Huexotzinca-Besieger. Klagegesang auf die Eroberung von Mexiko durch Cortés«)[15]

Das gesprochene Wort

Singtänze sind nur ein mögliches, wenn auch sehr wichtiges Register in altindianischen Oralkulturen. Ein anderes wird durch die verschiedenen Funktionen des gesprochenen Wortes ausgefüllt. In der aztekischen Kultur beispielsweise spielt es bei Überlieferung, Belehrung, Erbauung und Vergnügung eine große Rolle. Aus dem Andenraum ist nur überlieferndes Sprechen, aus der Maya-Region sind Überlieferungen und Prophezeiungen belegt.[16] Dies mag weniger an einer geringeren Entfaltung von Sprechkultur bei den Inka und Maya liegen, als am anderen Verlauf der kulturellen Kolonisierung in diesen Gebieten: Es fanden sich dort weder so viele einheimische, noch so umfassend interessierte Aufzeichner wie im kolonialen Mexiko. Wieder einmal lenkt also die Quellensituation den Blick auf das aztekische Beispiel.

Ähnlich wie beim Singtanz scheint auch bei den Sprechkompositionen der Azteken die Überlieferung Grundlage für eine ganze Reihe weiterer Genres zu sein. So gibt es nicht nur Reden, die vergangenes Geschehen oder herkömmliche Normen tradieren. Es gibt auch vergnügliche und erbauliche Sprechkompositionen, die die Zuhörer nicht belehren, sondern unterhalten sollen. Meistens finden sich diese jedoch nur in gebundener Form, als romaneske und dramatisierende Keime oder als fantastische Ausmalungen und Übertreibungen inmitten von Überlieferungsreden oder mythischen Erzählungen. Zumindest sind sie häufig in dieser eingebetteten, seltener in entmischter Form aufgezeichnet worden.[17]

Wenn die Transkriptionen nicht täuschen, haben wir es hierbei wieder mit dem schon erwähnten Phänomen der ungeschiedenen Komponenten zu tun, das auch beim Singtanz zu beobachten ist. In einer trockenen, mit Personennamen, Ortsnamen, kalendarischen Angaben und Ereignisabläufen gespickten Überlieferung kann beispielsweise eine lebendige Szene eingeschoben sein. Die zuvor genannten historischen Personen können dabei zu Akteuren werden, die sich plötzlich miteinander unterhalten, dies und jenes tun, ihre Gedanken, Motive, Gefühle, Wünsche und Hoffnungen in langen Monologen oder Dialogen kundtun.[18]

Man erkennt darin andere als rein überliefernde Momente, ohne daß diese sich freilich schon endgültig vom Überlieferungskontext emanzipiert und als eigene Genres konstituiert hätten. Jedenfalls ist ihr Vorkommen in ungebundener, verselbständigter Form kaum belegt. Das mag natürlich auch damit zusammenhängen, daß die frühkolonialen Aufzeichner den unterhaltsamen Aspekten des gesprochenen Wortes weniger Aufmerksamkeit schenkten als seiner Überlieferungsfunktion.

So haben sie vor allem die gesprochenen Traditionen und dabei vornehmlich zwei Varianten festgehalten: einmal die Moralreden der Alten, die sogenannten *huehuetlatolli*, in denen von alters her gültige Normen an die Jüngeren ganz offen und eindringlich weitervermittelt werden; und andere *tlatolli*, d.h.

Berichte und Erzählungen, in denen Denkwürdigkeiten mythischer oder historischer Art (und mit ihnen auch Normen in eher versteckter Form) überliefert werden.

Das Tradieren von Normen

»Mein Sohn, meine kostbare Feder, Du wurdest empfangen, wurdest geboren und bist auf die Welt gekommen. Der Gott, der uns das Leben gibt, hat Dich leben lassen, hat Dir Dein Sein gegeben. Wir, Deine Eltern und Verwandten, als da sind Deine Mutter, Dein Vater, Deine Tanten, Deine Onkel, blicken in ein Antlitz, in Dein Gesicht; in Dein Antlitz und Gesicht blickend waren wir Deinetwegen bewegt und voller tiefer Gedanken, als Du geboren wurdest und das Licht der Welt erblicktest...«[19]

Das Leben eines Azteken ist von Anfang bis Ende, von Geburt bis Tod durch mündliche Traditionen bestimmt. Mit dieser Empfangsrede etwa wird ein Neugeborenes in die Gemeinschaft der Lebenden aufgenommen – vorausgesetzt, daß es in jenen Teil der aztekischen Gesellschaft hineingeboren wird, der das Sagen und die Macht des gebietenden Wortes hat.

Nicht nur, daß der Azteke fest in die Welt von Tanz, Gesang und Musik eingegliedert ist. Sein Lebenslauf ist auch eng mit festgelegten Formen des Sprechens, Redens, Rezitierens und Erzählens verbunden. Außer aus den Singtänzen bezieht er aus diesen gesprochenen Formen den Stoff für sein Welt- und Selbstverständnis. Das Gesprochene geht durch seine Ohren, formt »sein Herz und sein Gesicht« (wie die Azteken sagen, wenn sie »Identität« meinen), um dann schließlich durch seine Stimme an die Jüngeren weitergegeben zu werden – weniger als individuell geprägte, denn als kollektive Ansammlung mündlicher Texte. In diesem Sinne kann man sagen, daß nicht die einzelnen sprechen, sondern umgekehrt, daß es aus ihnen spricht.

Für alle herausragenden Lebenssituationen sind Rederituale vorgesehen. Dabei steht nicht nur fest, wer jeweils sprechen soll, sondern auch wie und in welchem Augenblick das zu geschehen hat. In der Geburtssituation, aus der die oben zitierte Empfangsrede stammt, sind lange, formalisierte Wechselreden zwischen allen Beteiligten üblich. Hier ein weiterer Ausschnitt davon:[20]

Die Verwandten zur Hebamme

»Ihr seid nun anwesend, verehrte Frau, wisset, daß diese junge Frau hier schwanger ist. Sie ist mit N. verheiratet. Ihre Eltern und Verwandten möchten sie Euch anvertrauen.«

Antwort der Hebamme an die Eltern (während sie schon die Geburt vorbereitet)

»... ich habe Eure Worte, Eure Klagen, Eure Ängste gehört, die Euch plagen und die Ihr um Eures Goldschatzes, um Eurer kostbaren Feder willen erleidet, die Eure Tochter ist und Eurem Körper entstammt.«

Darauf die Mutter der jungen Frau zur Hebamme

»Hochverehrte Frau, schreitet zur Tat und fangt an, meine Tochter zu baden!«

Die Hebamme spricht ein Gebet, in dem sie um eine glatte Geburt bittet, und leitet dann den Vorgang ein.

Zu dem Kind gewendet, während es das Licht der Welt erblickt, spricht sie

»Ihr seid gut angekommen, geliebtes Kind, Ihr habt Euch angestrengt, Euch hat der Vater aller Menschen hergeschickt... Ihr seid in eine Welt gekommen, in der Eure Verwandten in Kummer und Sorge leben, in der unmäßige Hitze, Kälte und Stürme herrschen, wo es weder Freude noch Zufriedenheit, sondern nur Arbeit, Erschöpfung und Entbehrung gibt. Mein Kind, wir wissen nicht, ob Ihr lange auf dieser Welt leben werdet – vielleicht verdienen wir nicht, Euch hier auf Erden zu haben...«

Während die Hebamme das Kind abnabelt, spricht sie weiterhin zu dem Kind. Wenn es ein Knabe ist, sagt sie

»Innig geliebter und zarter Sohn... aus Eurer Mitte entferne ich die Nabelschnur. Wisset und erfahret, daß hier, wo Ihr geboren seid, nicht Euer Zuhause ist, denn Ihr seid Soldat und Diener ... Dieses Haus, in dem Ihr geboren seid, ist nur ein Nest, eine Herberge, Euer Ausgangspunkt für diese Welt. Hier werdet Ihr keimen und aufblühen ... aber Euer eigentliches Feld ist ein anderes – es ist dort, wo Kriege stattfinden und Schlachten toben. Eure Aufgabe ist es, der Sonne Feindesblut zum Trunke zu geben...«

Wenn es ein Mädchen ist, sagt sie

»Meine Tochter und Herrin ... wisset, daß ich von der Mitte Eures Körpers die Nabelschnur abgeschnitten und entfernt habe ... Eure Aufgabe ist es, im Hause zu bleiben, wie das Herz im Körper. Ihr dürft nicht aus diesem Haus fortgehen. Nirgendwohin sollt Ihr gehen. Ihr sollt die Asche sein, mit der das Feuer im Haus bedeckt wird ... für diesen Platz in der Welt hat Euch unser Herr vorgesehen: Hier sollt Ihr arbeiten und Eure Aufgabe ist es, Wasser zu holen und Mais auf der Steinplatte zu zermahlen – im Schweiße Eures Angesichts...«

Als nächstes ist im Ritual vorgesehen, daß sich die Hebamme der jungen Mutter zuwendet. Dann folgen die Dankesreden der Verwandten und die elterliche Empfangsrede an das Kind. Schließlich kommen noch die Glückwunschreden von Außenstehenden hinzu und ganz zum Schluß die Reden des Wahrsagers, der dem Neugeborenen den Lebensweg vorzeichnet.

In ähnlicher Weise wie die Geburt sind viele andere Situationen des aztekischen Lebens durch eine verbindliche Formelsprache geregelt – zum Beispiel die Wahl eines neuen Herrschers, Hochzeiten, der Eintritt der Jugendlichen in die außerfamiliäre Erziehung und »ins Leben«. Die meisten dieser Reden fallen unter die Kategorie der *huehuetlatolli* (»Reden der Alten«) und transportieren Werte, Normen, Glaubensvorstellungen und Erfahrungen. In den Reden der Eltern an ihre Kinder können diese Erfahrungsreden direkt normative Formen annehmen: »Tu dies, tu jenes« oder auch »tu dies nicht, tu jenes nicht«! So ergehen Verhaltensvorschriften, die beispielsweise regeln, wie man sich zu kleiden, zu bewegen und nicht zuletzt auch, wie man zu sprechen hat. Damit die Technik und Kunst des Sprechens, auf der ja auch der Bestand der aztekischen Gesellschaft aufbaut, nicht verwildere, werden die Jugendlichen zu einer Kontrolle ihrer Sprechweisen angehalten.

Zu Mädchen sagt man

»Wenn Du sprichst, überstürze nichts und sprich nicht mit Unruhe, sondern sprich eins nach dem anderen, ganz gelassen. Sprich weder zu laut, noch zu leise, sondern in halblautem Ton. Drücke Dich nicht undeutlich aus, weder beim Sprechen, noch beim Grüßen und näsele nicht, sondern achte darauf, daß Deine Worte ordentlich sind, von gutem Klang und mittlerer Tonlage...«[21]

Zu Knaben sagt man

»Es ziemt sich, daß Du mit viel Gelassenheit sprichst und nicht eilig oder unruhig. Sprich nicht zu laut, damit man von Dir nicht sage, Du seist ein Schreihals oder einer, der nicht den richtigen Ton fände oder ein unüberlegter, tölpelhafter Dummkopf sei. Sieh zu, daß Du in gemäßigtem Ton sprichst, weder laut, noch leise und daß Deine Stimme weich und schmelzend ist...«[22]

Die Rederituale variieren je nachdem, für welche Sprecher sie konzipiert sind und welche Inhalte sie berühren. So können es neben den Eltern auch die Herrscher und andere hohe Staatsdiener, etwa Priester und Gesandte, ferner Kaufleute, Geburtshelferinnen, Wahrsager, kurz: alle Personen in offizieller Funktion sein, die mit ihren Reden kollektives Normenwissen weitergeben.

Das Tradieren von Denkwürdigkeiten

Ein indianischer Chronist des 17. Jahrhunderts hat – noch ganz im Stile seiner gewohnten Mündlichkeit – einst niedergeschrieben, wie in seiner Familie Erinnerungen an die Vergangenheit wachgehalten wurden:

»So haben sie es erzählt, so haben sie es in ihrer Erzählung festgelegt und für uns auf ihrem Papier aufgemalt, die alten Männer und Frauen... Das waren unsere Großväter und Großmütter, unsere Urgroßväter und Urgroßmütter, unsere Ururgroßväter und Ururgroßmütter ... niemals werden wir das Erzählte verlieren, niemals werden wir vergessen ... für immer werden wir es aufbewahren ... und denen, die nach uns kommen, weitererzählen ...«[22a]

Was seine spanischen Kollegen schlicht als »Überlieferung von Mund zu Mund, von Generation zu Generation« beschreiben, lebt hier – aus der Perspektive der eigenen Erfahrung – anschaulich auf.

Wesentlich für unseren Zusammenhang ist der Hinweis auf den Doppelcharakter der Überlieferung: »So haben sie es in ihrer Erzählung festgelegt und für uns auf ihrem Papier aufgemalt« – es gibt also eine mündliche und eine auf einheimischem Papier festgehaltene Form der Überlieferung. Später präzisiert er dies noch und spricht von bildlichen Fixierungen. Das bedeutet nun freilich nicht, daß es damit zwei völlig separate, voneinander unabhängige Überlieferungsweisen gibt. Anders als bei uns, wo heutzutage die »oral history« aus ihrer Verdrängung herausgeholt und der schriftlichen Historie entgegengestellt wird, sind die mündliche und bilderschriftliche Überlieferung im alten Mexiko eng zusammen zu denken. Diese verdrängt jene nicht, sondern stützt und ergänzt sie.

Nach allem, was wir darüber wissen, sind die bilderschriftlichen Notierungen eher als Erinnerungsskizze für mündlich überlieferte Texte, denn als unabhängiger Traditionsmodus zu verstehen. Die altindianischen Kulturen, die Bilderschriften kennen, bleiben dabei noch immer Gedächtniskulturen. Durch die bildlichen Fixierungen wird die Gedächtnisleistung nur erweitert, jedoch nicht ersetzt – wie das in einer Schriftkultur durch schriftliche Dokumente geschieht (siehe auch S. 24f., 78f.).

Mündliche und bilderschriftliche Überlieferungen greifen vielmehr arbeitsteilig ineinander. Was durch das eine Medium nicht tradiert werden kann, wird von dem anderen übernommen – und umgekehrt. Bilderschrift und Kalendersystem erlauben eine genauere geschichtliche Registratur und entbinden Formen der Überlieferung, welche die rein mündlichen transzendieren. Es gibt dabei eine Art von »Annalen« – chronologisch nach Jahren gegliederte Ereignislisten, die mehr oder weniger systematisch datiert sein können; ferner »kartographische« Fixierungen, in denen räumliche (statt zeitlicher) Dimensionen im Vordergrund stehen und denen historische, dynastische und genealogische Informationen beigefügt sind; schließlich Bilderhandschriften, die nur Genealogien oder nur dynastische Listen enthalten.[23]

Für uns ist an dieser Stelle jedoch weniger die bilderschriftliche Notierung an sich von Belang als die Tatsache, daß sie in gesprochene Texte eingebettet sein muß, um eine eindeutige und explizite Übermittlung zu gewährleisten. Man vermutet, daß die Spannbreite dieser mündlichen Begleittexte von formalisierten und standardisierten Minimalversionen bis hin zu entwickelteren Versionen reicht, in die auch längere und freiere Oraltraditionen eingebaut sein können.[24]

In jedem Fall speisen sich die auf Bilderschrift bezogenen mündlichen Standardtexte immer auch aus dem Reservoir jener althergebrachten, freien mündlichen Erzählungen, die im alten Mexiko kursieren und durch die bilderschriftliche Überlieferung keineswegs außer Kraft gesetzt werden. Kommt es auch nicht zur Verdrängung, so doch zu gewissen Veränderungen:

Mündlichkeit, die in Arbeitsteilung mit Bilderschrift funktioniert, weist spezifische Formen und Funktionen auf. Ihr fällt alles zu, was bilderschriftlich nicht darstellbar ist: die genaue sprachliche Ausformulierung des Textes, die Veranschaulichung historischer Persönlichkeiten und vergangenen Geschehens, detaillierte Charakterschilderungen, Monologe und Dialoge, Erklärungen und Interpretationen.[25]

Der bilderschriftliche Anteil am Tradieren liefert ein relativ starres, aber in unserem Sinne durchaus »geschichtliches« Grundmuster. Der gesprochene Anteil füllt dieses Muster mit lebendigen Erzählungen aus und läßt dabei den »vorgeschichtlichen« Traditionen noch freien Raum. Da diese während der Kolonialzeit teilweise aufgeschrieben wurden, weiß man, daß sie Ähnlichkeit mit Genres haben, die wir als Mythen, Sagen, Epen, Heldenerzählungen und Dramen einordnen.

Fassen wir einmal zusammen: es gibt bei den Azteken sowohl eine mündliche als auch eine bilderschriftliche oder besser gesagt eine bi-mediale, kombinierte Art der Überlieferung. Analog dazu existiert sowohl eine mythische als auch eine geschichtliche Verarbeitung und Bewahrung von Vergangenheit. Der Einsatz einer dauerhaften Fixierungstechnik und die dadurch (sowie durch das Kalendersystem) ermöglichte Historiographie haben die mündlich-mythische Praxis hierbei keineswegs verdrängt oder ersetzt. Beides ist noch in der Schwebe: weder bleibt die Überlieferung rein mündlich und mythisch, noch wird sie rein bilderschriftlich und historiographisch. Wiederum treffen wir also auf eine Konstellation ungeschiedener Komponenten, die in unserem eigenen kulturellen Rahmen nurmehr als getrennte, ja sogar als polarisierte vorkommen: hier hat Schriftlichkeit die alte Mündlichkeit, hat damit auch Geschichtsbewußtsein das alte mythische Bewußtsein historisch abgelöst.[26]

Bei den Azteken hingegen kann von einer Krise des mythischen Denkens, von einer Zuspitzung der Wahrheitsfrage und von einem Ausspielen des geschichtlichen gegen das mythische Bewußtsein – wie dies im antiken Griechenland aufgrund des verallgemeinerten Schriftgebrauches eingetreten ist – nicht die Rede sein. Das »Sonnenvolk« vermag sich und seinen Taten geschichtliche Größe zu verleihen, ohne mit der früheren mythisch-mündlichen Form der Vergangenheitsbewältigung brechen zu müssen oder zu können. So zirkulieren, während gleichzeitig »Annalen« verfaßt werden, die althergebrachten Erzählungen noch immer weiter. Aus deren Vielfalt greife ich hier beispielshalber einen mythischen Bericht heraus, um in den folgenden Abschnitten zu zeigen, wie eine gesprochene Überlieferung aufgebaut ist.

Es geht um eine Schöpfungsmythe, die von den Göttern in Teotihuacán und von den Bemühungen handelt, die Menschenwelt zu erschaffen. Der Stoff ist szenisch verarbeitet und wird durch Überblendung und Ablösung einer Szene durch die andere vorangetrieben. Zunächst wird in die Thematik, in Zeit, Ort und Umstände des Geschehens eingeführt[27]:

»Als es noch Nacht war – so erzählt man – als es noch kein Licht gab, als noch kein Tag angebrochen war, versammelten sich die Götter und riefen einander zusammen in Teotihuacán. Sie sprachen und sagten zueinander: Kommt, oh Götter! Wer wird es auf sich nehmen, wer wird es übernehmen, wer wird Licht werden und den Tag anbrechen lassen?«

Die Suche nach denjenigen, die »es auf sich nehmen«, bestimmt den weiteren Verlauf des Berichts. Zwei Wesen, ebenfalls göttlicher Herkunft, Tecuciztécatl und Nanahuatzin, finden sich dazu bereit. Sie wollen und sollen sich opfern, damit eine neue Sonne aufgehe und es wieder Tag werde. Dies macht den Inhalt einer zweiten, stark dialogisch gehaltenen Szene aus. Die dritte Szene spielt sich noch unter den gleichen zeitlichen und örtlichen Voraussetzungen ab. Auch die Personen sind noch die gleichen, es werden freilich Unterschiede zwischen ihnen herausgearbeitet. Außerdem wird das Geschehen nun eher in Form eines Ablaufes präsentiert:

»Sofort beginnen sie, Buße zu tun. Beide, Nanahuatzin wie Tecuciztécatl fasten dann ... Zur gleichen Zeit fachte man das Feuer an, jetzt brennt es an göttlicher Feuerstelle ...

All das, womit Tecuciztécatl Buße tut, ist kostbar: Seine Tannenzweige sind Quetzalfedern, seine Grasballen sind aus Gold, seine Dornen aus Jade . . .
Bei Nanahuatzin sind die Tannenzweige jedoch alle nur grünes Rohr . . . seine Grasballen bestehen aus stacheligen Grannen und seine Dornen sind richtige Agavendornen . . .«

Der Ort der Handlung bleibt der gleiche, die Zeit wird jedoch durch die länger andauernde Phase des Fastens und der Buße verändert. Die bisherigen Szenen werden durch neue überlagert: Nanahuatzin und Tecuciztécatl sollen sich opfern, indem sie sich ins Feuer werfen, um daraus – zur Sonne verwandelt – wieder hervorzugehen. Tecuciztécatl, der Unbescheidenere von beiden, zögert. Nanahuatzin, der Bescheidenere, stürzt sich hingegen bedenkenlos ins Feuer und verbrennt. Erst dann folgt auch Tecuciztécatl. Ein weiterer szenischer Abschnitt schließt sich an: Die Götter beraten, aus welcher Richtung die Sonne nun aufgehen soll. Dann kündigt sich im Osten die Morgenröte an – Nanahuatzins Verwandlung zur Sonne ist vollbracht. Tecuciztécatl ist wegen seines Zögerns nur zum Mond geworden. Beide Gestirne stehen nun gleichzeitig am Himmel und strahlen in gleicher Stärke. Diese Situation suchen die Götter zu korrigieren:

»Daraufhin läuft einer dieser Herren, dieser Götter los und schlägt Tecuciztécatl, dem Mond, ein Karnickel ins Gesicht. So verdunkelte sich das Gesicht, das er verletzt hatte, was man bis heute sehen kann . . .«

Die nächste Szene zeigt, daß damit nur ein halber Erfolg erreicht ist: Der Mond strahlt zwar nicht mehr ganz so stark, aber beide Gestirne stehen noch gemeinsam am Himmel. Wiederum beunruhigen sich die Götter:

»Wie werden wir Leben haben können? Sie Sonne bewegt sich nicht. Wer weiß, vielleicht geben wir den Menschen so ein unvollkommenes Leben ein. Möge sich daher die Sonne durch unser aller Opfer in Gang setzen, laßt uns alle den Opfertod sterben!«

Es folgt jene letzte Szene, in der die Götter ihr Ursprungsopfer vollbringen und mit ihrem Blut die Bewegung der Sonne und damit Leben ermöglichen. Der Bericht schließt mit den Worten: »Hier endet das Gesprochene und Erzählte, das unsere Vorfahren von alters her überliefert und gehütet haben.«

So kurz dieses Mythenbeispiel auch gehalten sein mag – es macht doch gewisse Besonderheiten gesprochener Überlieferungen deutlich (szenische Verarbeitung des Stoffes, Überblendungen und Ablösung einer Szene durch die nächste usw.) Wie es sich im Vergleich dazu mit dem Textaufbau *gesungener* Überlieferungen verhält – dieser Frage werden wir im nächsten Kapitel nachgehen.

Die Architektur der Texte

Wir haben nun zwei Register einer altindianischen Oralkultur kennengelernt: das gesungene (getanzte) und das gesprochene Erinnerungswort. Beide haben ihren durchaus eigenen »Sitz« im altindianischen Leben. Aber werden dabei auch jeweils eigene Texte realisiert? Genauer: sind die Texte von Register zu Register verschieden angelegt? Oder ist die gesungene Tradition nur eine Vertonung der gesprochenen? Stellen sie vielleicht eher Varianten als getrennte Register dar?

Vergleichen wir einmal den Text der getanzten und gesungenen Klage über die Eroberung Mexikos (vgl. S. 44) mit dem mythischen Bericht aus dem vorangehenden Kapitel. Zunächst einmal liegen die Schwierigkeiten eines solchen Vergleichs darin, daß wir nur über kolonialzeitliche Aufzeichnungen dieser Oraltraditionen verfügen. Beim Vorgang des Transkribierens und Aufzeichnens fließen aber bereits Interpretationen des Gehörten mit ein. Sie häufen sich in dem Maß, wie die Texte dann überarbeitet, übersetzt, neu ediert werden. Vieles mag also durch Bearbeitung verändert und verschüttet, anderes vielleicht aber auch besser hervorgeholt worden sein.

Allein schon durch die spätere Einfügung der Interpunktion (die in den Originaltranskriptionen meist noch fehlt) sowie auch durch die Art der Zeilensetzung wird möglicherweise etwas suggeriert, das eher schriftkulturellen Projektionen als oralkulturellen Gegebenheiten entstammt. So kennt man etwa Bearbeitungen aus dem 20. Jahrhundert, in denen die »Klage auf die Eroberung Mexikos« zwar noch in der gleichen Zeilenanordnung auftaucht wie im Originalmanuskript (als »Wörterschlange«, die nur durch kleine Zwischenräume unterbrochen ist, so daß eine Abfolge von kleineren Paragraphen entsteht). Gleichzeitig sind jedoch Punkte, Kommata, Frage- und Ausrufungszeichen hinzugekommen.[28]

In anderen Fassungen entsteht die Verfremdung der Vorgaben weniger durch Interpunktion als durch Assimilation der einst mündlichen Texte an schriftkulturelle Genres. So werden beispielsweise Kompositionen wie die »Klage...« in die Nähe von Poesie gerückt und regelmäßig in Form von Versen und Strophen vorgestellt[29]:

> Nur Trauerblumen und Trauergesänge
> gibt es hier, in Mexiko, in Tlatelolco,
> ja dort ist's,
> wo Leid gefühlt wird.
>
> Unsichtbar ist das Gute,
> das Du, Ipalnemoa, uns doch einst angetan hast,
> wo werden wir nun umkommen,
> wir, Deine Untertanen?
>
> ...

Durch dieses Verfahren werden nicht nur Kompositionen wie die obige als Poesie eingeordnet, sondern auch andere – wie die »Schöpfungsmythe von Teotihuacán« – als Prosa definiert, weil man sie eben nicht in Vers- und Strophenform, sondern durch ununterbrochene Reihung der Zeilen wiedergibt. Vielleicht wird aber der »Schöpfungsmythe von Teotihuacán« eines Tages noch das gleiche Schicksal widerfahren wie dem Popol Vuh-Text der Maya. Dieser wurde im 16. Jahrhundert aufgeschrieben, Mitte des 19. Jahrhunderts das erste Mal ediert und seitdem immer wieder als Prosa wiedergegeben. Erst vor kurzem hat man einen poetischen Stil darin entdeckt und ihn auch gleich durch versähnliche Formen zum Ausdruck bringen wollen.[30]

Diese Schwankungen zeigen schon an, daß ein Vergleich gesungener und gesprochener Erinnerungstexte nur dann Sinn haben kann, wenn er jenseits der typographischen Ebene und auch jenseits schriftkulturell besetzter Unterscheidungen von Poesie und Prosa angesiedelt ist. Hinzu kommt, daß der Anspruch des Poetischen in unserem Kulturraum manches Mal nurmehr durch typographische Experimente eingelöst wird. Auch von daher ist es problematisch, unser eigenes Poesieverständnis in die Nähe oralkultureller Produktionen zu rücken.

Miguel León-Portilla hat gezeigt, daß man auch von einer anderen Seite an diese Texte herangehen kann, ohne Gefahr zu laufen, daß die Fremdartigkeit jener Mündlichkeit durch ethnozentrische Übertragungen verwischt würde. Er rekonstruiert anhand überlieferter Terminologien die einheimischen, altaztekischen Klassifikationen der mündlichen Welt und beschreibt dann die strukturellen und stilistischen Eigenheiten einzelner Textklassen und -kategorien – ohne unsere Begriffe von Poesie und Prosa. Die gesungene und getanzte »Klage auf die Eroberung Mexikos« gehört ihm zufolge in die Oberkategorie der sogenannten *cuicatl* – ein Terminus, der Begriffe wie »Gesang«, »Hymne«, »Gedicht« umspannt. Die Schöpfungsmythe von Teotihuacán hingegen wird einer anderen Kategorie, nämlich den sogenannten *tlatolli* zugeordnet – was soviel wie »Worte«, »Erinnerungsworte«, »Reden«, »Erzählungen« meint.[31]

Welche Unterschiede in den Texten sind es nun, die eine solche Zuweisung zu verschiedenen Kategorien begründen? Betrachten wir erst einmal die inhaltliche Ebene: im Falle der Schöpfungsmythe von Teotihuacán konnte man sehen, wie Inhalt und Thematik schrittweise vorangetrieben werden, etwa durch Szenenwechsel, durch Einführung neuer Handlungselemente und neuer Akteure. Die inhaltliche Entwicklung verläuft dabei als Progression, als lineare Abfolge einander überlagernder und ablösender Szenen. Damit ist ein für *tlatolli*, d.h. für gesprochene Erinnerungstexte insgesamt typisches Merkmal umrissen.

Die Inhalte gesungener Traditionen sind deutlich anders entwickelt – wie sich am Beispiel des »Klagegesangs auf die Eroberung von Mexiko« erkennen läßt. In der ersten Sequenz (»Strophe«) werden Trauer und Leid der Azteken eingeführt. Nachfolgend wird diese Thematik jedoch nicht im Sinne einer inhaltlichen Progression gestaltet. Sie bleibt aber auch nicht unentwickelt. Vielmehr ist es so, daß jede weitere Sequenz auf die Anfangsthematik zurückverweist und sie in neuem Licht oder unter anderem Aspekt zeigt. Der Inhalt wird so eher zyklisch-zirkulär, statt linear entfaltet. Das einmal Genannte wird vertieft, statt auf thematisch neue Momente hin überschritten. In der »Klage über die Eroberung Mexikos« beispielsweise taucht immer wieder das Thema des Leides auf, mal als »Unglück«,

»Gram« und »blutiges Leid«, mal als »Verstörung« und »Verbitterung«, mal als »Seufzer« und »Tränen«. Es handelt sich dabei um eine immer andere Perspektive der gleichen Sache, um direkte und indirekte Wiederholungen, um Erweiterungen und Präzisierungen der Ausgangsthematik. Dies scheint ein gemeinsamer Zug der *cuicatl*-Texte zu sein.[32]

Die gesungenen und gesprochenen Erinnerungstexte unterscheiden sich jedoch nicht nur in inhaltlicher, sondern auch in formaler Hinsicht: in den *cuicatl* finden sich manche Elemente, die in den *tlatolli* so gut wie nie vorkommen. Da sind zum einen bestimmte Lautgebilde (tico, tocoto, tiquiti, quiti etc.), die den eigentlichen Texten zumeist vorangestellt sind und »von denen wir nicht wissen, ob sie gesprochen oder gesungen wurden, ob sie den Gesang nur in rhythmische Geleise bringen sollten oder ob sie ein Vorspiel waren, dessen Anfang den Chor aufhorchen ließ, dessen Ende ihm den Einsatz gab«.[33]

Neben diesen präludierenden Lauten, die möglicherweise eine Textrhythmisierung von außen bedeuten mögen, gibt es auch Elemente, die die Rhythmisierung im Inneren des Textes zu gewährleisten scheinen. In allen *cuicatl* finden sich nämlich »begriffsleere Einschübe« (Schultze Jena) oder nichtlexikalische Elemente (ohuaya, ayo, ya, ayyo, huiya etc.), die, eben weil sie für uns keinen Sinn ergeben, in den Übersetzungen weggelassen werden und nur im aztekischen Originaltext zu finden sind. Sie markieren dort zumeist das Ende der einzelnen Gesangssequenzen. Hie und da tauchen sie aber auch zwischen den Wörtern, also im Inneren der Sequenzen auf – so wie in folgendem Ausschnitt, in dem die begriffsleeren Einschübe kursiv markiert sind:

> Nicamana*ya* nicmana*ya* xochicacahuatl ma*ya* onihua*ya* *ye*ichan nopiltzin Moteuczomatzi *o ancayome*.
> (Ich bringe ihn dar, ich bringe ihn dar, den blumigen Kakao, im Hause meines Fürsten Moctezuma.)[34]

Da diese Einschübe keine Bedeutungsfunktion haben, kann ihre Funktion eigentlich nur auf der rhythmischen Ebene des Textes gesucht werden. Damit stellt sich auch die Frage der Metrik dieser Kompositionen.

Trotz aller Bemühungen konnte jedoch der Schlüssel dazu noch nicht gefunden werden. Es scheint auch nicht sinnvoll, weiterhin mit vertrauten Erwartungen danach zu suchen. Schon bei der Niederschrift der *cuicatl* mögen Veränderungen hineingeraten sein, die eine solche Suche hoffnungslos machen. Denn die metrische Spannung lebt ja von dem Verhältnis zwischen der natürlichen Tonfolge der Rede und der Verbindlichkeit eines bestimmten Versmaßes. Die kleinste Veränderung kann diese Spannung »entspannen« und das ästhetische Kalkül unkenntlich machen. Daß in einigen Fällen bei den *cuicatl* metrische Ansätze festgestellt wurden (z. B. die Kontrastierung betonter und unbetonter oder auch kurzer und langer Silben), besagt noch wenig. In allen Beispielen schlägt dieser metrische Schein sehr rasch in größte Unregelmäßigkeit um und verliert sich dann in »maß«losen Wortfolgen.[35]

Vor diesem Hintergrund läßt sich nur vermuten, daß es hier, wo offenbar ein festes Metrum fehlt, diese nichtlexikalischen Elemente sind, die dem Text rhythmische Konturen verleihen. Beweisen läßt sich das allerdings kaum, es sei denn durch einen Vergleich mit indianischer oder indianisch geprägter Volksmusik im heutigen Lateinamerika. Von dort sind ähnliche Zwischenrufe oder Zwischenlaute in rhythmusstützender Funktion bekannt. Auch wenn wir so die präludierenden und die nichtlexikalischen Gebilde nicht ganz zu entschlüsseln vermögen – eines läßt sich mit Sicherheit sagen: sie sind ausschließlich in gesungenen Texten zu finden und somit *cuicatl*-spezifisch.

Die Merkstruktur der Texte

Bisher war vornehmlich von den Unterschieden zwischen gesungenen und gesprochenen Erinnerungsworten die Rede. Nun weisen beide Formen – als oralkulturelle Produktionen – aber auch grundsätzliche Gemeinsamkeiten auf. Mündliches Tradieren unterliegt, im einen wie im anderen Fall, ja immer den Risiken des Vergessens und damit auch der Notwendigkeit des Erinnerns. Ein wichtiges Moment jedes Traditionstextes ist daher seine Merkbarkeit. *Cuicatl* und *tlatolli* sind gleichermaßen daraufhin angelegt, daß sie auch behalten werden können.

Wie bei allen Oralkulturen stößt man auch bei den Texten der Azteken zunächst auf das Wiederholungsprinzip, das freilich lokalspezifische Besonderheiten aufweist. So geht es hier nicht um lautliche Wiederholungen, wie sie von Vokalharmonien und Assonanzen beim Reimen bekannt sind. Diese Möglichkeit scheint in der aztekischen Sprache, möglicherweise auf Grund ihres agglutinierenden Charakters, nicht angelegt zu sein.[36]

Auch sind die Wiederholungen nicht durch »Formeln« vertreten, wie sie Milman Parry und Albert B. Lord etwa in der jugoslawischen Epik nachweisen. Sie stellen also weder »systematisierte klangliche Wiederholungen im Sinne metrisch gebundener Assonanzen« dar, noch »Wortgruppen, die regelmäßig unter den gleichen metrischen Bedingungen verwendet werden«.[37] Hier zeigt sich, wie verschieden auch Oralkulturen sein können und daß die schematische Übertragung analytischer Muster von der einen zur anderen nicht weiterhilft.

Von den mündlichen Kompositionen der Inka, Maya und Azteken ist vielmehr bekannt, daß das Wiederholungsprinzip in anderer Weise genutzt wird: statt klanglicher Wiederholungen enthalten sie überwiegend Bedeutungswiederholungen.[38] Sehen wir uns daraufhin nochmals die gesungenen und gesprochenen Traditionen der Azteken an.

In dem bereits erwähnten »Klagegesang auf die Eroberung von Mexiko« ist der Zusammenhang zwischen den einzelnen Textabschnitten durch ganz bestimmte semantische Entsprechungen gewährleistet. Genauer: der rote Faden, an dem sich die Sänger Sequenz für Sequenz entlangarbeiten können, ist aus Wörtern gesponnen, die ein und demselben Assoziationsbereich entstammen. Die Wortbedeutungen kreisen dabei allesamt um Begriffe wie »Tod« und »Trauer«. Im nachfolgenden Text, der die aztekische Originalversion der auf S. 44 abgedruckten Übersetzung darstellt, habe ich diese Entsprechungen kursiv hervorgehoben:

1. Çan *tlaocolxochitl, tlaocolcuicatl* onmani a Mexico nican, ha in tlatilolco, in yece ye oncan on *neiximachoyan* ohuaya.
2. Yxamayo yectli, in çan ca otitechicneli, ipalnemohuani. in ça can *tipopolihuizque* in timacehualta? ohuaya.

3. O *totlahueliltic!* çan *titotoliniah* timacehualtin. queçohuel tehuantin otiquittaque *in cococ* ye machoyan ohuaya.
4. *Ticmomoyahua, ticxoxocoyan.* in momacehual y in tlatilolco *cococ* moteca, *cococ* ye machoyan. ye ic *ticiahui,* a ic ye *titlatzihui* a ipalnemoani ohuaya!
5. *Choquiztli* moteca, *yxayotl* pixahui oncan a in tlatilolco. yn atlan yahque on o in Mexica ye cihua *nelihui.* ica ye huiloa, oncan *ontihui* in tocnihuan o ohuaya.[39]

Das sich anschließende Schema zeigt die Bedeutungskorrespondenzen sowie die dadurch aufgebaute Merkstruktur des Textes in deutscher Sprache. Die semantischen Bezüge *zwischen* den Sequenzen eins bis fünf sind hierbei durch vertikale Klammern markiert. (Zu den horizontalen Verbindungsbögen *innerhalb* der einzelnen Sequenzen, siehe S. 63)

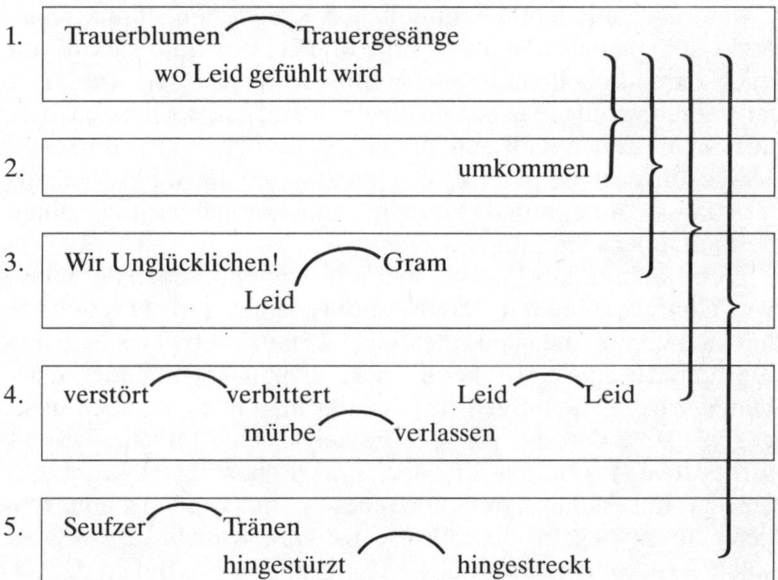

Auch wenn die hierbei zugrunde liegende Übersetzung von Leonhard Schultze Jena nicht ganz wörtlich ist, werden die für uns wichtigen Zusammenhänge doch genügend deutlich. So läßt sich immer noch erkennen, daß das Spektrum der Wiederholungen von mehrfacher Nennung des gleichen Wortes (z.B. »Leid«) über synonyme Ausdrücke (z.B. »Gram« vs. »Leid«) bis hin zu näheren oder ferneren Bedeutungsassoziationen reichen kann (z.B. »Gram« vs. »verbittert«). Der Vortragende hat es somit nur scheinbar mit immer neuen und separat erinnerten Textsequenzen zu tun. Tatsächlich verfügt er jedoch mit diesen Schlüsselwörtern über mnemotechnische Stützen, die ihm die Erinnerung an Abfolge und Zusammenhang der Sequenzen erleichtern.

Wiederholungsmuster dieser Art ziehen sich nicht nur durch die gesungenen, sondern auch durch die gesprochenen Traditionen hindurch. Die rituelle Empfangsrede an das neugeborene Kind (S. 46f.) ist ebenso wie die Schöpfungsmythe von Teotihuacán (S. 53f.) von einer Verkettung des Gesprochenen durch semantische Entsprechungen geprägt.

Sind nach alledem die mündlichen Kreationen altamerikanischer Indianer nichts anderes als Merktexte? Sind sie nur auf die Notwendigkeit des Erinnerns hin entworfen? Es wäre sicher zu einfach, wollte man die gesungenen und gesprochenen Worte aus jener Zeit auf diesen pragmatischen Aspekt reduzieren. Umgekehrt erscheint es freilich kaum gerechtfertigt, sie nur als Wortkunst zu begreifen, ohne ihre mnemotechnische Bedingtheit mitzuberücksichtigen.

Denn wieder haben wir es hier mit dem Phänomen der relativen Ungeschiedenheit der Komponenten zu tun: Das Schöne hat sich vom Nützlichen noch nicht emanzipiert. Das Notwendige und das Künstlerische sind noch nicht in voneinander unabhängige Bereiche aufgelöst. So kann man das eine auch nicht gegen das andere ausspielen. Es zeigt sich nämlich, daß das ästhetische Probieren an den praktischen Merkstrukturen ansetzt, um sie dann, im Sinne jener »unnötigen Verschönerungen« zu entwickeln, die jedes Kunstwerk braucht, um sich als solches zu konstituieren. Die Erinnerungsnot haftet so der altamerikanischen Wortkunst immer an. Aus solcher Not wird jedoch auch hierbei häufig eine (stilistische) Tugend gemacht!

Es ist ein wenig so, wie mit den alltäglichen Gegenständen, deren prosaischer Zweck nicht selten durch künstlerische Gestaltung überhöht wird. Man denke etwa an ein Tor, das zu seiner Zweckerfüllung nur aus einem einfachen Holzbrett bestehen müßte; zusätzlich kann das Holzbrett aber bearbeitet und bemalt werden. Ähnlich verhält es sich mit den Merkstrukturen in altindianischen und gewiß auch in anderen Oralkulturen: Die Wiederholungen werden auf ästhetische Effekte hin bearbeitet. Dieser Vorgang mag auch von den Frühzeiten der europäischen Poesie her bekannt sein. Haben Reim und Assonanz ihren Ursprung nicht auch in mnemotechnischen Notwendigkeiten?

Ich möchte nun einmal zeigen, wie Merkstrukturen zu ästhetischen Strukturen werden können, wie Bausteine der Erinnerung in besonderer Weise ziseliert werden. Greifen wir dazu wiederum auf den »Klagegesang...« zurück, dessen Merkstruktur bereits herausdestilliert worden ist. Nun erweist sich allerdings, daß das darin enthaltene Wiederholungsprinzip noch weiter entwickelt ist. Es wirkt nicht nur *zwischen* den einzelnen Sequenzen des Gesanges, um die Erinnerung an den roten Faden zu sichern. Es kommt vielmehr auch *innerhalb* der Sequenzen zur Geltung. Dort finden sich ebenfalls semantische Paare – und zwar unmittelbar nebeneinander plaziert. Dadurch entsteht eine neue, ebenfalls auf dem Wiederholungs- und Entsprechungsprinzip fußende Struktur, die sich der ersten überlagert. Sie ist im obigen Schema durch Verbindungsbögen gekennzeichnet.

Ohne Zweifel – die Wiederholungen finden sich hier in einem neuen Sinne gewendet. Da sie meist unmittelbar aufeinanderfolgen, dürften sie keine mnemotechnischen, sondern noch andere Funktionen haben. Wie man von den Azteken weiß, bedienen sie sich dieses Mittels, wenn sie ihre Mündlichkeit besonders schön gestalten und ihr Glanz verleihen wollen. Bei ihnen – wie übrigens auch bei den Maya und in gewisser Weise auch bei den Inka – münden die semantischen Entsprechungen in ein breites Repertoire stilistischer und rhetorischer Möglichkeiten ein.

Beliebt sind etwa stilistische Effekte durch Aneinanderreihung synonymer oder auch nur annähernd synonymer Ausdrücke. Wir haben diese bereits in dem »Klagegesang...« kennengelernt:

»Nur *Gram* ist uns Untertanen beschieden. Wahrlich, gar *blutiges Leid* haben wir ... erfahren ...«[40]

Sie finden sich jedoch auch in vielen anderen mündlichen Kompositionen:

»Wir warten auf ihn hier bei der Fellpauke. Derweilen herrscht *Trauer* und *tiefe Niedergeschlagenheit*«[41]

»Siehe, *über uns breiten sich, auf uns regnen* Kampfesblumen *herab* ...[42]

Aber es bleibt nicht nur dabei. Auch antithetische Ausdrücke werden wirkungsvoll eingesetzt:

»Wahrlich, ich weine, ich Sänger. Nie wird es ein Lied auf ein *Freudenland* geben. Ach, in das *Totenland* werden die schönen Blumen herabgeholt ...[43]

Weiterhin gibt es eine für die Azteken ganz und gar spezifische Form semantischer Korrespondenz, die sogenannte Wortkuppelung. Dabei entsprechen sich zwei Nachbarbegriffe nicht, weil sie synonym oder antithetisch wären, vielmehr korrespondieren sie in ihrer Funktion. Beide sind Teile eines begrifflichen Ganzen, das erst durch ihr Zusammenwirken bedeutungsvoll wird. Funktionspaare dieser Art sind in der aztekischen Sprache etwa Wörter wie »quauhtli« (Adler) und »ocelotl« (Jaguar), die zusammen die Bedeutung »Krieger« erzeugen; oder auch »xochitl« (Blume) und »cuicatl« (Gesang, Gedicht), die gemeinsam auf einen Begriff wie den der Poesie anspielen; oder »mitl« (Pfeil) und »chimalli« (Schild), durch die die Bedeutung »Schutz« aufgebaut wird. Es geht hierbei letztlich um ein metaphorisches Verfahren: die gekuppelten Wörter verlieren ihre Bedeutungen zugunsten eines übergeordneten, einzigen Begriffs. Oder anders ausgedrückt: der Begriff wird nicht direkt genannt, sondern durch verschiedengeartete Sprachbilder evoziert.[44]

Die Ästhetisierung von Wiederholungen und Entsprechungen bleibt in der aztekischen Oralkultur jedoch nicht nur auf Wortpaare und auf die Wortebene insgesamt beschränkt. Es kann auch zu metaphorischer Kettenbildung, ja zur Kumulation von parallelen Satzteilen kommen. So etwa in folgendem Beispiel, wo mit jedem neuen Teilausdruck der Begriff der Morgenröte sprachbildnerisch wiederholt wird:

»Schon ist es Tag, schon dämmert die Morgenröte, schon hat sich erhoben der Arara (mit brennend roten Schwanzfedern), schon hat sich die Morgenröte aufgerichtet, schon singt das feuerrote Waldhuhn, die feuerrote Schwalbe, schon singen die verschiedenen feuerroten Schmuckvögel«[45]

Fassen wir alle diese Erkenntnisse zusammen, so ergibt sich, daß die mündliche Wortkunst hier sehr stark auf Verfeinerungen eigentlich mnemotechnischer Prinzipien aufbaut – auf Wiederholung und Entsprechung. Diese Prinzipien ziehen sich durch gesungene wie gesprochene Kompositionen gleichermaßen. Interessant ist jedoch, daß durch die Ästhetisierung dieser Prinzipien nun wiederum Unterschiede hervortreten. So häuft sich etwa die Metaphorik der Wortkuppelungen in den »Reden der Alten«, die dadurch ihre ganz eigene Prägung erhalten. In den gesungenen Traditionen sind sie zwar auch vertreten, verschwinden dort jedoch hinter einer landläufigen Metaphorik der Flora und Fauna, die keine übergeordneten Begriffe aufbaut. Die Verkettung semantisch paralleler Satzteile schließlich gilt als typisch für die gesprochenen Erinnerungsworte – für mythische Berichte, Erzählungen und andere Genres dieser Art.[46]

Merkhilfe ›Bilderschrift‹

Die Notwendigkeit des Erinnerns findet ihren Ausdruck nicht nur in bestimmten Wiederholungsmustern der mündlichen Texte. Ihr kann auch, jenseits der Textstrukturen, durch gegenständliche und zeichenhafte Merkhilfen entsprochen werden. Bei uns sind solche Gedächtnisstützen zumeist durch die alphabetische Schrift verdrängt oder ersetzt worden. Sie sind freilich nicht gänzlich vergessen. Der Knoten im Taschentuch, der Rosenkranz, die Erinnerungsskizze und manches andere Hilfsmittel zeugen noch von vorliteralen oder nichtliteralen Merktraditionen.

In den altindianischen Oralkulturen trifft man auf vergleichbare taktile und optische Mnemotechnika, allerdings in ganz unterschiedlicher Ausprägung. Es gibt einfache Mittel wie Steine, Zähne, Maiskörner, Bohnen und andere, die als unspezifische Merkzeichen für bestimmte Mengen, aber auch für

Kategorien und Textformeln stehen können. So konnte (und kann auch heute noch in manchen andinen Regionen) der Viehbestand in dieser Weise registriert werden: die Anzahl der Schweine etwa durch Maiskörner, die der Rinder durch Bohnen. Bei Textrezitationen behalf man sich, indem man jede größere Sinneinheit durch Erinnerungssteine stützte (siehe S. 116f.). Gleichzeitig sind aus dem alten Amerika aber auch hochkomplizierte Merksysteme bekannt, die nicht kurzfristig und von jedermann eingesetzt werden konnten, sondern für die längerfristige Fixierung offizieller und staatlich-zentralisierter Daten bestimmt waren. Ich meine vor allem inkaische *quipus* und mesoamerikanische Bilderschriften.

Beide sind in den jeweiligen Regionen offenbar nicht die einzigen Merksysteme gewesen. Im alten Mexiko soll es außer Bilderschriften auch eine Art Knotenschnüre (*nepohualtzitzin*) gegeben haben. Auch in Peru hat man offenbar noch andere Medien als nur die *quipus* gekannt. Hinter präinkaischen Bohnenmustern steckt möglicherweise eine ganze Bohnen*schrift*. Auch in den *quillcas* und *qeros* (siehe S. 21f.) vermutet man Wortzeichen und damit Elemente einer Inkaschrift.[47]

Bei aller Unklarheit, die noch über diese medialen Alternativen in altindianischen Gesellschaften herrscht – eines gilt als sicher: daß die Bilderschriften im präkolumbischen Mexiko und die *quipus* im präkolumbischen Peru eine maßgeblichere, da offiziellere Rolle als die übrigen Medien gespielt und diese an den Rand des kulturellen Geschehens gedrängt haben.

Angesichts der komplexen ökonomischen, politischen und sozialen Strukturen altindianischer Staatswesen mag es einleuchten, wenn aus der Vielfalt der Möglichkeiten jeweils ein Merkmittel ausgewählt und auf einen Entwicklungsstand gebracht wurde, der den gesellschaftlichen Notwendigkeiten entsprach. Weshalb dies aber im einen Falle ausgerechnet Knotenschnüre – im anderen hingegen Bilderschriften sein mußten, weshalb die Akzente in der inkaischen und der altmexikanischen Kultur so anders gesetzt wurden, ist eine offene Frage.

Die Entwicklung der *quipus* scheint vorwiegend durch ökonomische und politische Bedürfnisse, die der Bilderschriften eher durch religiöse Motive (Götterabbildungen) angeregt worden zu sein. Beide Medien fügen sich in ihren jeweiligen kulturellen Rahmen stimmig ein. Die *quipus* »passen« zur inkaschen Vorliebe für Planung, Zählung, Verwaltung, Methodik, für räumliche Gliederung und Symmetrie. Sie sind die Quintessenz von alledem. In ähnlicher Weise »paßt« die Bilderschrift in den stark metaphorisch geprägten Zusammenhang der mesoamerikanischen Kulturen.[48]

Bleiben wir zunächst bei den Bilderschriften. Von ihnen war schon die Rede, als es um mündliche Überlieferungen in altindianischen Gesellschaften ging (vgl. S. 50f.). Von daher ist klar, *daß* bestimmte Inhalte durch bilderschriftliche Fixierungen dauerhaft festgehalten werden. Nunmehr möchte ich verdeutlichen, *wie* dieses Festhalten im Einzelnen aussieht. Am besten kann der Mechanismus einer Bilderschrift wiederum am Beispiel der Azteken vorgestellt werden. Im Prinzip ist die aztekische Bilderschrift vor dem Hintergrund der übrigen mesoamerikanischen Bilderschriften zu begreifen. Ihr System bildet – zusammen mit den Systemen der Zapoteken, der Mixteken und der Maya und einer Reihe von Übergangs- und Zwischensystemen – ein ganzes bilderschriftliches Kontinuum.[49]

Das aztekische System ist allerdings am besten erforscht und entschlüsselt. Anders als etwa bei der Mayaschrift ist hier der Zugang zu den rätselhaften Bildformen vor allem dadurch erleichtert, daß die bilderschriftliche Produktion noch während der Kolonialzeit fortgesetzt werden konnte (vgl. S. 118f.). So ist eine Vielzahl von Codices erhalten, die – trotz aller kolonialen Einflüsse – eine gute Vorstellung vorkolonialer Bilderschrift erlaubt. Hinzu kommt, daß in diesen Dokumenten viele Bildzeichen buchstabenschriftlich transkribiert oder glossiert sind und somit »Schlüssel« zu dem System existieren. Wie funktioniert nun die bilderschriftliche Fixierung von Inhalten?

Auch in unserem Kulturkreis gibt es Bilder und Bildfolgen, die Erzählungen enthalten, Botschaften vermitteln und Inhalte aufbewahren. In dem hier abgedruckten Comic Strip (Abb. 9) haben wir es beispielsweise mit Bildern zu tun, in denen, für jeden klar erkennbar, eine Handlung und ein bestimmtes Geschehen ausgedrückt sind. Das Gemeinte ist fast immer in ein und derselben Weise bildlich festgehalten – nämlich als Abbildung dessen, was thematisch der Fall ist. Mit dem Hammer, den der Akteur schwingt, ist ein Hammer, mit dem Meißel ein Meißel gemeint. Das Bild des Schemels repräsentiert einen Schemel und das des Steinhaufens auf dem Boden einen Steinhaufen. Alles ist evident und kann durch bloße Anschauung verstanden werden. Man braucht dafür keine Spezialisten.

Ganz anders verhält es sich mit der aztekischen Bilderschrift. Für den uneingeweihten Betrachter scheint zwar auch hierbei eine einheitliche, durchgehend bildliche Fixierung von Inhalten gegeben zu sein. Tatsächlich geht es jedoch um verschiedene Bildqualitäten und bildliche Ebenen.

Die Azteken haben die Inhalte ihrer Welt (entgegen jahrhundertelangem europäischen Vorurteil) keineswegs nur durch schlichtes Abbilden festgehalten. Die Abbildung von Gegebenheiten ist bei ihnen nur *eine* mögliche Bildfunktion, die von anderen Bildfunktionen immer wieder durchbrochen, überlagert und absorbiert wird. An dieser Verschachtelung verschiedener Vorgänge, erst recht an dem dazu erforderlichen Know-how läßt sich schon erahnen, was uns von seiten der Chronisten immer wieder bestätigt wird: daß es sich hierbei keineswegs um ein leicht zugängliches Massenmedium handelt, sondern um ein eher hermetisches Medium von ganz begrenzter sozialer Verbreitung. Es kam nur im engeren Kreise der herrschenden Eliten zur Anwendung. Mit bloßer Anschauung war es dabei nicht getan: Der Umgang mit diesem Medium bedurfte der Kenntnis bestimmter Konventionen und der Übung beim Codieren und Decodieren. Nur Spezialisten sollen sich darauf verstanden haben.

Um die komplexe Funktionsweise dieser Bilderschrift einmal zu verdeutlichen soll hier ein Ausschnitt aus einem alten Codex (Abb. 10) interpretiert werden. Vorauszuschicken ist, daß wir es mit einem bestens entschlüsselten Dokument, dem Codex Xolotl, zu tun haben.[50]

Es liegen davon zehn Einzelblätter (42 cm × 48,5 cm) und zwei Fragmente aus papierähnlichem Material (amatl) vor, auf

Abb. 9: Szenenfolge aus einem Comic Strip

die größtenteils historisches Geschehen und geographische Gegebenheiten aus dem Gebiet von Texcoco, im Hochtal von Mexiko, aufgemalt sind. Der Codex ist offenbar während der Kolonialzeit, vor 1542, entstanden und zeigt gewisse europäische Einflüsse, die aber den bilderschriftlichen Mechanismus nicht weitergehend berühren. Er kann noch gut als Beispiel für die vorkoloniale Fixierungstechnik dienen. Mehr noch: zu seinem Inhalt gibt es eine alphabetisch niedergeschriebene Textentsprechung. So läßt sich bei dem Chronisten Fernando de Alva Ixtlilxochitl nachlesen, um welche Ereignisse es dabei geht. Dieser hat nämlich, wie andere frühkoloniale Chronisten auch (vgl. S. 137–154), beim Schreiben seiner »Geschichte des Chichimekenvolkes« (1610–1640) noch alte Bilderhandschriften, darunter eben diesen Codex, als Quelle benutzt. Vieles von dem, was ihm kundige Bilderschrift-Interpreten der Zeit vortrugen, übernahm er in seinen Texten – so auch die Inhalte unseres Codex-Ausschnittes (dessen Original leider stark beschädigt ist).

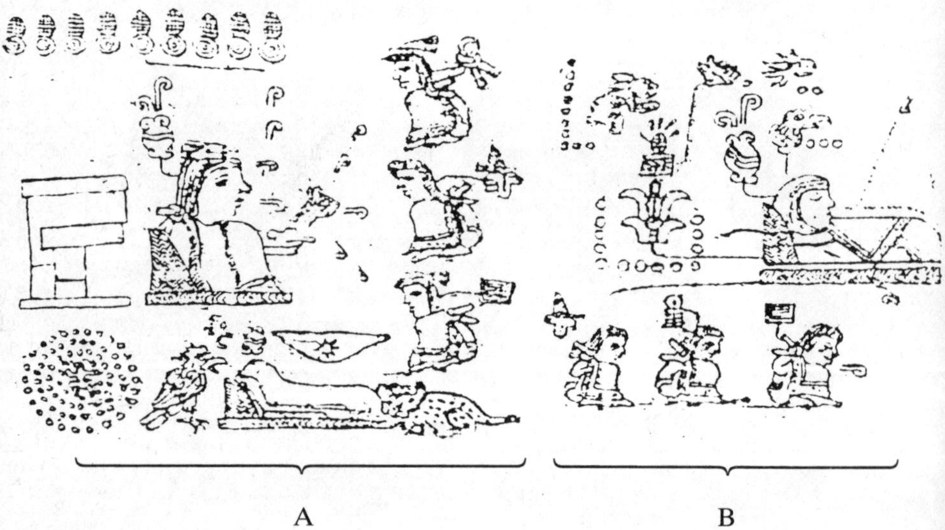

Abb. 10: Szenenfolge

Hintergrund des historischen Geschehens sind dabei die Machtkämpfe zwischen Chichimeken, Tepaneken und Azteken. Unter anderem ist von dem tyrannischen Tepanekenherrscher Tezozómoc die Rede, von seinen Übergriffen, Expansionsgelüsten und Ängsten, die ihn offenbar bis in den Tod hinein begleitet haben. Lesen wir es bei Ixtlilxochitl nach:

»Der Tyrann Tezozómoc träumte, daß er vom Prinzen Nezahualcoyotl, der sich in einen königlichen Adler verwandelt hatte, zerrissen und daß sein Herz Stück für Stück verschlungen würde ... Ein anderes Mal hatte sich Nezahualcoyotl in einen reißenden Jaguar verwandelt ... Auf Grund dieses Traumes ließ Tezozómoc seine Wahrsager rufen, auf daß sie ihm den Traum deuteten ... Diese legten ihm dar, daß die Zerstörung seiner Herrschaft und seines Geschlechts durch den Prinzen gemeint sei ... Nachdem er die Wahrsager verabschiedet hatte, befahl er, seine drei Söhne, Maxtla, Teyatzin und Tlatoca, kommen zu lassen. Unter anderem sagte er ihnen, daß sie Nezahualcoyotl töten müßten, wenn sie Herrscher über das ganze Reich sein wollten. Dies könne am besten geschehen, wenn Nezahualcoyotl in die Stadt Azcapotzalco käme, um an den Trauerfeiern für seinen [Tezozómocs] Tod teilzunehmen. Sein Ende stünde unmittelbar bevor ... Tezozómoc

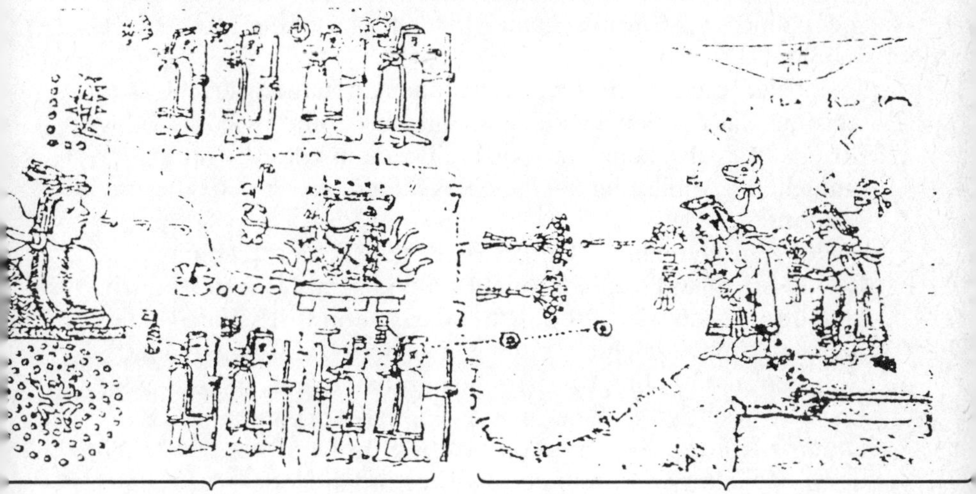

C D

aus dem Codex Xolotl

starb dann 1427, gleich am vierten Tag nach Jahresbeginn ... Alle mexikanischen Notabeln, seine Verwandten und Freunde wurden davon benachrichtigt, um zur Trauerfeier und Einäscherung zu kommen. Und so kam ... unter den anderen Herrschaften auch Nezahualcoyotl mit seinem Neffen Tzontechochatzin, um den drei Söhnen Tezozómocs, den mexikanischen Notabeln und den übrigen Leuten aus der Familie sein Beileid auszusprechen. Er ließ sich zwischen ihnen nieder, um der

Einäscherung und den anderen Riten und Zeremoniellen beizuwohnen, die die heidnischen Priester durchführten, bis daß der Körper verbrannt war.«[51]

Ein Blick auf den entsprechenden Codex-Ausschnitt zeigt, daß es hier um das gleiche Geschehen wie in der Textpassage geht, daß davon jedoch nur die groben Umrisse erkennbar sind. Der Handlungsablauf ist durch ineinander übergehende bildliche Szenen dargestellt: man sieht zunächst zur Linken den Herrscher, der mit drei Personen spricht. Darunter befindet sich eine liegende Figur, an deren Kopf ein Adler und zu deren Füßen ein Jaguar sitzt (A). Daran schließt sich das Bild eines Leichnams an (B), dann folgt eine Einäscherungsszene, die oben und unten je von einer Reihe von Trauergästen umrahmt ist (C). Ganz rechts sind zwei Einzelpersonen gemalt, die auf die Trauerszene zugehen (D).

Bis hierher kann direkt, durch bloße Anschauung erschlossen werden, was mit den Szenen gemeint ist. Ähnlich wie im Comic Strip geht es also auch im Codex teilweise um das Verfahren der einfachen Abbildung – auch *piktographische* Codierung genannt.

Der entscheidende Unterschied zur Bildererzählung des Comic Strip liegt nun aber nicht im piktographischen Bereich. Daß der Zeichner des 20. Jahrhunderts naturalistischere Bilder, der aztekische Zeichner hingegen plakativer, weniger dimensionsgetreu und ohne Perspektive gezeichnet hat, spielt hierbei keine so wichtige Rolle. Auch nicht, daß er offenbar ein ganz anderes Konzept der Bildkomposition im Kopf hat. Entscheidend ist vielmehr, daß in dem vorliegenden Codex-Ausschnitt neben der piktographischen noch andere Codierungen vorkommen, die wir im Comic Strip seltener finden. Muß im Comic etwas verdeutlicht werden, behilft man sich mit Sprechblasen oder Untertiteln, meistens also mit buchstabenschriftlichen Zusätzen. Die Azteken kennen keine Buchstabenschrift – sie greifen auch in solchen Situationen auf bildliche Formen zurück, benutzen diese jedoch anders als in ihrer nur piktographischen Funktion.

Dafür gibt es mehrere Gründe. Einmal ist ja nur das abbildbar, was auch konkret ist. Abstrakta wie etwa Begriffe und Konzepte sind rein piktographisch nicht zu erfassen. Auch können

Zeit, Ort und Akteure einer Handlung im Abbildungsverfahren höchstens annähernd, nie aber genau, eindeutig und unverwechselbar festgehalten werden. Dazu noch ein Blick auf unser Codex-Beispiel: Man erkennt zwar zur Linken einen Herrscher, da das Bild eine Person auf dem Thronsessel zeigt; man erkennt ferner drei Personen, mit denen gesprochen wird. Wie aber kann man wissen, daß es dabei um den Tepanekenherrscher Tezozómoc aus Azcapotzalco und um seine drei Söhne geht? Oder wie kann man wissen, daß die beiden Personen ganz rechts tatsächlich Nezahualcoyotl und sein Neffe sind? Oder daß der Trauergast in der unteren Reihe ganz links ein Tepaneke ist?

Hier helfen sogenannte Hieroglyphen weiter. Es handelt sich dabei um bildliche Elemente, die sich in die piktographischen Szenen eingestreut finden. Das Besondere an diesen Bildelementen ist, daß die rein abbildende Funktion bereits auf eine Zeichenfunktion hin überschritten ist. Anders gesagt: die Hieroglyphen stehen jeweils für etwas anderes als für das, was sie manifest abbilden. Dazu bedarf es bestimmter Konventionen. Wenn zum Beispiel ein Stern gemalt ist (wie in unserem Ausschnitt ganz rechts oben), dann muß man wissen, daß mit diesem Stern-Zeichen nicht – piktographisch – »Stern« gemeint sein muß, sondern auch auf die Begriffe »Nacht« oder »Dämmerung« angespielt sein kann. Die Abfolge von schwarzen Fußabdrücken, die die Füße der einzelnen Personen miteinander verbinden, meint nicht nur »Fußabdrücke«, sondern hier vor allem »Weg« oder auch »Richtung« und »Gehen«. Die stilisierten Zungen oder Blasen schließlich, die vor die Münder der Akteure gemalt sind, bedeuten, daß gesprochen wird.

All diese Bedeutungen springen keineswegs ins Auge. Sie sind nicht so evident wie piktographische Szenen. Stattdessen setzen sie die Kenntnis um kulturelle Vereinbarungen voraus. Ein gemalter Stern muß nicht immer und überall »Nacht«, ein gemalter Fußabdruck muß nicht »Weg« oder »Gehen« bedeuten. Aber bei den Azteken ist das so. In anderen Kulturen mögen die Akzente hierbei anders gesetzt sein. Freilich sind diese Konventionen nicht ganz und gar willkürlich, sondern – im Saussure'schen Sinne – noch relativ »motiviert«[52]: ein Stern ist Teil des Nachthimmels, durch Fußabdrücke entstehen Wege, die Zunge braucht man zum Sprechen. Immer hängt die Bildaussage der Hieroglyphe noch in gewisser Weise mit ihrer Bedeutung zusammen – als *pars pro toto* sozusagen. Auf die Gesamtheit einer Sache oder eines Konzepts wird hier durch ein charakteristisches Teilmoment oder durch eine typische Assoziation hindurch angespielt. Nicht alles wird dabei bildlich erfaßt, sondern nur das Wesentliche und die *differentia specifica* – also das, wodurch sich die bildliche Darstellung eines Konzepts von der eines anderen unterscheiden läßt.[53]

So gelingt es, neben den Konkreta auch die Abstrakta der aztekischen Welt per Bild festzuhalten. Im allgemeinen bezeichnet man diese Art der Codierung daher auch als *Ideographie*. Gewisse ideographische Elemente finden sich natürlich auch in den Comic Strips. Die weißen Bögen etwa, die in Abb. 9 über dem Hammer des Künstlers oder – unten rechts – neben den Füßen der Denkmalsfigur gemalt sind, bilden ja keine realen Bögen ab. Sie stehen vielmehr als graphische Konvention für Konzepte wie »Schwung«, »Dynamik«, »Bewegung«. In den Comic Strips ist die Anzahl solcher, größtenteils stereotypen Ideogramme allerdings begrenzt und tritt hinter dem piktographischen Gesamteindruck zurück.

Im Falle der aztekischen Bilderschrift hingegen haben wir es mit hochgradig entwickelter Ideographie zu tun, die zum Hauptträger der Informationslast wird. Nicht immer sind dabei die piktographischen Grundlagen, auf denen die Ideogramme operieren, so klar erkennbar wie bei den schon erwähnten Beispielen des Sterns oder des Fußabdruckes. Gewiß, die meisten aztekischen Bildformen kann man leicht identifizieren.. Sie unterscheiden sich in dieser Hinsicht beispielsweise von den hochstilisierten, hermetischen Bildformen der mixtekischen oder der Maya-Schrift. Aber auch bei den Azteken sind nicht alle Hieroglyphen naturalistisch gemalt. So ist etwa in der Form der Hieroglyphe »  «, am linken Rand der Codex-Szene, nicht unmittelbar auch der Umriß einer abgebildeten Sache auszumachen. Man muß einfach wissen, daß es sich hierbei um die stilisierte Bildversion eines Hauses handelt. Während die aztekischen Bildzeichen sonst offenbar von jedem Maler nach freiem Gutdünken entworfen sind (jedenfalls stößt man auf zahlreiche Varianten), können einige wenige – aufgrund ihres häufigen Gebrauchs – stark standardisierte Formen annehmen. Dazu zählen beispielsweise die aztekischen Kalenderzeichen für Tages- und Jahresreferenzen, zu denen auch die oben erwähnte Haus-Hieroglyphe gehört. Mit ihrer Hilfe wird nicht nur auf die abgebildete Sache oder auf das entsprechende Konzept, sondern häufig auch auf das aztekische Wort für Haus, »calli«, in seiner kalendarischen Bedeutung verwiesen.

Hier kommen ein erstes Mal Sprachlaute explizit mit ins Spiel, denn die Hieroglyphe gerät (wie bei den anderen Standardzeichen) zum Wortbild oder *Logogramm*. Die Möglichkeit, auch Sprachklänge miteinzubeziehen, wird in der aztekischen Bilderschrift auch noch in einigen anderen Zusammenhängen genutzt. Der konkrete Bezug auf Lautliches stellt hierbei allerdings eher die Ausnahme als die Regel dar. Er ist keineswegs so selbstverständlich wie im Falle der alphabetischen Schrift, wo die graphischen Zeichen (Buchstaben) durchweg auf Sprachlaute bezogen sind. Nur bestimmte, nicht alle Inhalte werden bei den Azteken in dieser Weise festgehalten – so etwa die Namen von Personen und Orten.[54]

Daß es sich beispielsweise bei der Herrscherfigur (in A und B) um Tezozómoc und bei dem Trauergast in der unteren Reihe links (in C) um einen Tepaneken handelt, erfahren wir durch lautbezogene hieroglyphische Präzisierungen, die jeweils mit den Köpfen der dargestellten Personen verbunden sind. Neben dem Haupt des Herrschers ist ein Zeichenkomplex gemalt, der aus zwei Elementen besteht. Das untere Zeichen, »  «, ist der standardisierte Ausdruck für »Stein«.

Im vorliegenden Beispiel wird diese Bedeutung jedoch durch Phonetisierung überlagert und absorbiert. Es wird nicht mehr – pikto-ideographisch – auf Steine angespielt, sondern auf das entsprechende aztekische Wort »tetl« (Stein). Durch dieses Verfahren können Lautwerte gewonnen und, unter Ausnutzung sprachlicher Homophonie, für die Präzisierung aller gleichlautenden Wörter und Namen weiterverwendet werden.

Die bildliche Anspielung schlägt hier für einen Moment in bildliches *Schreiben* um. Die Hieroglyphe gilt in solchen Fällen als Lautbild oder als Zeichen, das für einen bestimmten Lautwert steht. Genauer gesagt handelt es sich dabei aber immer nur um ein Verfahren lautlicher Annäherung. Denn aus den aztekischen Wörtern werden nur die Anfangslaute herausdestilliert und für Phonetisierungen weiterverwendet. Aus der Stein-Hieroglyphe etwa holen sich die Azteken nicht das ganze Wort »tetl«, sondern nur den Lautwert »te« heraus, um mit seiner Hilfe den ersten Teil des Namens »Te-zozómoc« festzuhalten. Der zweite Teil des Namens wird in ähnlicher Weise mit Hilfe der Hieroglyphe »  « geschrieben. Dieses Zeichen spielt im allgemeinen – ideographisch – auf Begriffe wie »Wütendsein« oder »Verärgertsein« an.[55] Hier findet es sich jedoch phonetisch gewendet, indem das diesen Begriffen entsprechende aztekische Wort (»zozoma«) miteinbezogen und zur Quelle für die Gewinnung des Lautwertes »zozom« wird. Die wappenähnliche Hieroglyphenverbindung neben dem Haupt des Herrschers ist also nichts anderes als eine annähernde Schreibung seines Namens durch die bildlich codierten Lautwerte ›te‹ + ›zozom‹.

Auch die übrigen Personenbilder erfahren eine solche phonetische Identifikation. Bei dem Trauergast, links in der unteren Reihe (C), ist sie durch die Zusammensetzung eines Stein- und eines Fahnenzeichens ausgedrückt. Wiederum findet sich die Hieroglyphe »  « für den Lautwert ›te‹, hinzu kommt die Hieroglyphe »  «, die unter Anspielung auf das aztekische Wort für Fahne (»pantli«) den Lautwert ›pan‹ codiert. Mit ›te‹ und ›pan‹ ist also bilderschriftlich angedeutet, daß es sich bei der Person um einen Tepaneken handelt.

Ein weiterer Name, nämlich der des Ortes Azcapotzalco, des Stammsitzes der Tepaneken, taucht inmitten narrativer Piktographie phonetisch annähernd genau auf.[56] Auch hier geht es um eine Zusammensetzung von Lautwerten, die durch Ausnutzung des Gleichklanges von Wörtern und Namen gewonnen worden sind. Die Hieroglyphe »  « spielt im allgemeinen pikto-ideographisch auf die Ameise an. Die aztekische Wortentsprechung lautet »azcatl«, von daher kann der Lautwert ›azca‹

gewonnen werden. Das andere Zeichen, »  «, das das erste umrahmt, ist ein pikto-ideographischer Ausdruck für Hügel.[57] Auf aztekisch heißt Hügel »potzalli«. Ein Teil dieses Wortes, ›potzal‹, ist mit Teilen des Ortsnamens homophon. So kann dieses Bildzeichen für die Schreibung des zweiten Teils von »Azca-potzalco« herhalten (vgl. Abb. 10 A und C).

Was ergibt sich aus diesen Betrachtungen? Zunächst einmal bleibt festzustellen, daß die bildliche Codierung in der aztekischen Bilderschrift äußerst vielschichtig ist. Anders als im überwiegend piktographischen Comic Strip greifen hierbei mehrere Bildcodes arbeitsteilig ineinander. Jeder Code ist an eine bestimmte Art von Inhalt gebunden: alles, was konkret und bildlich gut darstellbar ist, wird piktographisch verschlüsselt; bei Abstrakta wird auf Ideographie umgeschaltet; präzise Angaben von Orts- und Personennamen erfolgen durch Phonetisierungen oder besser gesagt: durch bildliche *Schreibung*.

Die Bilderschrift vereint in sich also zwei Prinzipien, die wir heutzutage nur als getrennte kennen: darstellende Bildlichkeit einerseits und Schriftlichkeit andererseits. Wiederum trifft man hier auf das Phänomen der ungeschiedenen Komponenten, denn die Übergänge zwischen Bild und Schrift sind fließend: mal ist das Bild wirklich Bild, mal ist es Schrift. Interessant ist daran auch die Hierarchisierung der Inhalte nach ihrer Darstellbarkeit. Manches, etwa der Überblick über bestimmte Ereignisabläufe, kann freier fixiert werden und vage bleiben. Anderes, zum Beispiel die Namen der Akteure, Ort und Zeit der Handlung, wird möglichst eindeutig und lautlich genau notiert.

Bei alledem mag überraschen, daß die Azteken, obwohl sie doch Phonetisierungen kannten, diese nur verhältnismäßig wenig benutzten und den Großteil ihrer Inhalte pikto-ideographisch ausdrückten: »Man kann den Eindruck haben, daß die aztekische Hieroglyphenschrift nichts anderes als ein Vehikel für den Transport von Mehrdeutigkeiten ist – und genau das ist auch tatsächlich der Fall.« So Hanns J. Prem, der gleichzeitig überzeugend nachweist, daß diese Mehrdeutigkeiten nicht zufällige Schlamperei einzelner Maler, sondern systematisches Merkmal der Ideographie sind.[58]

Jede visuelle Anspielung auf eine Idee oder ein Konzept kann ja mehrere wörtliche und damit auch phonetische Interpretationen beinhalten. So wird beispielsweise immer offen bleiben, ob mit den schwarzen Fußabdrücken »Weg«, oder ob nicht vielleicht doch »Pfad« oder »Straße« gemeint sind. Aber nicht nur die einfachen Ideogramme, sondern vor allem auch ihre Zusammensetzung zu komplexen ideographischen Ausdrücken, scheint eine Quelle von Mehrdeutigkeiten zu sein. Für solche Zusammensetzungen gibt es offenbar keine festen Regeln. Das läßt sich allein schon an den oben beschriebenen Beispielen erkennen. Bei den hieroglyphischen Ausdrücken für »Tezozómoc« und für »Tepaneke« etwa sind die einzelnen Bildzeichen vertikal zusammengesetzt. Im Falle von »Azcapotzalco« hingegen sind sie ineinandergefügt – so schön und harmonisch übrigens, daß man fast eine von ästhetischen Gesichtspunkten getragene Bildsyntax dahinter vermuten könnte. Diese letzte Beobachtung läßt sich freilich nicht verallgemeinern. Feststellen läßt sich bei der Komposition von einfachen zu komplexeren Ideogrammen immer nur ein und dieselbe Minimalregel: die Elemente müssen in demselben flächigen Feld miteinander in Verbindung gebracht sein – ob übereinander, untereinander, nebeneinander oder ineinander, bleibt jedem Einzelnen offenbar anheimgestellt. Wer nicht schon irgendwie weiß, worum es geht, könnte die Decodierung der Bildzeichen so auch von der falschen Ecke her beginnen und möglicherweise statt »tezozom(oc)« eventuell »Zozomte« oder statt »azca-potzal(co)« umgekehrt »potzal-azca« lesen.

Hier haben wir es mit einem weiteren zentralen Merkmal der aztekischen Bilderschrift zu tun: man muß »Bescheid wissen«, muß ein bestimmtes Vorwissen von den Inhalten haben und mit der Botschaft im Prinzip schon vertraut sein. Diese ist nämlich aus den Codices nicht durchgehend herauszulesen, sondern oft nur als bereits bekannte wiederzuerkennen. Gekannt und gewußt werden die traditionellen Inhalte der aztekischen Kultur jedoch primär durch mündliche Weitergabe und Memorisierung. Anders gesagt: die Azteken können sich die vage und mehrdeutige bilderschriftliche Notierung leisten, da sie ja grundsätzlich über die Möglichkeit genauester mündlicher Traditionsbewahrung verfügen. Ihre Bilderschrift »versagt« nicht

im Hinblick auf Wörtlichkeit, Explizitheit und Präzision – sie ist erst gar nicht dafür entworfen. Vielmehr soll sie die für eine genaue mündliche Wiedergabe erforderliche Gedächtnisarbeit stützen und damit auch längere Überlieferungen ermöglichen. Von daher ist sie auch nicht als autonomer Erinnerungsspeicher und unabhängiger Kommunikationsmodus, wie ihn die alphabetische Schrift in heutiger Zeit darstellt, mißzuverstehen. Aztekische Bilderschrift präsentiert sich weniger als Ausgangspunkt für Schriftkultur (im Sinne von Goody/Watt), denn als integraler Bestandteil einer weitentfalteten Oralkultur.[59]
Dafür sprechen nicht nur die der Bilderschrift inhärenten Mehrdeutigkeiten und die daraus abzuleitende Notwendigkeit eines Vorwissens ihrer Benutzer. Auch die geringe soziale Verbreitung des Mediums und seine Handhabung durch einige wenige Spezialisten lassen darauf schließen. Hinweise auf die oralkulturelle Anbindung der Bilderschrift geben uns auch Chronisten, die Situationen des bilderschriftlichen Gebrauchs beschrieben haben.

Besonders gut ist uns bekannt, welche Rolle die Codices bei der aztekischen Erziehung spielten. Sie wurden als Lehrmaterialien im *kalmekak* eingesetzt, in jener Ausbildungsstätte also, in der Priester den herrschaftlichen Nachwuchs in die Geheimnisse der Überlieferung einweihten. Die »Bilder« und »Figuren« allein, so kommentiert ein Chronist in Anspielung auf die Bilderschrift, hätten dabei freilich nicht ausgereicht, um das traditionelle Wissen zu übermitteln. Denn im Gegensatz zur europäischen Schrift hätten diese ja nur die wichtigsten Konzepte, nie aber den genauen Wortlaut enthalten. Um Überlieferungen tatsächlich wortgetreu weiterzugeben, wären daher nicht nur »Bilder« gemalt, sondern auch mündliche Texte, Reden und Gesänge komponiert worden (vgl. Zitat auf S. 24). Ein anderer schreibt:

»Unbeschreiblich ist die Sorgfalt, ... die Lehrer ihren Schülern ... im Hinblick auf die Geschichte ihrer Nation angedeihen ließen. Sie veranlaßten sie, alle Inhalte, die der Pinsel nicht ausdrücken konnte, auswendig zu lernen. Sie faßten die Ereignisse in rhythmische Formen und lehrten, diese zu rezitieren. Dadurch wurden Zweifel geklärt und Irrtümer verhindert, die entstanden wären, hätte man sich nur auf die Bilder verlassen. So aber half die [mündliche] Praxis, gestützt durch die

Bilder, die Erinnerung an ihre Helden, ... ihre Mythologie, ihre Riten, ihre Gesetze und ihre Bräuche dauerhaft einzuprägen.«[60]

Wie wurde nun das eine mit dem anderen, die bilderschriftliche mit der mündlichen Praxis in Beziehung gesetzt? Glaubt man den Chronisten, so scheint hierbei wiederum das Phänomen des Ineinanderfließens beider Momente bestimmend gewesen zu sein. Der zu erinnernde Sinn hätte sich demnach weder durch die bilderschriftliche Vorlage, noch durch den mündlichen Text allein realisieren lassen, sondern nur durch ein gleichzeitiges Hin und Her zwischen beiden Medien. Die Schüler blickten offenbar auf die Codices, während sie entsprechende Texte rezitierten – oder auch umgekehrt: sie rezitierten die Texte, indem sie den Codices folgten. Ein audiovisueller Vorgang mithin, dessen akustische und optische Qualitäten zu einer einzigen Qualität zu verschmelzen scheinen – zumindest in den Worten jenes aztekischen Dichters, der da verkündet:

»Ich singe die Bilder des Buches
und falte es auseinander;
ich bin wie ein blumiger Papagay
und bringe die Bilder zum Sprechen...«[61]

Merkhilfe ›Quipu‹

Quipus sind eine besondere Art von Knotenschnüren. Wie die Bilderschriften stellen sie eine komplexe Merk- und Fixierungstechnik dar. Abgesehen von dieser Gemeinsamkeit gibt es zwischen den einen und den anderen jedoch recht deutliche Unterschiede.

Bei der (aztekischen) Bilderschrift sind die Formen der Fixierung in gewisser Weise durch das, was fixiert wird, geprägt. Zwischen den konkreten, ja auch den abstrakteren Dingen der aztekischen Welt und den Bildern und bildlichen Zeichen gibt es meistens einen optisch nachvollziehbaren Zusammenhang – auch wenn dieser nicht immer direkt, sondern nur über Umwege und Assoziationen herzustellen ist.[62]

Bilderschriftliche Notierungen zeigen zunächst immer etwas. Knotennotierungen hingegen zeigen nichts, sie signalisieren etwas oder erinnern an etwas. Man denke zum Beispiel an den

Taschentuchknoten. Er besagt nur, *daß* etwas gemerkt werden soll. Seiner Form allein läßt sich jedoch nicht entnehmen, *worum* es dabei geht. Knoten verweisen also recht unspezifisch auf Inhalte. Eine Ähnlichkeit zwischen diesen Merkzeichen und den dadurch vermerkten Dingen ist hierbei zunächst nicht gegeben.

Damit sind Knotenschnüre aber noch keineswegs »schlechtere« Merk- und Notierungssysteme als Bilderschriften – auch wenn dies über Jahrhunderte hinweg gerne behauptet wurde.[63] In ihrer entwickelten Form scheinen beide ähnliche Funktionen erfüllt zu haben. Und das, obwohl dabei jeweils grundverschiedene Fixierungsmittel und -prinzipien mitspielen und die Ursprünge des einen und des anderen Mediums offenbar in ganz anders gelagerten Interessen und Notwendigkeiten zu suchen sind.[64]

Im Falle der Bilderschriften scheinen religiöse Impulse und damit Fixierungsbedürfnisse eher qualitativer Art im Vordergrund gestanden zu haben. Knotenschnüre hingegen mögen ihren Ursprung in kommerziellen und »statistischen« Aktivitäten gehabt haben – sie halten eher Quantitäten als Qualitäten fest. Wenn Qualitäten auf ihnen vermerkt sind, dann weniger in Form von Knoten, als durch bestimmte Farben oder Positionen. Hierbei denke ich allerdings schon an die inkaischen Quipus. Sie sind mit landläufigen Exemplaren der Knotenschnüre nicht zu verwechseln.

In vielen Teilen der Welt hat es ja eine einfache Praxis dieses Mediums gegeben und gibt es sie zum Teil auch heute noch: In der Volksrepublik China, auf den Riu Kiu-Inseln südlich von Japan, auf Hawaii, im Bergland von Kalifornien, in Ostafrika, in manchen Regionen Lateinamerikas und im südlichen Europa.[65] In manchen (freilich nicht in allen) dieser Bereiche werden die Knotenschnüre so gehandhabt, daß man der Anzahl der Zählobjekte eine *analoge* Anzahl von Knoten entsprechen läßt.

Von den Huicholes, Indianern aus dem nördlichen Zentralmexiko, ist beispielsweise bekannt, daß die Frauen für ihre rituelle Beichte Streifen aus Palmblatt vorbereiten, in die sie soviele Knoten einknüpfen, wie sie Liebhaber hatten. Mit diesen Schnüren in der Hand gehen sie zur Kultstätte, treten vor das Feuer und zählen anhand der Knotenfolge einen Namen nach dem anderen auf. Am letzten Knoten angelangt, werfen sie die Liste ins Feuer. Wenn in der Glut alles verzehrt ist, heißt das, daß die Götter verziehen haben und somit alles vergessen werden darf.[66]

Bei dieser Praxis der Knotenschnüre haben wir es mit einer sehr elementaren Merktechnik zu tun, im Fall der *quipus* hingegen eher mit einer entfalteten Merktechnologie. Gewiß, beide bauen auf ähnlichen Prinzipien auf – sie unterscheiden sich dabei aber wie ein Rechenbrett und ein Computer.

Dem Gebrauch der *quipus* liegt ein ausgeklügeltes System verschiedenster Konventionen zugrunde. Diese sind nicht jedermann zugänglich, sondern bleiben Spezialisten vorbehalten: »Jeder Herrscher einer Provinz verfügte über sogenannte *quipucamayoc*, und diese hielten mit Hilfe der Knotenschnüre fest, wie viele Tribute in Form von Silber, Gold, Geweben, Herden ... zu leisten waren ... bis hin zum Brennholz ... So konnten die Tribute aus den einzelnen Provinzen, ferner die Art und Menge der Vorräte, die an den Wegesrändern für den Inka und sein Heer eingelagert waren, sowie auch die Mengen der verteilten Vorräte festgehalten werden ...«[67]

Die in den verschiedenen Provinzen eingeknüpften Informationen fließen in Cuzco, dem Zentrum inkaischer Macht, zusammen und werden dort interpretiert und in Maßnahmen überführt. Die inkaische Staats-, Versorgungs- und Kriegsmaschinerie setzt also umfangreichere Statistiken in allen Bereichen voraus. Es geht hierbei deutlich um andere Größenordnungen, als um ein paar Liebhaber (wie bei den Huicholes-Frauen). An eine schlichte Übertragung der Menge von Zählobjekten auf die Knotenanzahl ist nicht mehr zu denken. *Quipus* zeichnen sich mehr als alle übrigen Arten von Knotenschnüren dadurch aus, daß die mengen*analoge* Registratur in eine *digitale* umschlägt und diese dann noch weitergehend verfeinert wird.[63] Statt mit eins-zu-eins-Entsprechungen zwischen den gezählten Dingen und den Zählknoten wird hierbei vorwiegend mit numerischen Konventionen gearbeitet. Auch nichtnumerische Merkzeichen finden sich auf den *quipus* (um Art, Klasse oder Kategorie der gezählten Objekte auszudrücken) – allerdings nicht in Form von Knoten, sondern in Form bestimmter farblicher oder positioneller Konstellationen. Durch dieses Zusammenspiel von Knoten, Farben und Positionen wird ein ganzes Bedeutungsuniversum geschaffen. Dazu ein Chronist:

»*Quipus* sind Erinnerungsschnüre oder Registerschnüre, in denen verschiedene Farben jeweils verschiedene Dinge bedeuten ... Aus jedem Schnurbündel mit seinen vielen Knoten, Knötchen, angebundenen Kördelchen und Farben holten sie unendlich viele Bedeutungen von Dingen hervor. Die einen Schnüre waren rot, die anderen grün oder blau oder weiß. Durch Vermischung der Farbkordeln entstanden so viele Unterscheidungsmöglichkeiten, wie sie bei uns durch die 24 Buchstaben des Alphabets gegeben sind...«[69]

Betrachtet man die archäologisch geborgenen Exemplare oder auch alte Abbildungen von *quipus* (Abb. 11), so läßt sich hinter deren schlichtem Anblick ein solches System semanti-

Abb. 11: Quipu – in der Hand eines inkaischen Zahl- und Schatzmeisters

scher Potenzierungen kaum vermuten. Auf den unbefangenen Betrachter mag der *quipu* wie ein Mop zum Entstauben wirken. Er besteht aus verschiedenfarbigen Woll- oder Baumwollfäden, die in besonderer Weise arrangiert sind. Es gibt eine Haupt- oder Querschnur, die meist aus mehreren Fäden zusammengedreht ist. Daran entlang sind in der Art einer Franse Längsschnüre aufgehängt, an denen noch Hilfsschnüre erster, zweiter oder dritter Ordnung hängen können. Einzelne Schnüre können auch so an der Hauptschnur angebracht sein, daß sie gleichzeitig andere Schnüre durch eine Klammerschlaufe bündeln – es sind dies die Summenschnüre. Schließlich finden sich die Längsschnüre häufig zu Serien geordnet, sei es durch jeweils besondere Farbgebung oder durch Abstandsmarkierungen auf der Querschnur. Auf den Längsschnüren (seltener auf der Querschnur) sind jene Merkzeichen anzutreffen, die dem *quipu* seinen Namen gegeben haben: die Knoten.[70]

Alle diese Elemente sind Bausteine einer *quipu*-Semantik, von der man weiß, daß es sie gab, ohne sie jedoch in allen ihren Einzelheiten zu kennen. Der Zugang zum *quipu* ist schon dadurch erschwert, daß es sich um unspezifische, *digitale* Registraturen handelt. Anders als die aztekische Bilderschrift, wo die Bilderrätsel immer auch in einen piktographischen Rahmen und damit in bildliche Evidenz eingebettet sind, verschließen sich die *quipus* jeglichem Direktzugang. Durch Anschauen und Anfühlen allein kann der Uneingeweihte ihnen nicht das Geringste entlocken. Noch ein anderer Umstand trägt zu der relativ schwierigen Entschlüsselungssituation bei: *quipus* sind (wie Bilderschriften auch) von den Eroberern erst einmal verbrannt worden, ehe man in einer späteren Phase ihren Gebrauch wieder zuließ. Es existieren daher nur wenige Exemplare aus alter Zeit. Auch gibt es kaum alphabetische Transkriptionen von *quipu*-Inhalten. Ein wichtiger Schlüssel, der bei der Entzifferung aztekischer Bilderschriften eine Rolle gespielt hatte, fällt somit weg.[71] Immerhin ist der *quipu*-Mechanismus durch Chronikberichte, aber auch durch manche Entdeckung an aufgefundenen Exemplaren im wesentlichen erkannt.

Die *Knoten* bedeuten – je nachdem, wie sie geknüpft sind und auf welchem Abschnitt der Längsschnüre sie sich befinden – bestimmte Zahlenwerte und -kategorien eines Dezimalsystems.

Leere Schnüre stehen dabei für die Zahl Null; »eins« wird durch einen Doppel- oder Achterknoten bedeutet, die Zahlen zwei bis neun durch zusammengesetzte Knoten, die jeweils entsprechend viele Schlingen haben. Die Kategorie der Einer insgesamt wird am unteren Ende der Längsschnüre eingeknüpft; der mittlere Schnurabschnitt bleibt den Zehnern und Hundertern, der oberste Abschnitt den Tausendern vorbehalten. Von den Zehnern an aufwärts sind alle Zahlenwerte durch einfache Knoten repräsentiert.

Nehmen wir zum Beispiel einen *quipu* mit fünf Schnüren an. Die erste weist keinerlei Knoten auf, da sie den Anfang markieren soll. Die letzte ist die Summenschnur, auf der sich die addierten Ergebnisse der übrigen Schnüre eingeknotet finden (Abb. 12). Der einfache Knoten, welcher auf der zweiten Schnur in mittlerer Position angebracht ist, muß als »10« gelesen werden; der sechsfach zusammengesetzte Knoten auf der dritten Schnur unten (in Einerposition) zeigt die Zahl »6« an; der Doppel- oder Achterknoten auf der vierten Schnur unten bedeutet die Zahl »1«; auf der Summenschnur schließlich ist, folgerichtig, die Zahl »17« ausgedrückt – durch einen einfachen Knoten in mittlerer und einen siebenfach zusammengesetzten Knoten in unterer Position.[72]

Bedeutungsdifferenzierende *Positionen* werden auf dem *quipu* jedoch nicht nur (vertikal) durch verschiedene Ränge von Knoten markiert. Sie können auch (horizontal) durch die Aufhängung der Längsschnüre definiert sein. Dadurch entstehen auf der Querschnur Reihenfolgen, sowie größere und kleinere Abstände, die alle semantisch genutzt werden können. »Die Dinge wurden in ihrer Rangfolge vermerkt«, schreibt ein Chronist, »angefangen bei den wertvollsten bis hin zu den wertloseren ... Wenn Waffenregister erstellt wurden, dann setzte man diejenigen Waffen, die man für die besten hielt, wie etwa Lanzen, an den Anfang; erst danach kamen Speere und Pfeile, Keulen und Äxte, Schleudern und alle übrigen Waffen an die Reihe ... Wenn die Tributabhängigen erfaßt werden sollten, begann man bei den Bewohnern der einzelnen Dörfer, dann kamen die Bewohner der Provinzen an die Reihe. Dabei wurden auf der ersten Schnur immer alle diejenigen vermerkt, die älter als sechzig Jahre waren; die zweite Schnur war für alle über fünfzig, die dritte für alle über vierzig vorgesehen. Und so ging es weiter, bis hin zu den Kleinkindern. Nach demselben Prinzip erfaßte man auch die Frauen in ihren verschiedenen Altersklassen . . .«[73]

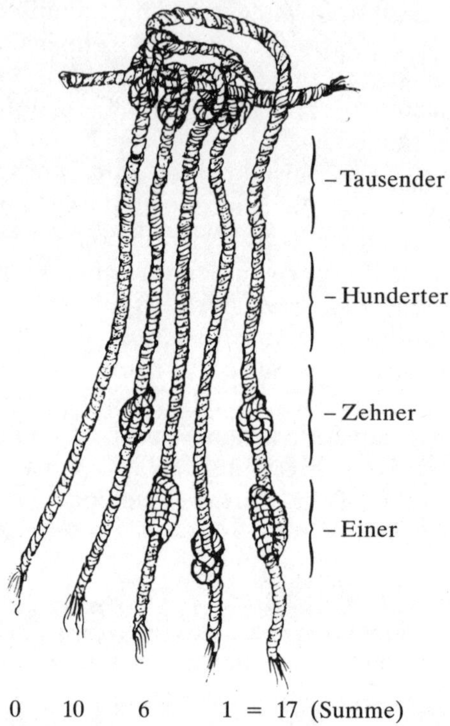

Abb. 12: Quipu – verschiedene Knotenarten und -ränge

Eine solche Rangfolge der Kategorien, derzufolge das Wichtigste an erster Stelle zu stehen hat, ist eigentlich überall bekannt. Um *quipus* weitergehend entschlüsseln zu können, müßte man freilich genauer wissen, wie die Inkas die Dinge ihrer Welt einschätzten, was ihnen mehr und was ihnen weniger wert erschien. Die Kenntnis solcher kulturspezifischen Hierarchisierungen könnte die *quipu*-Serien, bzw. die Reihenfolgen der Längsschnüre sicher etwas mehr »zum Sprechen bringen«.[74]

Aber noch ein anderer Punkt ist wichtig. Beweist das Zitat doch, daß neben numerischen auch nicht-numerische Informationen (Kategorien, Klassen) im *quipu* vermerkt werden können: nicht nur die Mengen, auch die verschiedenen Arten der Zählobjekte werden registriert; die einen (möglicherweise die farblosen) mit Hilfe der schon erwähnten Reihenfolgen oder Schnurserien; die anderen durch bestimmte farbliche Effekte.

Es gibt dabei einfache und kombinierte *Farben*. Manches Mal sind die Schnüre in der Farbe der Dinge, die registriert werden sollen, eingefärbt. Für hellbraunes Vieh, Gold und Silber etwa finden sich im *quipu* hellbraune, gelbe und weiße Schnüre. Daneben gibt es aber auch eine Vielzahl von Farbkonventionen, durch die die farblich nicht so eindeutig zu identifizierenden Dinge der inkaischen Welt bedeutet werden. Schwarze Schnüre sollen beispielsweise für Zeitangaben, karmesinrote für Angaben über den Inka und dunkelbraune für Angaben betreffs des Herrschafts- und Verwaltungsbereiches üblich gewesen sein.[75]

Wie trägt die Farbgebung aber nun zur Entstehung der »unendlich vielen Bedeutungen« bei, von denen die Chronisten berichten? Hierbei scheinen vor allem *farbliche Kombinationen* eine Rolle zu spielen. Sie werden dadurch gebildet, daß verschieden eingefärbte Schnüre zusammengewunden oder hintereinandergeknüpft sind. Mit jeder neuen Kombination kann potentiell auch eine neue Bedeutung ausgedrückt werden. »Bedeuten« heißt ja soviel wie Zeichen schaffen, die für eine gemeinte Sache stehen und dadurch auf sie verweisen. Nicht die Sache sclbst, aber der Begriff von ihr, wird dabei mit einem bestimmten materiellen Träger (optischer, akustischer oder anderer Art) zu einer »zeichenhaften Einheit« verbunden.[76] Diese Verbindung kann durch Ähnlichkeiten oder Entsprechungen gewährleistet sein: die gelben *quipu*-Schnüre bedeuten »Gold«, weil Gold einen gelblichen Farbton enthält – die weißen bedeuten »Silber«, weil dieses Metall einen weißlichen Glanz hat. Andererseits kann die Verbindung aber auch willkürlich und dann nur durch Konvention garantiert sein.

Die Farbenkombinatorik der *quipus* scheint eine unerschöpfliche Quelle für derartige Bedeutungskonventionen zu sein – etwa so, wie die Lautkombinatorik in unserer Sprache immer neue Wortbedeutungen ermöglicht. Überliefert ist beispielsweise, daß eine dreifarbige Wollschnur in der Kombination Blau-Gelb-Weiß die inkaischen Sonnenfeste bedeuten konnte.

Damit erschöpfen sich die Belege aber auch schon. Da wir es aber mit Konventionen, bzw. kulturspezifischen »Vereinbarungen« zu tun haben, ist es heute schwer, die gemeinten Begriffe zu rekonstruieren, die hinter den Farbkombinationen aufgefundener *quipus* einst gestanden haben mögen. Die letzten *quipucamayoc* haben das Wissen darum offenbar mit ins Grab genommen.

So bleibt angesichts der Vielfarbigkeit aufgefundener *quipus* nur die Vermutung, daß es ein weit ausdifferenziertes inkaisches »Farbvokabular« gegeben haben muß. Wir wissen um bestimmte Möglichkeiten, kennen mit den vorliegenden Farbkombinationen auch einige Bedeutungsträger, ohne jedoch sagen zu können, welche Begriffe jeweils mit ihnen zu bedeutungsträchtigen Zeichen assoziiert wurden. Immerhin kann man aber eine Vorstellung von den im *quipu* angelegten semantischen Dimensionen erhalten, wenn man – wie Marcia und Robert Ascher – gedanklich extrapoliert:

»Zwei einfarbige Schnüre ergeben, wenn sie zusammengewunden werden, den Effekt einer zuckerstangenartigen Streifung. Windet man nun zwei dieser gestreiften Schnüre wiederum im Gegensinn zusammen, so entsteht der Effekt einer Melierung. Auch können die beiden einfarbigen Schnüre so verbunden werden, daß ein Teil der neuentstandenen Schnur in der einen Farbe und der Rest in der anderen Farbe erscheint. Die so entstandenen Farbkombinationen können nun wiederum kombiniert werden und weitere Schnurfarben erzeugen. Man beachte, wie mit nur drei Schnurfarben, beispielsweise rot, gelb und blau, und mit den drei Operationen des Streifens, Melierens und Verbindens folgende verschiedene Ergebnisse möglich sind: Zunächst die einfache rote, gelbe und blaue Schnur; dann die rot-gelb-gestreifte, die rot-blau-gestreifte und die gelb-blau-gestreifte; ferner die rot-gelb-melierte, die rot-blau-melierte und die gelb-blau-melierte; dann die Schnur mit einem roten über einem gelben Schnurabschnitt, mit Rot über Gelb also. Weiterhin Schnüre mit Gelb über Rot, mit Rot über Blau, mit Blau über Rot, mit Gelb über Blau und mit Blau über Gelb. Wenn unter all diesen neuentstandenen Schnüren wiederum die gleichen Operationen zur Anwendung kommen, ergeben sich noch viele andere mehr.«[77]

Soweit zur Elaboriertheit oder auch nur zur möglichen Elaboriertheit des *quipu*. Es ist schon erstaunlich, wie aus dem Nichts und ein paar farbigen, verknoteten Wollfäden heraus Potentiale für die Aufbewahrung von Inhalten verschiedenster Art erwachsen.

Wie verschieden sind diese Inhalte nun eigentlich gewesen? Die Frage ist umstritten. Einigkeit herrscht lediglich darüber, daß mit *quipus* Mengen und bestimmte Objektklassen oder auch Begriffskategorien registriert wurden. Man erfaßte damit also alles, was in zählbarer Ordnung vorlag oder in eine solche gebracht werden konnte. Dazu ein Chronist: »Sie schrieben in diese Knoten alle Dinge ein, die durch Zahlen registrierbar waren – bis hin zu Schlachten und kriegerischen Begegnungen und zu Angaben darüber, wie viele Botschaften dem Inka überbracht worden waren und wie viele Gespräche und Verhandlungen er geführt hatte . . .«[78]

Hierbei ist nicht mehr nur von den Möglichkeiten des *quipu* die Rede, sondern auch von seinen Grenzen. All das, was nicht in irgendeiner Weise quantifizierbar ist, kann offenbar nicht dadurch festgehalten werden. Die Anzahl der Gespräche und Beratungen wird noch im *quipu* vermerkt – aber wie steht es mit den entsprechenden Inhalten? Auch hierauf gibt uns der Chronist eine Antwort: ». . .die Inhalte der Botschaft, der Wortlaut der Beratungen oder auch die Überlieferungen konnten durch Knoten nicht ausgedrückt werden, da es sich dabei um Sätze handelt . . . und diese sich nicht durch Knoten wiedergeben lassen: denn der Knoten bedeutet die Zahl und nicht das Wort. . .«[79]

Wenn derselbe Chronist und auch andere Autoren gleichzeitig auf die Verwendung von *quipus* bei Oraltraditionen, Liedern, Gedichten, Gesetzesformeln und anderen mündlichen Texten hinweisen, so ist darin noch kein Widerspruch zu sehen. Zwar heißt das, daß man mit *quipus* nicht nur zählen, sondern auch erzählen kann – jedoch behauptet keiner der Chronisten, daß im *quipu* der genaue Wortlaut der Texte aufbewahrt wäre – so, wie in alphabetisch niedergeschriebenen Dokumenten.

Wie anders mögen dann also längere mündliche Texte von den *quipu*-Spezialisten festgehalten worden sein? Wiederum sind wir auf Chronikberichte verwiesen:

»Die mündlichen Texte wurden von den *quipucamayoc* auswendig gelernt, auf eine knappe Form gebracht und so an die nachfolgenden

Generationen weitergegeben . . . Wenn die Vornehmen aus den Provinzen über vergangenes Geschehen und über die Heldentaten ihrer Vorfahren wissen wollten, wendeten sie sich an die *quipucamayoc*; denn diese bewahrten, wie Gemeindeschreiber oder Historiker *quipu*-Annalen und Register auf, in denen alle Denkwürdigkeiten vermerkt waren. Auch waren sie auf Grund ihres Amtes mit den Signalen und Zahlen der *quipus* befaßt und für die Erinnerung an alle Ereignisse zuständig. So mußten sie jedem, der anfragte, darüber berichten. Zu diesem Zwecke waren sie von der Tributverpflichtung und von anderen Dienstleistungen befreit. Man sah sie daher auch immer mit den Knotenschnüren in der Hand ... In ähnlicher Weise bewahrten sie Gesetzestexte, Dekrete, Ritual- und Zeremonialtexte auf. Der Farbe einer Schnur, der Größe und Anzahl der Knoten konnten sie das Gesetz entnehmen, um das es jeweils ging, ebenso die Strafe, die für entsprechende Gesetzesbrecher vorgesehen war. Desgleichen entnahmen sie dem *quipu* zeremonielle Texte, die aus Anlaß bestimmter Feste rezitiert wurden ... auch bei gesetzlichen Verordnungen und bei der Rechtssprechung schöpften sie aus den *quipus* . . . So behielten sie alles, was traditionell in die Erinnerung eingegangen war. Jede Schnur, jeder Knoten erinnerte sie an bestimmte Inhalte – so wie uns bestimmte Zahlenordnungen und Numerierungen an die katholischen Glaubensartikel und die zehn Gebote erinnern . . .«[80]

Der Bericht gibt eine Vorstellung davon, wie *quipus* und Oraltraditionen möglicherweise ineinandergreifen können. Demnach muß es in den Knotenschnüren bestimmte mnemotechnische Signale geben, die Teile oder Abläufe eines im Prinzip schon gewußten, da auswendig gelernten Textes evozieren oder aktualisieren. Die wörtliche Wiedergabe der Traditionstexte erwächst also nicht aus dem *quipu*, sondern immer noch aus dem Gedächtnis – die *quipu*-Signale unterstützen die Erinnerungsarbeit nur, ersetzen sie aber nicht.

Anders als die Zeichen des Farbvokabulars repräsentieren diese Signale nicht Dinge oder Begriffe der inkaischen Welt, sondern verweisen – möglicherweise in Art von Indizes oder Etikettierungen – auf verbal Memorisiertes.[81]

Die Abhängigkeit vom Vorwissen macht deutlich, daß *quipus* ebensowenig wie die aztekischen Bilderschriften den oralkulturellen Rahmen sprengen. Dieser wird durch die beiden Hilfsmedien, so komplex sie auch sein mögen, eher noch bestätigt. Wird auch die alte Gedächtniskultur nicht grundsätzlich abgelöst, so scheint aber doch die Mündlichkeit dabei verändert zu werden: Texte, die für eine Aufbewahrung durch *quipus* oder Bilderschriften bestimmt sind, müssen ganz bestimmte strukturelle Dispositionen aufweisen. Das Gesprochene, Gesungene und Rezitierte kann in den Hilfsmedien offenbar nur dann erfaßt und bis zu einem gewissen Grad festgehalten werden, wenn es für diesen Zweck passend modelliert ist.

Die Azteken etwa sind nicht nur für ihre bilderschriftliche Praxis bekannt, sondern auch für ihre bilderreiche Sprache. Diese soll sich in dem Maß verdichtet haben, wie es um bilderschriftlich gestützte Texte ging: »Alle von ihnen rezitierten Texte sind so voller unverständlicher Metaphern, daß es kaum jemanden gibt, der diese versteht« – schreibt ein Chronist. Ein anderer spricht davon, daß der Sinn dieser Metaphern erst durch bilderschriftliches Begleitmaterial erhellt würde.[82] Zwischen der Verbildlichung des sprachlichen Ausdrucks und den bilderschriftlichen Notierungen muß es also einen Zusammenhang geben. Die Bilderlogik scheint beide Medien, das mündliche wie das schriftliche, gleichermaßen zu durchdringen.

Ein ähnlicher Effekt ist auch in der inkaischen Oralkultur zu beobachten. Die *quipu*-Logik findet sich, jenseits aller Knotenschnüre, in bestimmten Formen des Denkens und der mündlichen Textgestaltung wieder. Von den Rangordnungen, Reihenfolgen und Listen, in denen Elemente der Inkawelt gedacht werden, war schon die Rede (vgl. S. 85f.). Hinzu kommen, laut Aussage von Chronisten, quipu-spezifische Textstrukturen: »Sie [die Spezialisten] verarbeiteten die Erinnerung an die Heldentaten ihrer Herrscher . . . in Form von Versen und übermittelten sie den Jüngeren . . . Die Verse waren immer knapp gefaßt, damit sie auch behalten werden konnten, dabei waren sie aber so aussagekräftig wie Zahlen . . .«[83] Es ist sicher kein Zufall, daß der Autor hier den Vergleich mit der Zahlensymbolik heranzieht. Numerische Verschlüsselungen stellten ja offenbar das Bindeglied zwischen den Merktexten und korrespondierenden

Knotensignalen auf dem *quipu* dar. Man kann dieses Zitat daher auch als Hinweis auf Homologien zwischen *quipu*-Strukturen und Textstrukturen lesen.

Was ergibt sich nun aus diesen Beobachtungen? Zunächst einmal legen sie nahe, daß der Einsatz von Merkhilfen bei den Inkas und Azteken zu einer Quipuisierung, bzw. Metaphorisierung der mündlichen Begleittexte geführt hat. Es mag so eine qualitativ neuartige (»mediatisierte«) Mündlichkeit herausgeprägt worden sein – ähnlich wie durch den Gebrauch der alphabetischen Schrift die alte, präliterale Mündlichkeit einst neue Formen annahm.

Weiterhin wird deutlich, daß wir es hierbei nicht einfach mit *quipus* und Bilderschriften zu tun haben, sondern mit übergreifenden oralkulturellen Zusammenhängen. Wollte man diese in ihrer Vielschichtigkeit erfassen, hätte man nicht nur den Mechanismus der Hilfsmedien allein, sondern auch die speziell für sie entworfene Mündlichkeit zu beschreiben.

Spuren einer solchen Mündlichkeit finden sich manches Mal noch in alphabetisch niedergeschriebenen Texten der Kolonialzeit. Ein gutes Beispiel dafür ist etwa die Chronik des Guamán Poma de Ayala, der in einem späteren Kapitel noch vorgestellt werden wird (vgl. S. 147ff.). Poma, ein peruanischer Indianer, schreibt über das Inkareich und über das koloniale Peru – unter Zuhilfenahme alter oralkultureller Quellen. In vielen Aspekten der Textgestaltung setzt sich dabei die *quipu*-Logik durch: etwa bei der Kategorisierung und Hierarchisierung der Beschreibungsinhalte sowie auch bei seinem statistischen Blick auf die Dinge. Wenn Poma dem Leser die inkaische Bevölkerung vorführt, dann geschieht dies ganz im Sinne der alten *quipu*-Ordnung. Zuerst zählt er die Ältesten und Verdientesten, dann die mittleren Jahrgänge, dann die Jüngeren, schließlich die Kinder auf. In ähnlicher Weise quipuisiert er auch die Beschreibungen der kolonialen Welt, spricht über deren Menschen und Dinge nur in strikt durchkategorisierter Form. In Poma's alphabetisch geschriebenen Texten findet sich also eine Fortsetzung der alten »*quipu*-Literalität« mit neuen Mitteln.[84]

Daß Indianer nach der Konquista zu Autoren werden und dabei oralkulturelle und schriftkulturelle Traditionen miteinander verquicken, ist freilich nur eine unter vielen anderen Folgeerscheinungen der Konquista. Im allgemeinen nimmt die Entwicklung in der Kolonie noch einen ganz anderen Verlauf. Davon, wie von den vielfältigen Voraussetzungen dieses Prozesses wird in den nächsten Kapiteln die Rede sein.

3
Alphabet und Anpassung

Der kulturelle Konflikt

Langfristig bedeutet die Konquista einen radikalen Eingriff in die Strukturen der altindianischen Gesellschaften und den Abbruch ihrer Eigenentwicklung. Doch in der ersten Phase nach der Eroberung sind die kulturellen Auswirkungen dieses Eingriffs scheinbar unentschieden. Wir haben es noch mit zwei klaren Fronten zu tun: der Kultur der Sieger steht die jeweilige Kultur der Besiegten gegenüber.

Was wird aus dieser Antithese? Diese Frage zielt auch und vor allem auf die Vertreter der beiden gegensätzlichen Kulturen, auf ihre Funktionen und wechselseitigen Beziehungen in der weiteren kolonialen Entwicklung. Wir wissen, daß die Indianer in einem Fall völlig ausgerottet und in anderen Fällen so behandelt werden, daß viele von ihnen dahinsterben.[1] Wir wissen jedoch auch, daß andere sich dem kolonialen Zugriff entziehen und noch andere als unterste soziale Kategorie im Rahmen der Kolonialgesellschaft überleben.

Von einer schlagartigen Verdrängung oder auch Auslöschung der indianischen Kultur kann daher im allgemeinen nicht die Rede sein. Diese indianische Kultur wird aber auch nicht (oder nur selten) beziehungslos »neben« oder »unter« der Erobererkultur weiterbestehen. Sie wird – und dies gehört zu den Merkmalen des spanischen Kolonialismus – auf gewisse Weise in ihr präsent sein und, umgekehrt, auch von ihr durchdrungen werden. Im Laufe der Zeit entwickelt sich aus der ursprünglichen Antithese eine durch spanische Dominanz zusammengezwungene Einheit indianischer und europäischer, alter und neuer, mehr oder weniger vermischter Kulturelemente.

Die so beschaffene kulturelle Formation, die konfliktive Dynamik, von der sie getragen wird und die heterogenen Produkte, die sie entbindet, sind in ihrer Komplexität nur schwer zu erfassen. Mal wird diese Kolonialkultur als Kontaktsituation beschrieben, in der es zu wechselseitigen Einflüssen, insbesondere aber zu einem Einfluß der spanischen auf die indianische Kultur gekommen sei. Mal ist von einer Verschmelzung spanischer und indianischer Kulturformen und von ihrer Aufhebung in einer Art »Synthese« die Rede. Wieder andere Male wird hervorgehoben, daß die kulturelle Antithese in »hybride« Formen einmünde.

Keine dieser einzelnen Begriffsbestimmungen ist an sich falsch. Natürlich kommt es unter den kolonialen Voraussetzungen in der Neuen Welt zu Veränderungen, die man auf »Einflüsse« zurückführen, als neue Qualität (»Synthese«) oder auch nur als Verbindung zweier verschiedener Qualitäten begreifen mag. Die Vielschichtigkeit des kulturellen Prozesses während der Kolonialzeit wird dadurch allerdings nur fragmentarisch angedeutet.

Meist werden mit diesen Begriffsbestimmungen auch zwei deutlich getrennte Kulturbereiche vorausgesetzt. Für den weiteren Verlauf des kolonialen Prozesses ist das jedoch nicht ohne weiteres aufrechtzuerhalten. Die Entwicklung ist zwar maßgeblich durch den Gegensatz zwischen Indianern und Europäern geprägt. Damit ist jedoch noch nicht gesagt, daß immer eine starre formale Kluft zwischen den beiden Kulturen bestanden hätte. Das Gegenteil ist häufig der Fall. Zwar kommt der kolonialbedingte Widerspruch im kulturellen Bereich weiterhin zum Ausdruck. Dies geschieht aber selten als direkte Konfrontation nach dem Muster: hie Indianer und indianische Kulturelemente – da Europäer und europäische Kulturelemente.

Diese Trennungslinien verwischen sich meist recht bald. Weder bleiben die Indianer einzig ihrer traditionellen, noch die Europäer nur ihrer mitgebrachten Kultur verhaftet. Es kommt einerseits zu einer gewissen Europäisierung der Indianer. Bestimmte Praktiken, wie Lesen, Schreiben, Zur-Messe-Gehen usw. bleiben nicht mehr nur Kennzeichen der Eroberer, sondern werden – im Zuge der kulturellen Konquista – auch von einem Teil der indianischen Bevölkerung ausgeübt. In diesem Zusammenhang wird gerne von »Akkulturation« oder »Assimilation« der Besiegten an die Sieger gesprochen. Die Begriffe reichen jedoch nicht aus, um die Ambivalenz des Vorgangs zu verdeutlichen.

Gewiß, in einigen Fällen wechseln Indianer offenbar in das kulturelle Lager des Kolonialherrn über, nehmen seine Sprache, seine Religion, seine Sitten und Gebräuche an und suchen sich so ihren Platz in der Kolonialgesellschaft zu sichern.[2] Die indianischen Schüler der Klosterschule von Tlatelolco etwa, die in spanischer und lateinischer Sprache Briefe schreiben und Traktate verfassen, die selber die Priesterkutte anlegen und die Messe lesen, scheinen sich mit europäischen Kulturformen weitgehend identifiziert zu haben.

Mehr jedenfalls als jene anderen Indianer, die zwar auch europäische Kulturformen angenommen haben, mit diesen jedoch in ganz und gar uneuropäischem Sinne umgehen. Dazu zählen beispielsweise Einheimische, die als Getaufte – unter dem Deckmantel des Christentums – ihren alten Glauben weiter ausüben. Sie verwenden die neuen Formen nur, um in ihnen die herkömmlichen Inhalte zu installieren. So weisen sie die christlichen Liturgien und Feste nicht zurück, sondern machen etwas anderes aus ihnen, wenden sie in ihrem Sinne. Wenn sie Weihnachten, Ostern oder Pfingsten feiern, beziehen sie sich nicht auf den christlichen Gott, sondern auf ihre eigenen Götter. Durch diese heimlichen Referenzen vermögen sie dem christlichen System zu entfliehen, ohne es verlassen zu müssen (was Verfolgung und Strafe nach sich gezogen hätte). Man sieht hieran, wie widersprüchlich und äußerlich Entwicklungen bleiben können, die vom außenstehenden Betrachter als Akkulturationsprozesse eingestuft werden. Halten wir also fest, daß die Übernahme europäischer Kulturformen durch Indianer nicht immer und unbedingt auch vollzogene Anpassung bedeuten muß. Im Gegenteil: nicht selten haben die fremden Formen dazu hergehalten, um das Eigene auf neue Weise zum Ausdruck zu bringen. Die Tatsache, daß sich christliche Formen von einem bestimmten Zeitpunkt an auch bei Indianern finden, verweist somit nicht grundsätzlich auf deren Christianität. Manches Mal entpuppt sie sich auch als eine in christlichen

Formen verborgene und durch christliche Formen hindurch rekonstruierte indianische Religiosität.[3]

Andererseits kommt es aber auch zu einer Art Indianisierung der Europäer, in dem Sinne, daß kulturelle Formen der Indianer von Europäern übernommen und praktiziert werden. Auch hierbei wäre erst einmal zu fragen, weshalb und in welcher Weise sich die Invasoren der einheimischen Kulturformen bedienen. Wollen sie etwa Indianer oder zumindest *wie* Indianer sein? Der Gedanke erscheint abwegig, wenn man bedenkt, wie schwer sich die Europäer mit der Einordnung der fremden Wesen in ihr Welt- und Menschenbild tun. Im allgemeinen glauben sie ja an die Überlegenheit ihrer Kultur und verachten die indianische als »Unkultur«.

Ein einziger Fall, in dem sich ein Europäer für die indianische Kultur entscheidet, ist uns bekannt. Es ist der Fall des Gonzálo Guerrero, der mit den ersten Spaniern 1511 auf die Küste Yucatáns zusegelt, Schiffbruch erleidet, in indianische Gefangenschaft gerät, dann jedoch flieht und bei einem anderen indianischen Stamm unterkommt. Er lernt die Sprache, heiratet eine Indianerin, tätowiert seinen Körper, läßt sich die Haare wachsen, treibt sich Pflöcke in die Ohren, nimmt den fremden Glauben an und erwirbt sich unter den Indianern dadurch Ehre, daß er ihnen beibringt, wie man am besten gegen die erobernden Spanier ankämpft.[4] Die kulturellen Formen, die er übernimmt, sind Ausdruck seiner selbstgewählten Indianität.

Guerreros Entwicklung stellt eine Ausnahme dar. Im allgemeinen zeigen die Eroberer ein anderes, scheinbar paradoxes Verhältnis zur einheimischen Kultur. Sie zerstören sie, aber bewahren und übernehmen sie auch – freilich in einem anderen Sinne als Guerrero. Beides ist überliefert: die systematische Vernichtungsaktion im religiösen Bereich, die Zertrümmerung von Statuen, Götterfiguren und kultischer Symbolik im weitesten Sinne zum einen; die bewußte Erhaltung und Entwicklung vorkolonialer Institutionen zum anderen. Beispiele dafür sind die Übernahme des indianischen Tributsystems, mancher kollektiver Arbeitsformen und bestimmter Ämter der früheren Verwaltungshierarchie.

Diese eigentümliche Dialektik von Zerstörung und Bewahrung setzt sich – in manchen Fällen – bis in die Handlungsweise ein und derselben Person fort. Diego de Landa, Bischof von Yucatán, der 1562 die bilderschriftlichen Dokumente der Maya-Indianer noch als »Teufelszeug« verbrennen läßt, geht nur wenig später auf die Suche nach den verlorenen Inhalten und schreibt in seinem »Bericht von den Dingen in Yucatán« alles auf, was er über die Maya-Kultur in Erfahrung bringen kann. Schließlich läßt er auch nach den übriggebliebenen bilderschriftlichen Dokumenten suchen und alle, die gefunden werden, sammeln und aufheben. Sein Fall ist nur der bekannteste, nicht der einzige dieser Art.

Zerstörung, Bewahrung und Übernahme kennzeichnen also das Verhältnis der Eroberer zur Kultur der Eroberten. Bei alledem verfahren die Europäer jedoch wählerisch. Einheimische Kulturformen, die gefährlich werden könnten oder nicht weiter zu verwenden sind, werden durch eine Art Selektionsprozeß für immer ausgeschieden. Nur das, was im Sinne des kolonialen Interesses nützlich und brauchbar ist, wird aufgegriffen. Mit Begeisterung, Identifizierung oder gar einem Bekenntnis zur indianischen Kultur (wie bei Guerrero) hat dieser Vorgang nicht das Geringste zu tun. Er kann auch nicht als Fortsetzung dessen, was vorher war, verstanden werden. Einmal im kolonialen Griff, werden die indianischen Kulturelemente dem alten Zweck entwendet und für neue, fremdbestimmte Zusammenhänge genutzt. Ihre Präsenz signalisiert fortan nicht Kontinuität, sondern vor allem Instrumentalisierung und Vereinnahmung. Fortgesetzt werden lediglich die äußeren Formen der übernommenen Institutionen – ihre früheren Inhalte jedoch verändern sich. So kommen beispielsweise Gewinn und Nutzen der indianischen Tribute, Ämter und Kollektivarbeit nun nicht mehr so sehr Indianern, als vielmehr dem Kolonialherrn zugute – auch wenn die alten Formen erhalten bleiben.[5]

All das macht deutlich, daß sich der Gegensatz zwischen Europäern und Indianern nicht dauerhaft in einer direkten Antithese europäischer und indianischer Kulturformen ausdrückt. Diese löst sich vielmehr in einer vielschichtigen Bewegung auf: in einem kulturellen Hin und Her, einem Miteinander, Gegeneinander und Ineinander, einer Unterwanderung von Formen und einer Umdeutung von Inhalten.

Koloniale Herrschaft kann dabei durch verschiedene Strategien zur Geltung gebracht werden. Durch den Oktroi der europäischen, aber auch durch Vereinnahmung der indianischen Kulturformen. Umgekehrt muß sich antikoloniale Selbstbehauptung nicht nur in beharrlichem Festhalten an einheimischen Formen ausdrücken, sondern kann auch mit Hilfe europäischer Formen erreicht werden. Es kommt in der Phase des kolonialen Übergangs also nicht so sehr auf die Herkunft der kulturellen Materialien, sondern vor allem darauf an, wie mit ihnen umgegangen wird, genauer: wer sie verwendet und wozu er das tut. So werden quer durch den indianischen, den europäischen und den kolonialen Kulturstoff hindurch Positionen und Gegenpositionen, Rollen, Einstellungen, Identitäten und Welten konstruiert.

Wildes Schreiben

Was wird im Rahmen dieser Verhältnisse nun aus den altindianischen Oralkulturen? Was wird aus den Erzähltraditionen und den unterschiedlichen Merkhilfen und -techniken? Greifen wir noch einmal das Beispiel des kolonialen Mexiko heraus. Dort drückt sich der kulturelle Konflikt unter anderem in der anfänglichen Präsenz zweier verschiedener Systeme der Inhaltsbewahrung aus: auf der einen Seite die bilderschriftlich gestützte, aber grundsätzlich mündliche Textüberlieferung der Indianer – auf der anderen Seite die buchstabenschriftliche Textfixierung der Europäer.

Es wird nun gerne darauf hingewiesen, daß in Mexiko eine rasche Verbreitung des Alphabets unter den Angehörigen der früheren indianischen Eliten erfolgte. Deren Traditionen seien deshalb fast ohne Bruch fortgesetzt und festgehalten worden.[6] Dies trifft in gewisser Weise zu, stellt aber nur einen kleinen Ausschnitt aus dem komplexeren Gesamtbild dar. Typisch für die mexikanische Situation ist keineswegs nur die schnelle Verdrängung der Bilderschrift durch die Buchstabenschrift in einigen Zentren der kolonialen Macht. Typisch ist gleichzeitig auch eine lange Phase des Übergangs von bilderschriftlicher zu buchstabenschriftlicher Produktion. Erst mit dem 18. Jahrhundert scheint das einheimische endgültig durch das europäische Medium verdrängt zu werden. Bis zu jenem Zeitpunkt freilich sind die Spuren des kolonialen Konflikts in widersprüchlichen Schreibstrategien und vermischten Manuskriptformen zu erkennen.

Die Eroberer bleiben, wie schon gesagt, nicht die einzigen, die in lateinischen Buchstaben schreiben. Auch manche Indianer verfassen buchstabenschriftliche Texte. Daneben werden weiterhin von indianischer Hand Bilderhandschriften gepinselt – sei es bereits für europäische oder noch für indianische Auftraggeber. Aber nicht nur die Indianer, sondern auch einige spanische Missionare bedienen sich des bilderschriftlichen Mediums.[7]

Wir treffen hier wieder auf die schon beschriebene kulturelle Dialektik der frühen Kolonialzeit: auf die Verwischung der scharfen Trennungslinien zwischen dem indianischen und dem europäischen Lager; auf die wechselseitige Entlehnung und Übernahme kultureller Formen; aber auch auf die Rekonstruktion gegensätzlicher Positionen durch die entlehnten Materialien hindurch.

Im Spannungsfeld dieser Bewegung entstehen vermischte Schreibpraktiken, werden Zwischenlösungen spontan entworfen und wieder verworfen. Schriftembryonen, die nach bilderschriftlichen und buchstabenschriftlichen Prinzipien gleichermaßen »gebastelt sind« (Lévi-Strauss), tauchen auf und wieder unter. Da ist nicht mehr nur die herkömmliche Bilderschrift der Azteken oder das Alphabet, wie die Europäer es von Europa mitbrachten. Vielmehr zeichnet sich ein neuer, kolonialspezifischer Gebrauch der alten Systeme ab. Die veränderten Notwendigkeiten und Zwecke bringen entsprechend veränderte Mittel hervor. Die Bilderschrift wird längst nicht mehr nur im aztekischen Sinne ausgeführt – die alphabetische Schrift nicht mehr im ausschließlich europäischen Sinn. Strategien der Anpassung und der Vereinnahmung, aber auch der Abwehr und der Behauptung werden entwickelt und jenseits der traditionellen Normen und Konventionen beider Medien zum Ausdruck gebracht. Das Schreiben – sei es mit Bildern oder mit Buchstaben – entwickelt sich in dem Maße wild oder wildwüchsig, wie die bisherigen Standards aus den Fugen geraten und eine Vielzahl von Möglichkeiten ausprobiert werden. Erst in einer späteren Phase setzt sich die Schrift des Kolonialherrn als einzige und allgemein verbindliche Norm durch.

In den Anfängen der Kolonialzeit ist von dieser Alleinherrschaft des Alphabets noch nichts zu spüren. Gewiß, die Missionare, die den Inhalt der Heiligen Schrift unter die Indianer bringen wollen, machen sich auch Gedanken über deren Alphabetisierung. Mehr noch: sie unterrichten ihre Schützlinge in neugegründeten Schulen, verschriften die einheimischen Sprachen und arbeiten ABC-Bücher sowie andere Lehrmaterialien aus.[8]

Die meisten Indianer laufen davon. Diejenigen, die bleiben, lernen das Schreiben aber erstaunlich schnell. So berichten uns jedenfalls zeitgenössische Zeugen. Schon bald kann ein Bischof dem Papst folgende briefliche Mitteilung machen: »Die indianischen Kinder haben eine solch glückliche Geistesveranlagung, daß sie – auf lateinisch wie auf spanisch – besser schreiben können, als unsere Spanier ...« Tatsächlich ist das Phänomen indianischer Autorenschaft und auch indianischer Latinität durch längere Abhandlungen und zahlreiche Briefe von aztekischen Adligen an die spanischen Könige belegt.[9]

Man vermutet, daß vor allem diejenigen Indianer rasch in die Buchstabenschrift hineinfinden, die mit der aztekischen Bilderschrift vertraut und somit schon an ein komplexeres schriftähnliches Ausdruckssystem gewöhnt waren. Wie auch immer – die indianischen Schreiberfolge sind offensichtlich so beeindrukkend, daß sie den Neid vieler Spanier erregen. Nicht jeder, der in die Neue Welt gekommen war, hatte in seiner Heimat das Lesen und Schreiben gelernt. So soll etwa Pizarro, der Peru eroberte, mit Mühe und Not gerade nur seinen Namen zu Papier gebracht haben. Die Schriftkenntnis war im Europa der damaligen Zeit noch nicht weitergehend verbreitet, sondern zählte zu den Privilegien kleiner städtischer, höfischer oder geistlicher Schichten. Kein Wunder, daß so mancher altgediente

Haudegen aus den Zeiten der Konquista feindselig reagiert, wenn er die Unterworfenen statt bei der Feldarbeit oder in den Minen hinter dem Schreibtisch sitzend antrifft.

Die Vereinnahmung indianischer Kulturelemente für nicht-indianische Zwecke zeigt sich zunächst im Umgang mit der aztekischen Sprache. Sie wird von vielen Missionaren erlernt, wird in Wörterbüchern und Grammatiken festgehalten, zur kolonialen Verkehrssprache erkoren und erfährt so eine größere Verbreitung als in vorkolonialen Zeiten. Dabei wandelt sie sich. Die aztekische Sprache, in der Katechismen, Beichtspiegel und andere religiöse oder auch weltliche Texte verfaßt werden, ist nicht mehr die des früheren Gebrauchs. Ihr Lautsystem wird zunehmend hispanisiert, ihre Semantik mehr und mehr christianisiert.[10]

Nicht nur die Sprache an sich, auch manche traditionellen Redeformen werden für missionarische Zwecke benutzt. An erster Stelle sind hier die bewährten »Reden der Alten« zu nennen, die ja schon bei der ethisch-moralischen Erziehung der jungen Azteken eine zentrale Rolle gespielt hatten. Zahlreiche Beispiele zeigen, wie diese Redeformen zum Instrument der Verkündigung christlicher Normen werden. So etwa jene Predigt, in der den Indianern gesagt wird, daß sie die Anbetung Gottes auf keinen Fall vergessen oder gar verschlafen dürften: »Mein geliebter Sohn, fliehe den Schlaf, denn zuviel Schlaf bringt Seele und Körper durcheinander. Viele Krankheiten kommen daher. Stehe also jeden Tag früh auf. Wasche dir nach dem Aufstehen gleich das Gesicht, mache dich fertig, kämme dich. Begib dich dann sofort in die Kirche, höre die Messe und bete zu Gott, deinem Herrn. Mache dich danach gleich auf und erledige deine Arbeit, auf daß Gott dich behüte, dich alle Tage beschütze und dir helfe . . .«[11]

Die typischen Formeln und Wendungen der *huehuetlatolli* (vgl. S. 49) wie etwa die Anrede, der Imperativ, der stilistische Effekt der Wortkuppelung (»behüten« und »beschützen«) fließen hier harmonisch mit der Bibelsprache zusammen. Die Vereinnahmung kann aber noch weiter gehen und den Bestand der Sprachbilder unterwandern. Nicht selten werden die Sonnenmetaphern der einheimischen Zeremonialreden zum Vehikel für die Idee des christlichen Gottes: »Sie, die Sonne, erhellt und erwärmt unseren Körper. Und ebenso ist er, unser Gott, Jesus Christus, wie Licht, wie Sonne in unserer Seele, wie Weisheit, die die Welt erleuchtet...«[12]

In dieser Weise werden nicht nur die Sprache, die Redeformen, die Stilfiguren, sondern auch die Singtänze und andere Formen der aztekischen Gedächtniskultur aus den früheren Funktionszusammenhängen herausgelöst und dem missionarischen Interesse anverwandelt. Besonders deutlich wird die Strategie kultureller Vereinnahmung am Beispiel der Bilderschrift.

Die Missionare begreifen schnell die besondere Bedeutung dieses Mediums und ziehen daraus praktische Konsequenzen für die Vermittlung ihrer Botschaft: Damit sie auch ankommt, müssen die Lern- und Rezeptionsgewohnheiten der Indianer berücksichtigt werden. Aus solchen Überlegungen heraus erwachsen erste Experimente einer kolonialen Bilderdidaktik.

So werden etwa biblische Demonstrationsbilder auf Tuch gemalt, die dann bei Predigten vor Einheimischen zum Einsatz kommen. Wenn beispielsweise von den sieben Todsünden die Rede sein soll, werden entsprechende Tücher neben dem Prediger aufgehängt, so daß er an den passenden Textstellen verdeutlichend auf die Sünden- und Bestrafungsszenen weisen kann.[13]

Auch die speziell für Indianer entworfenen »visuellen Alphabete« gehören in diesen Zusammenhang. Hierbei soll das Fremde (d.h. der lateinische Buchstabe) über die Brücke des schon Vertrauten (d.h. des einheimischen Prinzips visualisierter Erinnerung) eingeführt werden. Ein Buchstabe ist ja für den, der sich damit nicht auskennt, eine leere, abstrakte und damit auch schwer merkbare Sache. Durch Bildbeigaben kann der Bezug zum Konkreten erleichtert und somit eine Lernhilfe gegeben werden. In dem auf mexikanische Verhältnisse abgestimmten mnemotechnischen Alphabet von Diego Valadés (Abb. 13) geschieht dies auf zwei verschiedene Weisen: einmal durch Assoziation von Buchstaben mit Bildern (bzw. Namen) bekannter Persönlichkeiten; zum anderen durch Formanalogien zwischen Buchstaben und abgebildeten Gegenständen. So veranschaulicht Valadés den Buchstaben »A« durch das Bild des Antonius, den Buchstaben »B« durch das Bild des Bartholomäus, den Buchstaben »X« jedoch durch das Bild eines spanischen Lehnstuhls mit gekreuzten Beinen.[14]

Abb. 13: Mnemotechnisches Alphabet für Indianer

Nun sind solche »visuellen Alphabete« wie auch die schon erwähnten Versuche bildbezogener Bibelunterweisung freilich kein Novum. Die Mnemotechnik war seit der Antike in Europa gepflegt und zu einer komplizierten Erinnerungskunst, der *ars memorativa* entwickelt worden. Ihre Merkbilder waren schließlich in der Emblematik aufgegangen. Zum Zeitpunkt der Missionierung der Neuen Welt war der Höhepunkt dieser Kunst längst überschritten. Die Methoden waren aber noch genügend bekannt. Bekannt müssen den Missionaren auch die Bildersequenzen der mittelalterlichen *biblia pauperum*, der Armenbibel, gewesen sein, durch die die analphabetische Bevölkerung an die Inhalte der Heiligen Schrift herangeführt worden war.

Die koloniale Bilderdidaktik ist also keineswegs nur durch vorgefundene indianische Traditionen angeregt. Sie wird auch maßgeblich durch cine Wiederbelebung solcher europäischer Traditionen gefördert. Bestes Beispiel dafür ist eben jenes Bilder-Alphabet von Valadés, das auf Modellen europäischer Gedächtniskünstler (Johannes Romberch, Ludovico Dolce) beruht.[15]

Valadés will mit seinem Entwurf den Indianern die Buchstabenschrift und damit auch das Christentum nahebringen. Er baut bei der Missionierung noch auf das europäische Medium. Anders liegen die Akzente im Falle des sogenannten Landa-Alphabets (Abb. 14). Hierbei geht es um den Versuch, für die einzelnen lateinischen Buchstaben Entsprechungen in der Bilderschrift der Maya zu finden. Wir haben es also nicht mit einer mnemotechnischen Hilfskonstruktion zu tun, sondern mit dem Versuch, Äquivalenzen zwischen zwei verschiedenen Schriftsystemen herzustellen. Daß diese Äquivalenzen nicht recht zutreffen, daß die angeblichen Entsprechungen in Mayaschrift gar keine sind, sondern Maya-Wörter darstellen, ist dabei für unseren Zusammenhang unerheblich.[16] Wichtig hingegen ist, daß sich in Landas Versuch ein Interesse an Entzifferung und damit auch an Beherrschung der Bilderschrift ausdrückt. Vielleicht hat er, als überzeugter Botschafter und Verbreiter des Christentums, von einer Bibel in Maya-Hieroglyphen geträumt. Wie auch immer sein Alphabet gedeutet worden sein mag, ob als Rosette-Stein der Mayaforschung oder als kulturelles Mißverständnis, – es steht hier für eine allgemeinere Tendenz frühkolonialer Missionarspraxis: für die Hinwendung zu indianischen Medien.

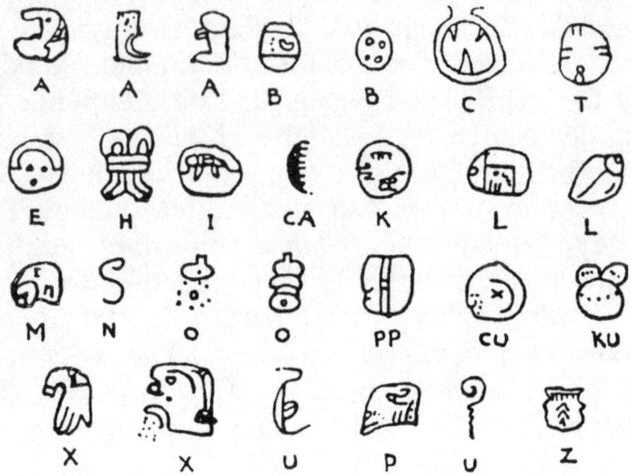

Abb. 14: Das Landa-Alphabet

Am stärksten scheint sich der missionarische Zugriff auf die indianische Bilderwelt jedoch in Form des sogenannten *Testerianischen Schreibens* niederzuschlagen. Ob es nun wirklich jener Jacobo de Testera war, der dieses Verfahren bei der Missionierung einführte oder ob es andere waren, mag dahingestellt bleiben. In jedem Fall handelt es sich dabei um eine Technik, die speziell für das Behalten religiöser Texte entwickelt wird. Manche sprechen daher auch von »Konversions-Hieroglyphen«.[17]

Man kennt dieses Phänomen, das durch den Kontakt von Missionaren mit Einheimischen bedingt ist, auch aus anderen Teilen der Welt. Fast immer wird dabei eine traditionelle, lokale, nicht-phonetische Schrift nach alphabetischen Prinzipien bearbeitet und so zum Instrument einer möglichst eindeutigen Fixierung christlicher Namen und Glaubensinhalte gemacht. Ein solches Konversionsmedium ist auch aus dem Kontakt englischer Missionare mit den Cree-Indianern (Nordamerika), aus dem Kontakt von Europäern mit Cherokee-Indianern (Nordamerika) und aus dem Kontakt der Herrnhuter Brüdergemeine mit der Eskimo-Bevölkerung Alaskas hervorgegangen.[18]

Auch das Testerianische Schreiben im kolonialen Mexiko könnte eine solche kontaktbedingte Kompromißbildung sein. Die bilderschriftlichen Prinzipien der Indianer und die bildlichen sowie schriftlichen Prinzipien der Europäer wirken hierbei offenbar ineinander. Ob Missionare diese Technik entworfen und Indianer sie nur ausgeführt haben, ob Indianer und Missionare gleichermaßen sie ausgeführt haben oder ob sie gar von Indianern, unter Anleitung der Missionare, entwickelt wurde, ist nicht ganz geklärt. Die Chronisten stellen sie uns als eine überwiegend indianische Technik dar. Gegenwärtige Kenner der Materie hingegen betonen den europäischen Impuls der Entwicklung. Demnach wären inhaltliche und bildliche Vorgaben der Missionare von Indianern ausgearbeitet worden – nicht durch bloße Imitation des europäischen Stils, sondern durch Anverwandlung an den einheimischen Stil.[19]

Besser geklärt scheint das Problem der Varianten des Testerianischen Schreibens. Mindestens zwei sind dabei deutlich zu unterscheiden. Die erste Variante ist direkt, und zwar durch sämtliche heute noch vorhandenen Manuskripte überliefert. Es

Abb. 15a: Testerianisches Manuskript: Das Glaubensbekenntnis und die zehn Gebote

Auf Ausschnitt A ist das dritte Gebot (»du sollst den Feiertag heiligen!«) dargestellt. Die Kreise auf der linken Bildseite bedeuten die Ziffer drei, daneben soll ein eingewickelter Pfeil offenbar das »heiligen« (»einhalten, halten«) ausdrücken; das Haus und der hineingemalte Priesterkopf meinen soviel wie »Kirche«.
Ausschnitt B zeigt das vierte Gebot (»du sollst deinen Vater und deine Mutter ehren!«). Von links nach rechts: Die durch Kreise symbolisierte Ziffer vier; dann der Vater, dargestellt durch das Bild eines Mannes, der einen Gegenstand (Maiskolben?) in der Hand hält; in der Mitte das Kind; rechts die Mutter, erkennbar durch die Haartracht und durch das typische Frauengewand (*huipilli*) mit dem quastenverzierten Fleck am Halsausschnitt.
Ausschnitt C schließlich bezieht sich auf das fünfte Gebot (»du sollst nicht töten!«). Sie zeigt erst die Ziffernzeichen für fünf, dann einen Mann mit Schwert und einen anderen, der eine verweigernde oder verbietende Handbewegung ausführt.[20]

Abb. 15b: Testerianisches Manuskript – Das dritte, vierte und fünfte Gebot

handelt sich dabei um gemalte Szenen oder auch um die pikto-ideographische Fixierung von Gebets- und anderen christlichen Glaubenstexten. Phonetisierungen sind kaum oder gar nicht vorhanden. Papierart, Seitenaufteilung, Zeilenrichtung und ikonographische Besonderheiten signalisieren, ob der jeweilige Verfasser sich mehr von indianischen oder von europäischen Traditionen leiten läßt. Die hier abgebildeten Manuskript-Fragmente zeigen zwei verschieden gelagerte Beispiele dieser pikto-ideographischen Variante.

Abb. 15a enthält in den ersten vier Bilderzeilen das Glaubensbekenntnis, in den übrigen beiden die zehn Gebote. Bei den ausgewählten und kommentierten Bildabschnitten (15b) geht es um das dritte, vierte und fünfte Gebot. Man kann daran erkennen, daß ein Teil der bildlichen Notierung rein piktographisch ist (die Menschenfiguren, der Maiskolben, das Schwert), ein anderer jedoch auch ideographische Züge trägt (so die Kombination von Priesterkopf und Haus, die für »Kirche« steht). Insgesamt sind die Bildformen dieser Sequenz noch weitgehend in altindianischer Manier gemalt – auch wenn sich ein gewisser europäischer Einfluß nicht übersehen läßt.

Im nachfolgenden Ausschnitt aus einer Testerianischen Fassung des Vaterunser hat sich der Maler hingegen stark an europäischen Formtraditionen orientiert (Abb. 16). Wir finden hier neben piktographischer und ideographischer Verschlüsselung der Gebetsinhalte auch einige wenige Beispiele für Phonetisierungen. Das Hand-Zeichen etwa soll nicht »Hand« bedeuten, sondern das entsprechende Wort »maitl« der aztekischen Sprache. Die Anfangslaute dieses Wortes aber sind mit der Optativ- und Imperativpartikel »ma« homophon. So kann die gemalte Hand benutzt werden, um den optativischen Charakter der Gebetsformeln (Dein Reich komme! Dein Wille geschehe!. . .) auszudrücken.[21]

Oh, unser Vater (1), der sich im Himmel befindet (2); die indianischen Gläubigen verehren den Namen Gottes (3/4); der Mensch (5) herrscht auf Erden (6) – das Reich ist im Himmel (7); möge (8) der Heilige Vater auf Erden Blumen haben (9) und mögen diese Blumen in der ganzen Christenheit zahlreich sein (10); auf Knien empfangen die Gläubigen ihre Maisflade (11), die der Heilige Vater darreicht (12), Tag für Tag (13); die indianischen Gläubigen verzehren die Maisfladen (14); möge (15) der Heilige Vater (16) den indianischen Gläubigen (18) ihre Todsünden (17) verzeihen!. . .

Abb. 16: Testerianisches Manuskript – Ausschnitte aus dem Vaterunser

In der zweiten Variante Testerianischen Schreibens sind diese Keime eines Phonetisierungsprinzips radikal entwickelt und zum vorherrschenden Merkmal geworden. Man kann dies zwar heute an keinerlei Beispielen mehr belegen, aber in den Chronikberichten ist häufig genug davon die Rede. So schreibt ein Autor:

»Manchmal passiert es, daß einige Indianer bestimmte Wörter oder Details von dem vergessen, was ihnen aus der christlichen Doktrin gepredigt worden ist. Und da sie unsere [alphabetische] Schrift nicht lesen können, notieren sie die ganze Doktrin in ihren Figuren und Bildern, indem sie jeweils das Bild heraussuchen, dessen Bedeutung und Klang dem jeweiligen Wort in unserer Sprache entspricht . . . Ich habe große Teile der christlichen Doktrin in Form solcher Figuren und Bilder niedergeschrieben gesehen, und sie lesen den Text mit ihrer Hilfe, wie ich einen Brief in unserer Schrift lesen würde . . .«[22]

Ein anderer Zeuge beschreibt das Verfahren der Phonetisierung noch genauer:

». . . sie nahmen Wörter ihrer Sprache, die dem Klang nach den lateinischen Wörtern ähnelten und setzten sie der Reihe nach auf ein Stück Papier – nicht die Wörter, lediglich die Bedeutungen von ihnen: denn sie hatten ja keine wirklichen Buchstaben, sondern nur Abbildungen zur Verfügung . . . Zeigen wir ein Beispiel hierfür: das Wort, das in ihrer Sprache dem Wort ›pater‹ klanglich am nächsten kommt, ist ›pantli‹ – was soviel wie Flagge bedeutet . . . Um sich also an das Wort »pater« zu erinnern, setzen sie das Bild einer Flagge . . . auf das Papier und merken sich dazu das Wort ›pater‹. Für ›noster‹ nehmen sie aus ihrer Sprache die Vokabel ›nochtli‹, welche eigentlich die Bezeichnung für den Feigenkaktus ist . . . Um sich also an die Vokabel »noster« zu erinnern, malen sie hinter die Flagge einen Feigenkaktus auf das Papier . . . und so geht es weiter, bis zum Ende des Gebets . . .«[23]

Hinter den »Bildern« und »Figuren« der Testerianischen Manuskripte scheint damit eine Art Silbenschrift entstanden zu sein. Selbst der unbefangene und historisch ferne Betrachter ahnt die Anstrengungen, die dazu unternommen werden. Was mag hinter dieser bilderschriftlichen Lautakrobatik stecken?

Hier kann man nur Vermutungen anstellen. Denkbar ist, daß diese Entwicklung durch Kontakt mit dem Alphabet in die Bilderschrift hineingetragen worden ist. In jedem Fall drückt sich in dieser zweiten Variante Testerianischen Schreibens ein neuer, möglicherweise von europäischen Standards geprägter Anspruch exakter Textwiedergabe aus. Derart zum Ersatz für Europäisches pervertiert, kann diese Technik immer nur die schlechtere, kompliziertere, umständlichere und ungenauere Alternative zur alphabetischen Schrift bleiben. Daß sie im weiteren Verlauf der Kolonialzeit außer Gebrauch kommt, mag neben äußeren Gründen (wie der verstärkten Hispanisierung) auch solche immanenten Gründe gehabt haben.[24]

Was vom kolonialen Mexiko her als »Testerianisches Schreiben« bekannt ist, gedeiht möglicherweise in anderen Gebieten Lateinamerikas weiter. Jedenfalls finden sich Aufzeichnungspraktiken, die mit der eben beschriebenen verglichen werden können, bis ins 20. Jahrhundert hinein. So kannten die Aymara- und Quechua-Indianer des Andenraums bis vor nicht allzu langer Zeit noch bildliche oder plastische Gedächtnisstützen – auf Tierhäute oder Papier gemalte oder in Ton modellierte Zeichen. Die dadurch erinnerten Texte waren ausschließlich christlich-religiöser Herkunft. Überliefert sind uns beispielsweise ein Vaterunser als tönerne Figurengruppierung oder auch Katechismen auf Leder (Abb. 17). Aber nicht nur der Inhalt, sondern auch die Art ihrer bildlichen oder figürlichen Verschlüsselung suggeriert einen Zusammenhang mit der Testerianischen Technik. Zum Beispiel die Tatsache, daß neben piktographisch-ideographischen auch phonetische Codierungen vorkommen: die Figuren des in Ton modellierten Vaterunser etwa beziehen sich nicht immer auf die Dinge, die man in ihnen zu erkennen glaubt. Sie können auch indirekt auf Wörter der einheimischen Sprache verweisen und mit den dadurch verfügbar gewordenen Lautwerten auf andere, aber gleichlautende Wörter anspielen.[25]

Neben der andinen Bilder- und Figurenschrift weist auch die bilderschriftliche Praxis der Cuna-Indianer Panamas gewisse Gemeinsamkeiten mit der Testerianischen Technik auf. Besonders augenfällig wird das im Bereich der Bildformen. Man vergleiche nur die Figuren in Abbildung 18 mit denen in Abbildung 16. Es gibt aber auch Entsprechungen in der Funktionsweise. So trifft man bei der Cuna-Schrift ebenfalls auf Varianten: auf eine einfache piktographische und eine entwickeltere phonographische Variante.

Bei alledem finden sich jedoch auch deutliche Unterschiede. Besonders fällt auf, daß mit der Cuna-Schrift ausschließlich autochthone Inhalte festgehalten werden (und nicht etwa christlich-religiöse, wie im Falle der Testerianischen oder auch der andinen Technik). Diese Schrift dient dem Fortbestand einer üppigen mündlichen Literatur und dabei insbesondere der Lieder und Gebete, wie sie in den Ritualen der Medizinmänner vorkommen.[26]

Trotz dieser und noch einiger anderer Unterschiede überwiegt jedoch die Ähnlichkeit zwischen den drei genannten Techniken so sehr, daß sie zu weitergehenden Überlegungen anregt: Gibt es hierbei einen gemeinsamen historischen Zusammenhang? Handelt es sich möglicherweise um verschiedene Zweige ein und derselben Entwicklung? Oder handelt es sich um voneinander unabhängige Phänomene, die parallel (aufgrund ähn-

Abb. 17: Katechismustext auf Tierhaut

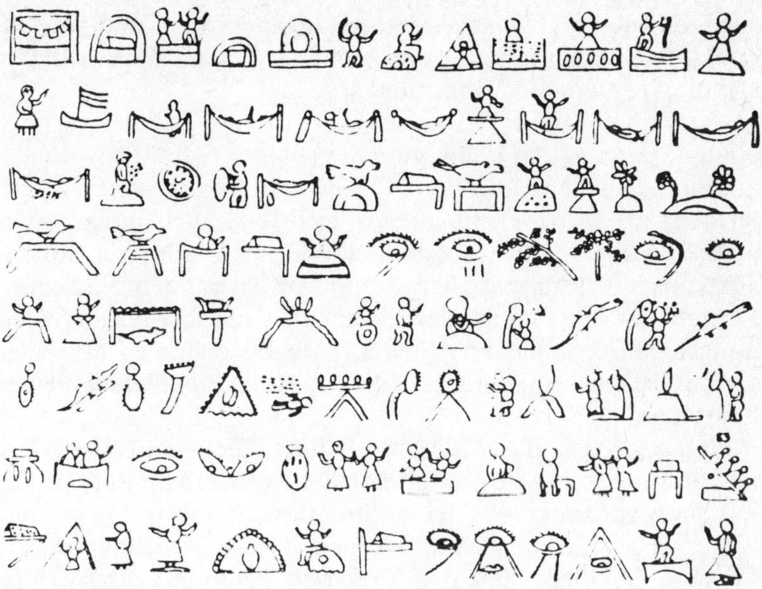

Abb. 18: Liedtext in Cuna-Schrift

licher Voraussetzungen – beispielsweise der Missionierung) entstanden sein könnten? Die Frage kann im Rahmen dieses Exkurses nur gestellt, jedoch nicht beantwortet werden.[27] Stattdessen kehren wir zu unserem Ausgangspunkt, dem »wilden Schreiben« in der Kolonialzeit, zurück und führen einige dafür typische Situationen und Dokumente vor.

Situationen des Übergangs

Nach der Konquista bilden die neue Testerianische Technik, die zeitweilig überdauernde aztekische Bilderschrift und das Alphabet – zusammengenommen – ein buntes Spektrum von Aufzeichnungspraktiken. Diese Vielfalt, die noch ihrer kolonialen Vereinheitlichung harrt, kennzeichnet die frühkoloniale Gesellschaft in der Neuen Welt. Die Phase des »wilden Schreibens«, die dadurch eingeleitet ist, wird erst im weiteren Verlauf der Entwicklung durch »geordnete« Verhältnisse abgelöst werden. Erst von jenem Zeitpunkt an kann man von einer Verdrängung der mannigfachen Aufzeichnungspraktiken und von der endgültigen Durchsetzung des Alphabets (wenn auch nicht von seiner allgemeinen Verbreitung) sprechen.

Betrachten wir nun den Zustand *vor* dieser Verdrängung noch einmal genauer. Das Phänomen des »wilden Schreibens« macht deutlich, daß die kulturellen Fronten in Bewegung geraten sind. Nicht nur, daß neben Europäern sich jetzt auch Indianer der alphabetischen Schrift bedienen oder daß bilderschriftliche Texte auch für Europäer hergestellt werden können. Bewegung entsteht auch dadurch, daß neben den etablierten Aufzeichnungstechniken, die von Siegern wie Besiegten in die frühe Kolonialkultur eingebracht werden, spontane Techniken aufkommen.

Nun besagt die Beschreibung all dieser Techniken allein noch nichts darüber, wie sie im Rahmen der Kolonialgesellschaft situiert sind, genauer: in welchen Situationen, von wem, wie und wozu sie jeweils verwendet werden. Die Feststellung, daß in Mexiko die Übernahme des Alphabets besonders rasch erfolgt sei, müßte in diesem Sinne relativiert werden. Es ist zwar richtig, daß einige ausgewählte Indianer nur wenige Jahre nach der Konquista schon Texte in Buchstabenschrift verfaßten. Aber was heißt das schon, wenn die Mehrzahl der Indianer sich zu diesem Zeitpunkt noch ganz anderer Techniken bedient? Der Blick auf die kulturelle Elite ersetzt nicht die Gesamtschau, die sich aus einer Analyse aller möglichen gesellschaftlichen Situationen ergibt.

Dazu gehört eben nicht nur die Situation der Klosterschule, in der die Abkömmlinge des indianischen Adels in europäische Schriftkultur eingeübt werden. Ebenso wichtig ist beispielsweise die Verwaltungssituation, in der Buchstabenschrift und Bilderschrift gleichzeitig vertreten sein können. Oder auch die juristische Situation, in der neben den spanischen Schreibern und ihren Schriftstücken auch indianische Bilderschriftexperten und bilderschriftliche Dokumente zugelassen sind. Mit Hilfe entsprechender Situationsanalysen läßt sich also zeigen, daß die frühkoloniale Phase nur teilweise durch eine schnelle Übernahme des Alphabets geprägt ist. Mehr noch: daß es keineswegs um einen gleitenden Übergang geht, sondern um einen länger anhaltenden Konflikt, bei dem die kulturelle Herrschaft des Kolonisators zwar formal gegeben ist, de facto jedoch erst hergestellt werden muß.

Besonders augenfällig wird dies am Beispiel der kolonialen Beicht- und Betsituation. Deren Beschreibung ist uns bis ins Detail hinein überliefert, weil die Chronisten ja vor allem auch die Erfolge des spanischen Wirkens in der Neuen Welt darstellen sollten. Und ein zu Gott betender Indianer oder einer, der seine Sünden beichtet, ist natürlich eine bessere Referenz als die vielen toten Indianer, deretwegen die Eroberer im eigenen Land wie im Ausland immer wieder angegriffen wurden.[28]

Die Beicht- und Betsituation ist auch typisch für eine Zeit, die noch ganz und gar unter dem Vorzeichen der Missionierung und Bekehrung steht. Wesentlich an dieser Situation ist in unserem Zusammenhang, daß es sich um eine Merksituation par excellence handelt. Um beten oder beichten zu können, muß man entsprechende Gebetstexte oder Sündenregister im Kopf haben. Wenn man sie sich anders nicht merken kann, notiert man sie.

Genau dies tun auch die christianisierten Indianer. Den Massenbekehrungen und Massentaufen in der Neuen Welt folgen schließlich auch Massenbeichten. Die wenigen Priester, die dafür zur Verfügung stehen, geraten unter Zeitdruck und verlangen von ihren Schützlingen ein möglichst rasches Aufsagen der Sünden.

»Es waren so viele, die zum Beichten kamen, daß ich ihnen nicht allen die Beichte abnehmen konnte, so wie ich es gerne getan hätte« – schreibt ein Pater, und weiter: »So sagte ich also zu ihnen: ich kann nur denjenigen die Beichte abnehmen, die ihre Sünden schriftlich oder bildlich zu Papier bringen. Das können und verstehen sie nämlich, denn es handelt sich dabei ja um ihre Schrift. Und ich sagte es nicht umsonst. So viele kamen daraufhin und brachten ihre aufgezeichneten Sünden mit, daß es mir nicht viel nutzte. Aber dadurch, daß sie auf die Bilder deuteten und ich ihnen dabei half, ging das Beichten doch recht schnell und so konnte vielen die Beichte abgenommen werden. Sie hatten alles mit Hilfe von Figuren und Zeichen so gut notiert, daß das Aufgezeichnete schnell abgefragt werden konnte. Auf diese Art und Weise beichteten viele der indianischen Frauen, die mit Spaniern verheiratet sind...«[29]

Der Autor (ein Augenzeuge der frühkolonialen Zeit) berichtet hier nicht nur, daß manche Indianer ihre Sünden in Bilderschrift notieren. Er deutet auch den gesellschaftlichen Hintergrund dieser Indianer an: »Frauen, die mit Spaniern verheiratet sind«. Die bilderschriftliche Praxis ist zweifellos ein Privileg, wenn auch nicht das stärkste. In vorkolonialer Zeit war sie das Medium der Eliten gewesen. Unter kolonialen Voraussetzungen scheint es nun zu einer geschlechtsspezifischen Abstufung der Privilegien zu kommen: die männlichen Nachfolger des aztekischen Adels erlernen häufig die Buchstabenschrift, die weiblichen und durch Ehe der kolonialen Welt eng verbundenen Vertreterinnen behelfen sich mit der Bilderschrift. Sie werden, im Gegensatz zu früher, in den Ausbildungsprozeß kaum mehr einbezogen. Man hört nur von ganz wenigen Indianerinnen, die auch alphabetisch schreiben können.

Der nächste Chronist teilt mit, nach welchem Verfahren die religiösen Inhalte bilderschriftlich festgehalten werden:

»... um die Wortfolge ›Ich sündiger Mensch lege die Beichte ab‹ zu bedeuten, malen sie einen Indianer, der vor einem Priester kniet, eben so, wie man es beim Beichten tut. Für ›Allmächtiger Gott‹ malen sie drei Köpfe mit Kronen darauf ... Für die Heilige Jungfrau Maria malen sie ein Marienantlitz und einen Teil des Körpers mit dem Kind. Für Sankt Peter und Sankt Paul schließlich malen sie zwei Köpfe mit Kronen, dazu einige Schlüssel und ein Schwert. In dieser Weise wird die ganze Beichte in Bildern notiert. Wofür sie keine Bilder finden können, dafür setzen sie bildliche Konventionen, so beispielsweise für die Formel ›Worin ich gesündigt habe‹...«[30]

Hier geht es ganz eindeutig um die piktographisch-ideographische Variante des Testerianischen Schreibens. In manchen anderen Berichten wird auch auf die phonetisierende Variante hingewiesen. Darüber hinaus ist jedoch auch noch von ganz anderen Praktiken die Rede:

»Viele Leute (vor allem die ganz einfachen vom Lande) wußten sich nicht zu helfen – sei es, weil sie von schlichtem Geist oder gar schon alt waren. So suchten sie nach Methoden, die ihren jeweiligen Voraussetzungen besser entsprachen. Die einen zählten die gelernten oder gemerkten Wörter mit Hilfe von kleinen Steinen oder Maiskörnern auf. Für jedes Wort, für jede Textformel setzten sie ein Steinchen oder ein Maiskorn, eins nach dem anderen. So zum Beispiel für die Wortfolge ›Pater noster‹ eines, für die Formel ›Der du bist im Himmel‹ ein anderes, für ›Geheiligt werde dein Name‹ wieder ein anderes und so fort bis zum Ende des Gebets. Und später [wenn es ans Aufsagen des

Gebetes ging] deuteten sie mit dem Finger darauf. Zunächst auf den ersten Stein, indem sie ›Pater noster‹ sagten, dann auf den zweiten Stein, indem sie ›Der du bist im Himmel‹ sagten und so weiter...«[31]

Das alles erinnert an einfache Knotenschnüre oder auch an einen Rosenkranz. Es gibt also Indianer, die sich beim Beichten und Beten taktiler Mnemotechnika bedienen und es gibt solche, die ihre Sünden und Formeln bildlich oder bilderschriftlich (im Testerianischen Verfahren) festhalten. Der alte aztekische Klassenunterschied wird so in die Kolonialzeit verschleppt und lebt kulturell weiter.

Aber noch von einer weiteren Gruppe von Indianern schreiben die Chronisten. Von denen nämlich, die bereits mit der fremden alphabetischen Schrift umgehen können, sie aber mit Eigenem durchsetzen:

»Andere, die das Alphabet gelernt hatten, schrieben ihre Sünden auf besondere Weise nieder. So nahm ich beispielsweise in Texcoco einer Indianerin die Beichte ab. Sie hatte ihre Schuldbekenntnisse in unserer Buchstabenschrift, dazwischen aber auch mit so vielen anderen Zeichenelementen notiert, daß die übrigen Priester, denen ich das Papier zu lesen gab, es nicht verstanden. Und auch ich hätte es nicht verstanden, wenn ich nicht das, was die Frau dann als ihre Sünden aufzählte, aufmerksam mit den schriftlichen Notierungen verglichen hätte...«[32]

Was hier beschrieben wird, ist ein vermischter Code – eine Aufzeichnung, die in bestimmten Passagen buchstabenschriftlich, in anderen offenbar bilderschriftlich abgefaßt ist. Es versteht sich von selbst, daß die Chronisten nur das erwähnen, was ihnen bemerkenswert erscheint. Das erklärt, weshalb die »korrekte« alphabetische Niederschrift der Sünden, wie sie von beichtenden Klosterschülern oder gar von beichtenden Spaniern gehandhabt worden sein mag, nicht eigens aufgeführt wird. Sie gehört freilich in das Gesamtbild der Beicht- und Betsituation mit hinein.

Welche Rückschlüsse lassen sich nun aus all diesen Beschreibungen ziehen? Der Querschnitt durch eine ausgewählte Situation hat zunächst einmal gezeigt, daß die Indianer während der frühen Kolonialzeit noch keineswegs durchgängig den kulturellen Formen der Eroberer unterworfen waren. Beim Beichten und Beten leben noch altindianische Merktechniken fort – so die taktilen Mnemotechnika der ehemaligen »gemeinen« Indianer oder auch die bilderschriftliche Kompetenz der vorkolonialen Nobilität. Daneben finden sich aber auch schon alphabetisierte Indianer, die mit buchstabenschriftlich beschriebenen Merkzetteln kommen. Allerdings erscheint die Buchstabenschrift in dieser Situation noch als eine von mehreren Möglichkeiten. Sie dominiert die einheimischen Merktechniken noch nicht, sondern wird sogar bei manchen Gelegenheiten von diesen unterwandert (Mischcode). Umgekehrt scheint sich aber auch die alphabetische Logik allmählich in die indianischen Medien einzunisten (phonetisches Prinzip beim Testerianischen Schreiben).

Von einer Vorherrschaft der europäischen Schrift kann hierbei dennoch nicht die Rede sein. Im Gegenteil: nicht selten wird sie ja von indianischer Seite abgelehnt und abgewehrt. Daran sind vor allem diejenigen beteiligt, die das Lesen und Schreiben bereits erlernt hatten und zur Bekehrung noch nicht christianisierter Indianer in entferntere Regionen geschickt worden waren. Von ihnen heißt es, daß sie die Rückkehr zur bilderschriftlichen Methode betrieben hätten. Ergänzend erfahren wir auch von den Chronisten, daß manche Indianer, obwohl mit der alphabetischen Schrift bestens vertraut, zur Beichte immer noch (oder von neuem?) mit bilderschriftlichen Merkzetteln gekommen seien.[33] Offen bleibt, ob es hierbei um eine einsetzende Zweischriftigkeit (Digraphie) geht, bei der die Schreibenden sich, je nach Situation, des einen oder des anderen Schriftsystems bedienen. Oder ob das Festhalten an indianischen Schreibtraditionen – noch weitergehend – als bewußter Ausdruck kulturellen Widerstands zu verstehen ist.

Dokumente des Übergangs

Der durch die Konquista bedingte kulturelle Konflikt zwischen Europäern und Indianern zieht sich, wie wir gesehen haben, quer durch verschiedene Situationen des frühkolonialen Lebens hindurch. Er hinterläßt allerdings auch Spuren in den Manuskripten jener Zeit.

Wie sieht die »Summe« des Schrifttums in dieser Phase überhaupt aus? Sie ist, so läßt sich vorwegnehmen, alles andere als einheitlich. Altes, Neues, Indianisches und Europäisches fließt ja hierbei von verschiedenen Seiten zusammen. So münden die vielfältigen Formen des Schreibens auch in einen ebenso vielfältigen Bestand an entsprechenden Dokumenten ein.

Zu den erhaltenen Bilderhandschriften aus vorkolonialer Zeit kommen bilderschriftliche Produktionen alten Stils, die von Indianern für den Kolonialherrn hergestellt werden.[34] Diese lassen sich danach unterscheiden, ob sie sich in ihrer Bildaussage auf Dinge der indianischen oder der spanisch-kolonialen Welt beziehen. Daneben finden sich die religiösen Gebrauchsmanuskripte Testerianischer Herkunft. Im Gegensatz zu den übrigen stellen sie keine objektivierte Information dar, sondern zumeist Merkzettel für den persönlichen Bedarf. Es handelt sich also gewöhnlich um sehr kurzlebige Dokumente, die nach Benutzung nicht länger aufgehoben werden – erst recht nicht, wenn sie notierte Sünden enthalten. Schließlich haben wir noch das ganze alphabetische Schrifttum der Zeit: Briefe, Chroniken, Protokolle, Verwaltungsakten und andere buchstabenschriftliche Manuskripte – seien sie von Spaniern oder von Indianern verfaßt.

Der kulturelle Konflikt der frühen Kolonialgesellschaft drückt sich nun nicht einfach dadurch aus, daß so viele verschiedene Manuskriptarten nebeneinander bestehen. Vielmehr verlagert er sich auch in das Innere vieler Manuskripte hinein. Es entstehen buchstabenschriftliche Dokumente, die Elemente aztekischer Bilderschrift enthalten. Gleichzeitig finden sich Bilderhandschriften, in die alphabetische Anmerkungen hineingefügt sind. Betrachtet man Serien solcher Mischmanuskripte, läßt sich das kulturelle Hin und Her der Übergangsphase in seinen Etappen ablesen.

Zu beobachten ist beispielsweise die ständig wirksame, häufig aber auch wieder neutralisierte Europäisierung aztekischer Bildformen. Die alte Bilderschrift gerät dabei in den doppelten Bann europäischer Ausdrucksmittel. Die Azteken hatten Bild und Schrift noch als Einheit verstanden. Bildliche Darstellungen waren bei ihnen potentiell immer schon Schrift. Es gab nur eine einzige Tätigkeit – die des schreibenden Malens oder vielleicht auch des malenden Schreibens. Die Europäer hingegen kennen Malen und Schreiben nur als zwei deutlich voneinander geschiedene Vorgänge. In manchen Zusammenhängen schließen beide einander aus, in anderen ergänzen sie sich. Selten jedoch fließen sie in einer Tätigkeit zusammen. Bild und Schrift gehören also im allgemeinen verschiedenen Bereichen an und werden meistens auch von verschiedenen Spezialisten ausgeführt.

Das Konzept der Trennung von Malen und Schreiben setzt sich nach und nach auch in den indianischen Manuskripten fest, unterwandert das bilderschriftliche Material, verändert es und sprengt die altaztekische Einheit von Schrift und Bild schließlich auf. Am Ende dieses Prozesses finden sich statt der Bilderschrift nur noch europäisch verfremdete Bildfragmente in neuen Kontexten. Einmal sind sie als Versatzstücke in koloniale Gemälde eingefügt. Zum anderen werden sie mit buchstabenschriftlichen Texten assoziiert, um diese zu illustrieren. Dann verschwinden sie ganz.

Betrachten wir zunächst Ausschnitte aus einem Dokument, welches das Eindringen europäischer Bildelemente, aber auch ihre sofortige indianische Anverwandlung zeigt. Die Gründe für diesen Vorgang liegen auf der Hand: Im kolonialen Rahmen werden die Bilderhandschriften zwar noch von indianischen Künstlern der alten Schule, jedoch für neue Auftraggeber mit neuen Interessen angefertigt. Dieser Funktionswechsel zieht auch einen Wandel der Materialien, der Inhalte und der Formen nach sich. Die Bilderhandschriften werden nun meistens auf europäischem Papier aufgetragen. Sie haben nicht mehr die Form von großen Tüchern oder leporelloartigen Faltalben, sondern sind Bücher mit mehreren Seiten.

Für die Dinge der vorkolonialen Welt hatte es ein bekanntes Repertoire bildlicher Zeichen gegeben. Die koloniale Welt bringt nicht nur neue Gegenstände und Inhalte mit sich, sondern auch das Problem von deren bilderschriftlicher Verarbeitung. Das gleiche Problem hatte sich schon auf der Ebene der Sprache gestellt. Wie sollte man die Tiere, Waffen, Häuser und anderen Dinge der Spanier bezeichnen, wenn man keine Wörter dafür hatte?

Meist behalf man sich, indem man das passende Wort aus der spanischen Sprache entlehnte und mit ihm so umging, als wäre es ein Element der eigenen Sprache. So übernahmen die Azteken, die Pferde nie zuvor gesehen hatten, die entsprechende spanische Vokabel »caballo«. Vermischte Sätze wie etwa: »centetl nicpia caballo – Ich habe ein Pferd«, sind von da an keine Seltenheit mehr.[35]

Vergleichbares spielt sich im Bereich der Ikonographie ab. Nicht nur die Dinge der spanischen Welt, auch die entsprechenden Bild- und Symbolbestände erfahren im Zuge der kulturellen Kolonisierung große Verbreitung und werden schließlich teilweise in das bilderschriftliche Repertoire entlehnt. So wie in den Sätzen der aztekischen Sprache immer häufiger spanische Wörter auftauchen, tauchen inmitten der aztekischen Zeichen – anfangs ohne jeden stilistischen Bruch – europäische Bildelemente auf. Besonders deutlich wird dies bei der bilderschriftlichen Fixierung christlicher Konzepte, etwa bei Namen von Festtagen, von Heiligen oder von Aposteln.

Ein erstes Beispiel (Abb. 19) zeigt, wie für den Feiertag »Allerseelen« ein ideographischer Ausdruck gefunden wird, der aztekische und europäische Bildelemente vereint. Das geschnürte Leichenbündel – unten querliegend – ist ein altes aztekisches Zeichen für die Begriffe »Tod, Toter, tot«. Die darüber gemalte, verloschene Kerze entstammt jedoch der christlichen Symbolik und steht für den Gedanken an »verloschenes Leben«. Mit dem zweiten Beispiel (Abb. 20) haben wir einen komplexen ideographisch-phonetischen Ausdruck für das Fest des Heiligen Augustin vor uns. Dieser Ausdruck besteht (von unten nach oben) aus vier Einzelelementen: dem Element »Ziegelmauer«, dem Element »Krug«, dem Element »Gesicht« und dem Element »Bischofsmütze«. Nur das letztgenannte Element ist der christlichen Ikonographie entlehnt, wo es regelmäßiges Attribut dieses Heiligen ist (Abb. 21).

Die erstgenannten Elemente hingegen sind vorkolonialer Herkunft und werden hier phonetisch gebraucht. Es sind damit also nicht Dinge wie Mauer, Krug und Gesicht gemeint, sondern diesen Dingen entsprechende Wörter der aztekischen Sprache. Und die Wortklänge wiederum werden dazu benutzt, um den Namen des Heiligen Augustin festzuhalten. So bedeutet das unterste Element nicht das, was es darstellt, nämlich »Ziegelmauer«, sondern drückt den Lautwert für den ersten Teil des Namens aus. Wie kann nun »Heiliger«, zu spanisch »Santo«, durch ein Ziegelmäuerchen notiert werden? Gehen wir einmal weiter ins Detail. Das aztekische Wort für Ziegel spricht sich »samitl«, das für Mauer »tenamitl« aus. Nimmt man die beiden Anfangssilben und kombiniert sie, erhält man »sa-te«. Eine ungefähre phonetische Annäherung an das gewünschte Wort »Santo« ist damit erreicht.[36]

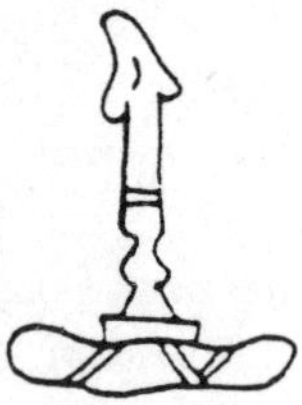

Abb. 19: Kolonialzeitliche Hieroglyphe »Allerseelen«

Abb. 20: Kolonialzeitliche Hieroglyphe »Santo Agustín«

Abb. 21: Europäische Abbildung des Heiligen Augustin

Beide bilderschriftlichen Ausdrücke (der für den Feiertag Allerseelen und der für das Fest des Heiligen Augustin) zeigen, wie europäische Elemente in die aztekische Bilderschrift gelangen. Sie zeigen freilich auch, daß durch die bildlichen Entlehnungen die alte bilderschriftliche Kompetenz nicht in Frage gestellt, sondern eher bestätigt wird. Das Fremde findet sich hier noch produktiv ins Eigene eingearbeitet. Es kommt ihm noch keinerlei dominierende oder gar verdrängende Kraft zu.

Ganz anders im nächsten Fall! Auch hierbei werden aztekisch-bilderschriftliche und europäische Elemente in einem gemeinsamen Kontext verarbeitet (Abb. 22). Das Verhältnis zwischen beiden ist aber bereits stark zugunsten der letzteren verschoben.

Abb. 22: Ausschnitt aus dem Codex Kingsborough

Dem ersten Eindruck nach könnte es sich dabei fast schon um Landschaftsmalerei europäischen Stils handeln. Bei genauerem Hinsehen entdeckt man freilich einige indianische Elemente, die dem nicht-indianischen Gesamteindruck des Bildes jedoch untergeordnet bleiben. Indianisch sind hier neben den Fußabdrücken auf den Wegen vor allem die Bergkegel. Man erkennt in ihnen unschwer das alte aztekische Standardzeichen für »Berg«, durch das so häufig Ortsnamen ausgedrückt werden (Abb. 23). In Dokumenten alten Stils ist dieses Zeichen einzeln gesetzt und fungiert als selbständiges Element zwischen den übrigen Elementen der Komposition.

Abb. 23: Aztekisches Standardzeichen für »Berg«

In dem uns vorliegenden Beispiel hingegen wird das ehemalige bilderschriftliche Zeichen zum unbedeutenden Versatzstück einer Gesamtkomposition »Landschaft«. Wir haben es einerseits also schon nicht mehr mit dem alten aztekischen Ortszeichen zu tun, andererseits ist daraus aber auch noch kein eigentlich europäisches Bildelement geworden. Das läßt sich an den Umrissen der einzelnen Bergkegel, sowie an der Art und Weise, wie sie zu Bergketten zusammengesetzt sind, klar erkennen. Der Prozeß der Um-bildung ist noch nicht abgeschlossen. Es zeigt sich aber schon, daß er auf die Anpassung der aztekischen Bilderschrift an europäische Bildkonventionen hinausläuft.[37]

Noch weitergehend europäisiert scheint schließlich das folgende Bild zu sein (Abb. 24). Das Spannungsverhältnis zwischen indianischen und europäischen Bildtraditionen ist hier ganz offensichtlich schon entschieden. Die besondere Art der Perspektivierung, der Proportionierung und der Schattierung, in der menschliche Körper und räumliche Dimensionen gestaltet sind, läßt kaum vermuten, daß hier ein Indianer den Pinsel geführt hat.[38]

Vergleicht man dieses Bild mit einer Darstellung aus vorkolonialer Zeit (Abb. 25), dann fällt auf, daß die Proportionen des menschlichen Körpers »realistischer« gemalt sind. Der Torso ist nicht mehr gleich lang und breit wie in der aztekischen Abbildung, sondern präsentiert sich eher gestreckt. Der Kopf ist kleiner, Arme und Beine sind länger geworden. Die quadratischen und eckigen Formen des vorkolonialen Stils sind nunmehr durch abgerundete Konturen ersetzt. All das sind typische Merkmale für Maltraditionen, die erst mit den Spaniern in diese Regionen gelangt sind. Typisch europäisch ist hierbei auch die Andeutung von Räumlichkeit. Von der flächigen Darstellungsweise, wie man sie in aztekischen Bildern findet, ist hier nichts mehr zu sehen.

Sowohl bei dem Kaninchen im oberen Teil des Bildes, als auch bei der Menschengruppe im unteren Teil, läßt sich eine vordere von einer hinteren Position der Läufe und der Beine unterscheiden. Perspektive ist in das Bild jedoch nicht nur durch Formelemente (Läufe, Beine, am Boden ausgebreitete Decke), sondern auch durch Hell- und Dunkelschattierungen hereinge-

Abb. 24: Szene aus dem Codex Florentinus

Abb. 25: Szene auf einem aztekischen Widmungsstein

bracht (Faltenwurf der Gewänder). Auch daß das Kaninchen nicht isoliert, im freien Raum, sondern in seine natürliche Umgebung (bewachsener Boden) gesetzt ist, und daß im Rahmen des Bildes nur eine einzelne Szene und nicht ganze Szenenfolgen, wie in aztekischen Darstellungen, auftauchen, zeigt ein hohes Maß an Anpassung an europäische Malkonventionen.

Gleichzeitig stößt man aber auch auf ein Element, das diese Anpassung möglicherweise wieder in Frage zu stellen scheint. Dieses erschließt sich allerdings nur, wenn der Sinn des Bildes geklärt ist. Aus dem buchstabenschriftlichen Begleittext wissen wir, daß es hierbei um eine aztekische Taufe unter dem alten Kalenderzeichen des Kaninchens geht. Zur Linken die Mutter mit ihrem Kind, zur Rechten ein aztekischer Priester, der dem Kind zeigt, unter welchem Kalenderzeichen es geboren ist. Auf dem »Bild im Bild« taucht wiederum das Kalenderzeichen des Kaninchens auf. Im Unterschied zu der oben im Bild gemalten, europäischen Version des Kaninchens handelt es sich hierbei noch um das vorkoloniale Standardzeichen, das nur einen stilisierten Kaninchenkopf zeigt. Wie ist dieser Widerspruch zu erklären? Ist es überhaupt einer?

Bei aller Vorsicht vor Überinterpretationen darf man wohl vermuten, daß hier, mitten im Kontext europäischer Malkonventionen, das Bewußtsein um die vorkolonialen Konventionen präsent ist. Ja, daß diese möglicherweise bei der nachfolgenden Generation wachgehalten werden sollen. Nicht auszuschließen ist, daß sich in diesem Detail wiederum eine gewollte Rückkehr zum Eigenen ausdrückt – ganz so, wie sie sich schon zuvor in einer Abkehr alphabetisierter Indianer vom Alphabet gezeigt hatte. Donald Robertson spricht sogar von einer »aztec revival-Bewegung«, die ausgerechnet von den am stärksten europäisierten Malschulen des kolonialen Mexiko ausgegangen sein soll.[39] Die Rückkehr zum Alten scheint also die erfolgte Anpassung ans Neue vorauszusetzen. Die einheimischen Traditionen müssen offenbar erst einmal außer Kraft gewesen sein, damit man sie wieder aufgreifen und gegen die europäischen wenden kann.

Fassen wir die Erkenntnisse aus den beschriebenen Beispielen einmal zusammen: Es zeigt sich, daß die aztekische Bilderschrift nicht unmittelbar durch europäische Bild- und Maltraditionen ersetzt wird. Die Dokumente belegen uns stattdessen einen allmählichen, vielfach abgestuften Übergang, ja auch eine Dialektik des Übergangs. Die indianische Tradition wird dabei europäisiert, aber als europäisierte neuerlich indianisch angeeignet. Dies geschieht zumindest so lange, wie die bilderschriftliche Kompetenz noch nicht durch das europäische Schisma von Bild und Schrift zersetzt ist. Ist dies einmal der Fall, erstirbt auch die ständige Reindianisierung der fremden oder verfremdeten Elemente. Ergebnis davon ist, daß die indianische Bildlichkeit gänzlich durch europäische Bildtraditionen absorbiert wird.

In anderen Dokumenten zeigt sich allerdings, daß die vorkoloniale Bildlichkeit nicht nur durch europäische Bildkontexte, sondern auch durch alphabetische Schriftkontexte aufgesogen wird. Die meisten Übergangsmanuskripte sind ja Dokumente der Digraphie: sie bergen, in wechselnden Proportionen, sowohl bilderschriftliche als auch buchstabenschriftliche Texte.

So sind manche dieser Manuskripte beispielsweise in Bilderschrift abgefaßt, enthalten jedoch auch Glossen oder Erklärungen in alphabetischer Schrift (Abb. 26). Diese stellen Verständnis- oder auch Lernhilfen für Europäer dar und können von indianischer oder europäischer Hand, in aztekischer oder spanischer Sprache geschrieben sein. Nur selten transportieren sie zusätzliche Informationen, meist wiederholen sie nur die bilderschriftliche Aussage mit anderen graphischen Mitteln.

Dies ist freilich nur der Anfang einer Entwicklung, in deren Verlauf die alphabetische Schrift, jenseits der Glossen, als maßgebliches Medium der Manuskriptproduktion durchgesetzt wird. Ohne auf die vielen Zwischenstufen dieser Entwicklung näher einzugehen, sei auf zwei Beispiele verwiesen, in denen der Umbruch von bilderschriftlicher zu buchstabenschriftlicher Manuskriptgestaltung schon fortgeschritten ist. In Abb. 27

scheint der Prozeß eher noch in der Schwebe. Bildteil und Buchstabentext sind darin in optischer Ausgewogenheit über die Seite verteilt, der Schrifttext überwiegt möglicherweise schon. Dafür schmiegt er sich aber den Umrissen der bildlichen Darstellung noch an.

Abb. 26: Alphabetische Glossen in bilderschriftlichem Manuskript (Ausschnitt aus dem Codex Mendoza)

In Abb. 28 ist der Umbruch deutlich vollzogen. Die Bild- und Schrifträume greifen nicht mehr ineinander, sondern präsentieren sich getrennt. Die bilderschriftlichen Elemente haben Reliktcharakter und sind zu optischen Anhängseln der alphabetischen Passagen geworden. Mit dieser neuen optischen Verteilung hat auch eine Neuverteilung der Funktionen stattgefunden. Der alphabetische Text dient nicht mehr der Glossierung. Er wird zusehends zum Träger einer autonomen bildunabhängigen Botschaft. Umgekehrt scheinen die bilderschriftlichen Fragmente ihre informative Autonomie immer mehr einzubüßen.

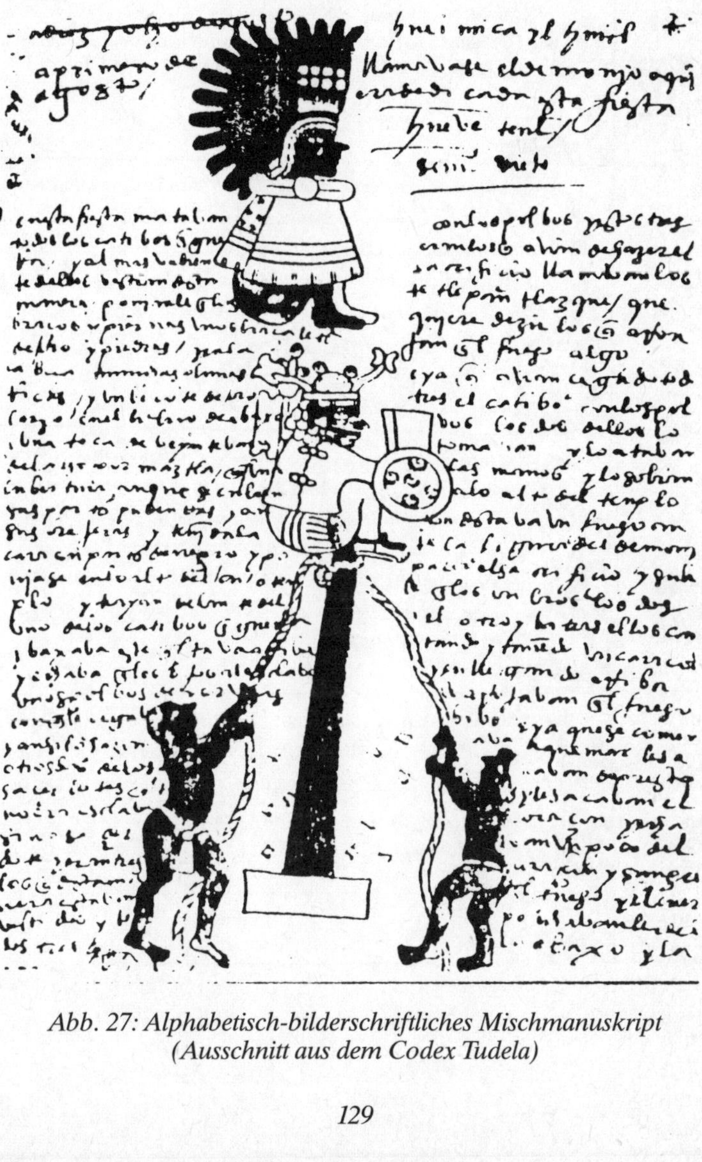

Abb. 27: Alphabetisch-bilderschriftliches Mischmanuskript (Ausschnitt aus dem Codex Tudela)

Abb. 28: Alphabetisches Manuskript mit Bilderschrift-Relikten (Ausschnitt aus dem Codex Cozcatzín)

Ein bemerkenswertes Beispiel für diesen Funktionswandel stellen auch die Dokumente dar, die ab 1558 unter Anleitung des Missionars Bernardino de Sahagún und in Zusammenarbeit mit erzählenden, malenden und schreibenden Indianern entstanden sind. Es geht dabei um bildliche und schriftliche Aufzeichnungen, die umfassende Informationen über die aztekische Welt vermitteln sollen. Im Ablauf von mehr als zwanzig Jahren sind aus diesem spanisch-indianischen Gemeinschaftsunternehmen verschiedene Manuskripte hervorgegangen.[40] Uns interessiert daran vor allem ein Vergleich zwischen der

Abb. 29: Bildertext mit alphabetischen Kommentaren (Ausschnitt aus den Primeros Memoriales)

ersten, provisorischen Version und der letzten, endgültigen Fassung.

In dem früheren Dokument, den sogenannten »Primeros Memoriales« (Abb. 29), sind die Seiten zumeist in zwei Spalten aufgeteilt. In der einen Spalte laufen die bildlichen Szenen ab. Sie sind in vertikaler Abfolge aneinandergereiht und voneinander durch dunkle Umrahmungen getrennt. In der anderen Spalte stehen buchstabenschriftliche Texte in aztekischer Sprache. Dem äußeren Anschein nach findet sich hier eine Ähnlichkeit mit spätmittelalterlichen Chroniken, etwa der »Schedel'schen Weltchronik« aus Nürnberg. Auch deren Seiten sind zweispaltig mit Bilderabfolgen zur Rechten und Buchstabentexten zur Linken – und umgekehrt. Aber diese Ähnlichkeit täuscht. Die Bilderfolgen der Nürnberger Chronik haben rein dekorative Funktion. Sie wiederholen sich auch teilweise und haben mit dem Text inhaltlich kaum etwas zu tun.[41]

In dem provisorischen Sahagún-Manuskript haben die Bilderfolgen keineswegs nur dekorative Funktion. Im Gegenteil: Ein Vergleich der einander zugeordneten Bilder- und Buchstabentexte ergibt, daß auf vielen Seiten der Schrifttext sich an den Bilderfolgen entlangarbeitet, ihre Botschaft also nur wiederholt und kommentiert. Auch wenn die Bilder längst nicht mehr nur vorkolonialen Gestaltungsprinzipien verpflichtet sind, so haben sie hier dennoch ihre alte Funktion als Informationsträger behalten.

In der endgültigen Fassung des Sahagún-Manuskripts, dem sogenannten Codex Florentinus (vgl. Abb. 30), haben sich diese Verhältnisse eindeutig verschoben. Die Bildpartien sind zusammengeschrumpft und in die Zwischenräume des alphabetischen Textes gepreßt. Derart an den Rand des schriftlichen Geschehens verdrängt, entbehren die Bilder nun auch der zentralen Informationsfunktion. Hier kündigt sich der Übergang von aztekischen Bild- und Bilderschrift-Relikten zu europäischen Konventionen der Textillustration und damit das Ende des vorkolonialen Mediums insgesamt an.

Y esta astrologia, o nigromancia fue tomada, y ouo origen de vna muger: que sellamaua Oxomoco, y de vn hombre que sellama cipactonal. Y los maestros, desta astrologia, o nigromancia: que contauan estos signos, que sellamauan tonalpouhque: pintauan a esta muger oxomoco, y a este hõbre cipactonal: y los ponjã en medio de los libros: donde estauan escritos, todos los caracteres de cada dia; porque dezian: que eran señores desta astrologia, o nigromancia, como principales astrologos: porque la inuentaron, y hizieron esta cuenta, de todos los caracteres.

¶ Capitulo segundo, del segundo signo: llamado ce

toan, iuhquin contocaiotia: yeloncan micaltia, in tlaixcuilolo, yn iquac in ioca contocaiotia. Auh in tlacatl otlacat, ynic caltitia inmalac, ichcauh, itzcoaltax, toan ipopouh, ichpanoas ipan contemaia ynjncaltitlacax, inj ncaltitlacats: yc qujnexitiaia, in tlampa iauj, cioatzintli, çan caltechian: ic çanmotlatitlan. Tlacujlolli inic contocaia ynjxic Auh in tonalpoalli, iuh mjtoaia: ic tecan intlameyxtil, ichoan quiteamacaque, in vmentin tencoalo intoca Oxomoco, ioan cipactonal: in Oxomoco, cioatl mocqujcujlo aia: auh in Cipactonal oqujchtli: in tonalpouhque catca, ynjn tonalamauh qujiollotiaia; ynj mjxiptla yncpantla qujntlalia ia, inic quj mocujlaaia: ca iuh mjtoaia, vncan tlatoque muchi oca ynjpan ixqujch tonalpoalli

I. Inic vme capitulo: itech pa tlatoa, inic vmetl mo-

Abb. 30: Alphabetischer Text mit Illustration
(Ausschnitt aus dem Codex Florentinus)

Die aztekische Bilderschrift ist nur ein Beispiel unter vielen anderen, an denen sich der koloniale Eingriff in die altindianischen Oralkulturen zeigen ließe. Es wird hierbei allerdings besonders deutlich, wie stark der oralkulturelle Lebensnerv getroffen ist. Die Enteignung und anschließende Verdrängung der bilderschriftlichen Fixierungstechnik bedeuten einen Bruch mit althergebrachten Formen des Überlieferns. Das kollektive, institutionalisierte und zentralisierte Gedächtnis ist seiner wichtigsten Stütze beraubt. Wie der Staat, in dem es einst seinen Sinn erfüllte, wird es untergehen. Was geschieht aber nun mit den Inhalten und dem Wissen, das in bilderschriftlichen wie unmittelbar mündlichen Formen über Generationen hinweg erinnert worden war? Wird der Schatz des Gewußten nunmehr dem Vergessen anheimfallen oder wird er überdauern können?

Beides trifft in gewisser Weise zu – so die paradoxe Antwort. Der Bestand an Traditionen geht in seiner vorkolonialen Form zwar größtenteils verloren, er ist aber in kolonialer und schließlich auch nachkolonialer Version zum Teil bis heute erhalten. In solchen Fällen kann er sowohl mündlich als auch schriftlich durch die Jahrhunderte hindurch transportiert worden sein. Mündlich vor allem von den Nachfolgern der altindianischen Gesellschaften – den Indianern des gegenwärtigen Lateinamerika. Ihre Erzähltraditionen enthalten manche Spuren aus vorkolonialer Zeit. Freilich müssen diese erst aus den kolonialen und nachkolonialen Erzählelementen, mit denen sie eine neue Synthese eingegangen sind, herausdestilliert werden.

Die alphabetische Niederschrift der Traditionen stammt aus europäischer, manchmal auch aus indianischer Feder. Zahlreiche Dokumente dieser Art sind aus dem 16. und 17. Jahrhundert überliefert. Doch was besagt das eigentlich? Werden die mündlichen Traditionen dadurch tatsächlich »gerettet«?

Sehen wir uns erst einmal die Bedingungen an, unter denen hierbei die Überführung von Mündlichkeit in Schriftlichkeit erfolgt. Es ist klar, daß die koloniale Situation andere Voraussetzungen dafür setzt, als sie etwa von der literalen Entwicklung im alten Griechenland her bekannt sind. Dort wird die

Schrift von den Phöniziern übernommen – und zwar freiwillig, ohne fremdkulturellen Druck. Erst nur auf den Anwendungsbereich von Handel und Organisationswesen beschränkt, drängt der Schriftgebrauch dann langsam in weitere Bereiche der traditionell mündlichen Kultur vor. Dabei schreibt man die kollektiven Erinnerungen, die Lieder, Gedichte und Erzählungen zunächst allerdings nur auf, um sie besser vortragen zu können. Die Schriftlichkeit steht also noch ganz im Dienste der Mündlichkeit und wird erst im Verlauf mehrerer Jahrhunderte zu einem autonomen Medium. Dieser Prozeß läuft etappenweise und ganz allmählich ab.[42] Gewiß, wir haben es auch hierbei – wie bei jedem Übergang von Mündlichkeit zur Schriftlichkeit mit einem medienbedingten Traditionsbruch zu tun. Im Akt des Aufschreibens ist die Veränderung des Aufgeschriebenen und die Verfremdung seiner oralen Strukturen in gewisser Weise schon immer enthalten: der Sänger, der sein Lied einmal zu Papier gebracht hat, singt es anders, als wenn er es nur aus der Erinnerung holte . . .[43] Doch handelt es sich um einen von den Griechen selbst initiierten Prozeß, um ein gemächliches Nacheinander einzelner Entwicklungsschritte und damit um einen *gewachsenen* Übergang von Oralität zu Literalität.

Ganz anders verläuft nun die Verbreitung der alphabetischen Schrift in der Neuen Welt. Mit dem Akt der Konquista werden die Grundlagen geschaffen. Fünfzig Jahre später treffen wir bereits auf alle Phänomene einer ausgereiften Schriftlichkeit. Es liegen nicht etwa nur transkribierte mündliche Texte vor, sondern auch schriftspezifische literarische Genres wie »Chroniken« und »Geschichten«; Formen also, die aus einer durch Humanismus und Renaissance angereicherten europäischen Schriftkultur in die Kolonialregion transplantiert wurden. Wir stoßen schließlich auch auf die bekannten Folgephänomene der Literalität: auf Kritik und Skepsis gegenüber (altindianischen) Mythen und Erzählungen sowie auf einen davon abgesetzten geschichtlichen Wahrheits- und Objektivitätsanspruch.[44]

Was bei den Griechen mehrere Jahrhunderte gedauert hatte, erscheint also hier – wie im Zeitraffer – auf die kurze Spanne von fünfzig Jahren zusammengedrängt. Das Nacheinander der einzelnen Entwicklungsschritte wird zum Nebeneinander. Von einem gewachsenen Übergang kann daher nicht die Rede sein.

Im Falle der Neuen Welt haben wir es deutlich mit einem *forcierten* Übergang zu tun.

Was wird im Zuge dieser Voraussetzungen nun aus den alten oralkulturellen Traditionen? Die Indianer, die diese Traditionen geschaffen haben, sind von der Eroberung und damit auch von der alphabetischen Schriftkultur überrascht worden. Die Verschriftung der Sprachen und die alphabetische Fixierung der mündlichen Texte entsprechen nicht dem Stand ihrer kulturellen Erfordernisse. Der Verschriftungsprozeß ist von ihnen weder initiiert, noch wird er maßgeblich von ihnen getragen. Statt ihrer wirken zumeist Vertreter der fremden Erobererkultur daran mit. Diese haben aber zur indianischen Oralkultur ein ganz anderes, oft von herrschaftlichem und zivilisatorischem Selbstbewußtsein geprägtes Verhältnis. Wenn sie alte indianische Oraltraditionen aufschreiben, dann legen sie das eigene, koloniale Interesse und europäische Maßstäbe daran an. Damit ist jedoch so gut wie ausgeschlossen, daß die mündlichen Erzählungen im Medium der Schrift »gerettet« oder bewahrt, geschweige denn, daß sie entfaltet und weiterentwickelt würden. Mit Märchensammlern, wie etwa den Brüdern Grimm, haben die Konquistadoren nichts gemein – auch wenn sie sich ebenfalls für Erzähltraditionen interessieren. Nicht Hinneigung zu den Wahrheiten des Volksmundes treibt sie dazu, sondern ein sehr praktischer Informationsdrang. Unter ihrer schreibenden Hand geraten die indianischen Erzählungen zum kulturellen Rohstoff, aus dem sich Enzyklopädien des Herrschafts- und Bekehrungswissens formen lassen. Der Traditionsbruch und die Verfremdung, die mit dem Prozeß des Aufschreibens einhergehen, sind in der Neuen Welt nicht nur medienbedingt. Sie sind noch verschärft durch den ethnischen, kulturellen und kolonialen Gegensatz zwischen Siegern und Besiegten.

Dennoch: nicht alle Eroberer schreiben die alten Traditionen in gleicher Weise auf. Die Texte variieren, je nachdem, ob sie von Vertretern der weltlichen oder der geistlichen Macht, von Indianerfreunden oder Indianerfeinden niedergeschrieben werden. Auch bei den indianischen Aufzeichnern zeigen sich Unterschiede. Meist spielt es dabei eine Rolle, ob der Schreibende dem kolonialen Herrschaftsbereich näher, oder ob er ihm ferner steht.

So läßt sich also der Prozeß des Aufschreibens präkolumbischer Oraltraditionen nicht auf eine einfache Formel bringen derart, daß die europäischen Schreiber die indianischen Erzählungen verstümmelt, die indianischen Schreiber sie jedoch bewahrt hätten. Auch hierbei sind die Verhältnisse komplexer. Denn während manch ein Indianer »spanischer als die Spanier« schreibt, gibt es auch einzelne Spanier, welche die Erzähltraditionen getreuer überliefern, als viele alphabetisierte Indianer es tun.

Schrift im Dienste von Tradition

»Hier werden wir aufschreiben, werden wir die alte Kunde beginnen vom Anfang und Ursprung all dessen ... was bei den Stämmen des Quichévolkes vor sich ging ... Wir werden das schon ganz in der Zeit der Verkündigung Gottes, schon in der Zeit des Christentums niederschreiben ... Wir werden's hervorholen, denn nicht mehr ist die Leuchte zur Hand, das Popol Vuh ...«[45]

Die Maya-Quichéindianer, die von den spanischen Missionaren das Schreiben gelernt und diesen Text verfaßt haben, wollen für immer festhalten, was bedroht ist: ihre Schöpfungsmythen, ihre Glaubensinhalte und die Erinnerung an Wanderungen, Siege und Niederlagen ihres Volkes. Diese hatten sie vor der Konquista offenbar in mündlicher Form, gestützt durch einen sakralen bilderschriftlichen Text (»Popol Vuh«), übermittelt. Schon vor Beginn der Konquista muß das Popol Vuh oder »Buch des Rates«, wie sie es nannten, verloren gegangen sein. Mit Beginn der Kolonialzeit scheint nun auch der mündliche Restbestand der Traditionen gefährdet. Wie die oben zitierten Sätze deutlich machen, sollen sie aber durch alphabetische Aufzeichnungen gerettet werden. Indianer schreiben für Indianer in lateinischen Buchstaben. Nicht als Information für den Kolonialherrn ist dieses Manuskript konzipiert, sondern als schriftgewordene Erinnerung für nachfolgende indianische Generationen. Dafür spricht auch, daß der Maya-Text über zweihundert Jahre lang vor den neugierigen Augen der Europäer versteckt gehalten wird.[46]

In anderen Regionen – etwa bei den Azteken – schreiben alphabetisierte Indianer ihre Traditionen für das neue koloniale Lesepublikum oder direkt für die spanische Obrigkeit auf. Es bleibt in diesem Falle selten bei der Transkription mündlicher Vorgaben. Vielmehr werden diese nach und nach im Sinne der literarischen Rezeptionsgewohnheiten des europäischen Lesers umgearbeitet. Statt transkribierter Oraltraditionen entstehen am Ende Geschichtstraktate, in welche die alten mündlichen Erzählungen nur noch indirekt, als Quellenmaterial, eingehen.[47]

Neben Indianern, die sich von ihren oralkulturellen Traditionen schriftlich entfernen, gibt es allerdings auch Europäer, die eben diese Traditionen dem Leser wirklich nahebringen wollen. Einer unter ihnen ist der Franziskanerpater Bernardino de Sahagún, von dem schon die Rede war (S. 131f.). Betrachten wir einmal seinen Hintergrund, seine Motive, seine Methoden und die Ergebnisse seiner Arbeit.

Sahagún kommt 1529, nur wenige Jahre nach der Eroberung des Aztekenreiches, ins Land. Er bereist es, predigt, bekehrt und lehrt allerorten. Seine Erfahrungen bringen ihn dazu, die gängige Bekehrungspraxis in Frage zu stellen. Eine gute Christianisierung hätte die kulturellen Voraussetzungen der Indianer zu berücksichtigen: »Man muß die Sitten der zu Bekehrenden kennen wie man den Kranken kennen muß, wenn man eine Krankheit heilen will.« Aus diesem Antrieb entsteht sein Werk, die »Allgemeine Geschichte von den Dingen Neuspaniens«.

Um an die »Sitten der zu Bekehrenden«, an ihre Geschichte und ihre Glaubensvorstellungen heranzugelangen, bleibt ihm nur ein Weg: Er muß ihre mündlichen und bildlichen Traditionen erschließen.[48] Insofern unterscheidet sich Sahagún anfänglich also keineswegs von den übrigen kolonialen Informationssammlern. Sein Werk ist als Kompendium für Bekehrungswissen geplant – das Aufschreiben indianischer Erzähltraditionen bleibt diesem Zweck zunächst untergeordnet. Im Verlauf des mehr als dreißig Jahre umfassenden Arbeitsprozesses wird sich diese Akzentsetzung jedoch verschieben. Das Vorhaben der Konversion wird durch kulturelle Faszination, das pragmatische Interesse durch Erkenntnisinteresse abgelöst werden. Die aztekische Kultur wird immer mehr um ihrer selbst willen im

Mittelpunkt stehen. Das Endergebnis, die »Allgemeine Geschichte . . .«, hat mit dem ursprünglichen Impuls nicht mehr viel zu tun. Sie ist über ihn hinausgewachsen. Und darin unterscheidet sie sich nicht nur von den Aufzeichnungen aus dem weltlichen Lager, sondern auch von denen der meisten anderen Missionare.

Sahagúns Entwicklung drückt sich in zunehmender Verfeinerung der Methoden aus. Er läßt sich nicht einfach Geschichten erzählen, um sie aufzuschreiben. Vielmehr entwirft er eine ganze Reihe von Zwischenschritten. Als erstes erfolgt die Auswahl der indianischen Informanten. Im Unterschied zu vielen anderen Europäern geht Sahagún dabei nicht nach eigenem Gutdünken vor, sondern versammelt die indianischen Notabeln des jeweiligen Ortes, unterbreitet ihnen sein Vorhaben und bittet sie, ihm geeignete Leute zur Verfügung zu stellen.[49] Wo andere ihren Informanten die kollektive Erinnerung abzwingen, erarbeitet er sie im Einvernehmen mit ihnen. Mehr noch: da unter seinen Mitarbeitern auch alphabetisierte Indianer sind, läßt er sie die Traditionen gleich auch in ihrer eigenen Sprache aufschreiben. Hinzu kommen Bilder, die die Erzählung begleiten oder umgekehrt von ihr begleitet werden. Bildertexte, Schrifttexte und schließlich noch ein spanischer Übersetzungstext werden zu einer multimedialen Einheit verflochten. Ohne Zweifel: Sahagún will die Glaubwürdigkeit und Unverfälschtheit der Aufzeichnungen garantieren. Er verarbeitet die Oraltraditionen nicht zu historischem Quellenmaterial, sondern läßt sie möglichst so zur Geltung kommen, wie sie mündlich überliefert sind.

Durch dieses Verfahren werden die Inhalte aztekischer Reden, insbesondere die *huehuetlatolli* (»Reden der Alten«), ferner Schöpfungsmythen, Glaubensinhalte, ja sogar aztekische Versionen der Konquista erhalten. Für Sahagún, der die Verschriftlichung verantwortet, ist das, was dabei zutage gefördert wird, nicht ganz ungefährlich. Seine kirchlichen Vorgesetzten machen ihm Schwierigkeiten. Er verbreite die heidnischen Traditionen, statt daß er sie ein für allemal austreibe. Und tatsächlich: viele Erzählungen, die in der »Allgemeinen Geschichte . . .« niedergeschrieben sind, haben nur wenig mit Bekehrung, dafür aber um so mehr mit aztekischer Welt zu tun.

Mehr als jeder andere Europäer vermittelt Sahagún dadurch die einheimische Weltsicht und auch den einheimischen Erzählstil. Seine Informanten berichten von ihren Glaubensdingen, aber auch von ihren Gestirnen, ihren Bergen, ihren Tieren und ihren Pflanzen. So beispielsweise von der Kiefer:

»Die Kiefer ist zart, frisch und grün, sehr frisch, sie hat kleine Stücke trockenen Harzes. Sie hat Zapfen – Kiefernzapfen; sie hat eine Rinde, eine dicke Haut, sie hat Kiefernharz, ein Harz. Das Holz ist leicht zu brechen, es springt, es zerbricht. Die Kiefer breitet sich aus. Sie ist etwas, das Licht bringt, das andere Dinge sichtbar macht, eine harzige Fackel. Sie ist schwammig, porös, weich. Sie bringt ein Harz hervor; Tropfen bringt sie hervor, sprühende Tropfen. Sie brennt, sie erleuchtet andere Dinge, sie macht ein Harz; ein Harz quillt heraus. Sie verwandelt sich in ein Harz. Harz ist immer erwünscht.«[50]

In diesen Erzählungen erfahren wir die Neue Welt anders als durch die Berichte der Eroberer. Wenn Kolumbus Kiefern in seinem Bordbuch erwähnt, dann nicht, um sie als gleichermaßen belebtes wie für Leben hilfreiches Moment eines Gesamtzusammenhangs von Natur und Mensch zu schildern. Vielmehr sieht er die Kiefern als potentielle Bestandteile bearbeiteter und in Produkte verwandelter Natur. Er lobt ihren geraden Wuchs, ihre Größe und weist darauf hin, daß man aus diesen Bäumen eine unbegrenzte Menge von Bootswänden und Mastbäumen für Schiffe zimmern könne. Die Kiefern und die Natur insgesamt tauchen in seinen Beschreibungen nurmehr objekthaft als Materie auf, die einzig für den verwertenden Zugriff von Subjekten bestimmt ist.[51]

Zurück zu Sahagún. Inwieweit ist sein Werk authentisch? Ist er nur derjenige, der den Anstoß zum Aufschreiben gibt? Läßt er die schriftliche Selbstdarstellung der Indianer zu, ohne sich dazwischenzuschalten?

Keineswegs: allein dadurch, daß er seine Informanten nicht draufloserzählen läßt, sondern die Erzählungen durch einen systematischen Fragekatalog vorstrukturiert, ist ein Eingriff gegeben. Kein zerstörender Eingriff freilich, denn die indianischen Antworten weichen offenbar häufig von den Fragen ab, überschreiten sie spontan und gehen in freies Erzählen über. Hinter der europäischen Form des Interviews setzen sich die oralkulturellen Strukturen immer wieder durch – und Sahagún gibt ihnen Raum.

Andere Eingriffe sind deutlicher. Er redigiert ja das Aufgezeichnete, ordnet es, paßt es dem enzyklopädischen und damit typisch schriftkulturellen Gesamtplan des Werkes ein. Außerdem fügt er Prologe, Geleitworte, kritische Exkurse und Überschriften hinzu. Doch ist er bei alledem zurückhaltend und beschränkt sich auf das Nötigste. Auch verwischt er seine Eingriffe nicht. Für den Leser bleibt erkennbar, welche Teile der »Allgemeinen Geschichte...« er indianischen Erzählungen verdankt und welche von Sahagún stammen. So ist hierbei, im Vergleich mit anderen Aufzeichnungen, trotz allem ein hohes Maß an Treue zum Erzählten gewährleistet.

Wir wissen allerdings nicht genau, ob die Indianer im Rahmen der Interviewsituation und im Hinblick auf den spanischen Zuhörer und Leser wirklich so erzählt haben, wie sie das sonst auch taten. Von daher kann die Texttreue Sahagúns nicht als absolutes Kriterium für Authentizität begriffen werden: »Auch wenn wir über den Nahuatl-Text verfügen, können wir nicht mehr auseinanderhalten, was tatsächlich Ausdruck des mexikanischen Standpunktes ist und was lediglich gesagt wurde, um den Spaniern zu gefallen oder aber auch, um sie zu verdrießen.«[52]

Trotz aller möglichen Einschränkungen bleibt die Einmaligkeit dieses spanisch-indianischen Gemeinschaftswerks jedoch unangefochten, finden sich doch darin (wie kaum in einem anderen Manuskript) die altindianischen Traditionen im Medium alphabetischer Schrift bewahrt.

Mit Schrift gegen Tradition

Sahagún ist eine Ausnahme. In der Regel entwickeln die Eroberer ein anderes Verhältnis zu den indianischen Oraltraditionen. Vor allem dann, wenn sie aus dem weltlichen Lager der Konquista stammen.

Ihre Vorhut war mit Lanze und Schwert, die Nachhut mit Feder und Papier gekommen. Nicht, um sich die Mußezeit mit persönlichen Aufzeichnungen oder mit Briefen an Verwandte in Spanien zu vertreiben, sondern um auf anderer Ebene weiterzuerobern. Spätestens dann, wenn ein erobertes Gebiet längerfristig besetzt und verwaltet werden sollte, stellte sich die Frage nach seiner natürlichen Beschaffenheit, nach der Bevölkerung und nach den Verhältnissen, in denen sie bis zu jenem Zeitpunkt lebte. Kolonisierung setzt also genaue Kenntnisse und präzise Beschreibungen voraus. Die Kolonisierung der Neuen Welt ist daher von einer bemerkenswerten Systematisierung der Informationspraxis begleitet.[53] Die Konquistadoren sind nicht nur dazu angehalten, Gold und Silber, sondern auch alles Wissenswerte aufzutun. Eine Zentralstelle für Amerikainformationen wird geschaffen, Fragebögen werden verschickt und Chroniken in Auftrag gegeben. Die Missionare bleiben nicht die einzigen, die sich um Einblick in die indianische Kultur bemühen. Auch die schreibenden Konquistadoren wenden sich ihr zu. Vor allem in Peru, wo die Unterwerfung der Indianer keine einfache Sache ist. Dort werden ab 1570 von offizieller Seite her Kenntnisse über die vorkolonialen Lebens-, Glaubens- und Herrschaftsformen der Inkas angefordert. Wiederum stellt sich die Frage des Zugangs zu solchen Kenntnissen. Und auch hierbei bleibt den Europäern nichts anderes übrig, als sich mit den mündlichen Traditionen der Indianer zu befassen und aufzuschreiben, was ihnen erzählt wird. Verfolgen wir den genauen Ablauf dieses Vorgangs wiederum an einem ausgewählten Beispielsfall, dem des Pedro de Gamboa.

Gamboa ist einer von jenen spanischen Autoren, die als Konquistadoren in Peru wirken und dort, nach ihrer Bewährung bei der militärischen Eroberung, mit der »beschreibenden Eroberung« der Region beauftragt werden. Seine Aufgabe entspringt taktisch-politischen Notwendigkeiten, da die endgültige Unterwerfung der Indianer in Peru zum Problem geworden war. Dies hatte seinen Grund nicht nur in der Zerstrittenheit der Konquistadoren oder in dem langanhaltenden Widerstand der Indianer. Vielmehr war es die innerspanische Kritik an den zerstörerischen Auswirkungen der Konquista, die ins Gewicht fiel. Stimmen wie die eines Bartolomé de las Casas oder eines Francisco de Vitoria hatten die frühe Kolonialpraxis moralisch wie juristisch diskreditiert. Dadurch war zwar nicht das koloniale

Unternehmen insgesamt unmöglich geworden, wohl aber seine bisherige Form. Die Indianer sollten nicht mehr bis zur Vernichtung bekämpft und ausgebeutet, sondern befriedet, integriert und als arbeitstüchtige Untergebene der spanischen Krone erhalten werden. Das Konzept eines salonfähigen Kolonialismus verlangte, daß die spanische Herrschaft über Indianer nicht einfach errichtet, sondern auch begründet würde. Also suchte man nach Legitimationsstoff. Die altindianischen Überlieferungen wurden vor allem dann dafür in Betracht gezogen, wenn sich aus ihnen das Bild grausamer vorkolonialer Verhältnisse konstruieren ließ. Der koloniale Eingriff sollte vor diesem Hintergrund wie eine Errettung vor noch Schlimmerem wirken. Die Rechtfertigungsnot der Eroberer mündet so in eine Serie von Auftragschroniken, von denen die »Geschichte des Inkareichs« (1572) von Pedro de Gamboa ein besonders typisches Exemplar ist. Was soll und will Gamboa mit dieser Chronik bezwecken? In welcher Form gehen die indianischen Oraltraditionen in sein Werk ein?

Anders als Sahagún bleibt Gamboa seinem ursprünglichen Vorhaben bis zum Ende der Arbeit eng verhaftet. Er will ja mit der Chronik nachweisen, »daß die Inkaherrschaft tatsächlich eine schlimme und unmenschliche Tyrannei war«. Dadurch soll der Rechtsanspruch der spanischen Krone auf das eroberte Gebiet begründet werden. Schließlich hätten die Spanier dort auch »abscheuliche Sünden, bestialische Gewohnheiten und ruchlose, verdammte Sitten wie etwa das Opfern von unschuldigen Menschen, ferner das Essen von Menschenfleisch« und andere schlimme Taten unterbunden.[54]

Im Gegensatz zu Sahagún wird Gamboa sich seine Informanten unter den Indianern selbst aussuchen. Er wird sie nicht allgemein nach den Dingen der inkaischen Welt, sondern ganz gezielt nur nach dem fragen, was für seine Informationsmission von Belang ist: nach den Sitten und Gebräuchen, nach den Verstecken der Schätze, nach Opferritualen und Götterkulten und nach der Zwangsarbeit im Inkareich. Was ihm an den Antworten und Erzählungen für die koloniale Legitimation wichtig erscheint, wird herausdestilliert, der abgetrennte mündliche »Rest« bleibt unregistriert. So gelangen die oralkulturellen Inhalte nur bruchstückweise in seine Aufzeichnungen hinein.

Gamboa beschreibt sein Vorgehen selbst sehr treffend – er habe sich den Stoff für seine »Geschichte des Inkareichs« aus den Erzählungen erfahrener Indianer »herausgeholt«. Es ist die gleiche Vokabel, welche die Konquistadoren verwenden, wenn sie Gold, Silber und andere Schätze aus dem amerikanischen Boden extrahieren.[55]

Hier wird wieder der Unterschied zu Sahagún deutlich. Unter seiner Anleitung waren die mündlichen Darstellungen eher ausgebreitet als reduziert worden. Auch war die indianische Rede häufig als direkte erhalten geblieben. Gamboa hat zwar gute Vorsätze: »Wir haben hier das aufzuschreiben, was sie sagen und nicht das, was wir selbst darüber meinen.«[56] Diese programmatische Trennung von Dokumentation und Interpretation bezieht sich freilich nur auf die erzählten Inhalte, nicht jedoch auf die Erzählformen. Die Wiedergabe formaler Eigenheiten des Erzählten liegt jenseits seiner Interessen und seines Auftrags. Die ehemals direkte Rede der Informanten geht in seinem Stil der indirekten Rede auf, wird durch Formeln verwischt wie: »Die Einheimischen behaupten...«, »Sie haben Berichte darüber, daß...«, »Es wird erzählt, daß...«, »Viele sagen, daß...« Manches Mal werden bei ihm auch gleich die Inhalte des Erzählten als eigenes Wissen übernommen, ohne daß noch auf die Herkunft dieses Wissens hingewiesen würde.[57] Dadurch bewirkt er, was Sahagún tunlichst vermieden hatte: Die Mündlichkeit geht im Geschriebenen unter – die indianische Rede verschwindet im europäischen Text. Gamboas Verhältnis zu den Oraltraditionen – so könnte man zusammenfassen – beschränkt sich auf deren Gebrauch als historische Quellen.

Aber gerade das stürzt ihn wiederum in Konflikte. Er muß dem Leser ja die Zuverlässigkeit der Überlieferung und die Wahrhaftigkeit des Überlieferten bezeugen, um vor den historiographischen Ansprüchen seiner Zeit bestehen zu können. Größte Schwierigkeiten bereitet ihm dabei der mündliche und mythische Charakter seines Quellenmaterials. Beides steht in Widerspruch zum schriftbegründeten, rationalisierten und objektivierten Geschichtsbegriff seiner europäischen Leser. Unter dem Druck dieser Notwendigkeiten kommt es bei Gamboa zu äußerst reflektierten Einstellungen hinsichtlich der Überlieferungsmedien und -inhalte. So rehabilitiert er etwa die häufig belächelten indianischen Merktechnologien und führt sie seinen Landsleuten als durchaus geschichtstüchtig vor:

»Nun könnte es sein, daß einige diese Geschichte nicht für wahr halten, weil sie aus den Erzählungen von Barbaren gemacht ist und diese gar keine Schrift haben, um soviele Einzelheiten (wie hier aufgeführt) in Erinnerung zu behalten. Dem wäre entgegenzuhalten, daß sie jedoch ein bemerkenswertes Mittel hatten, um ihre Schriftlosigkeit auszugleichen...«[58]

Und dann folgen ein wohlkalkuliertes Plädoyer für das mündliche Tradieren und ein bewundernder Hinweis auf das Merksystem der *quipus*.

In ähnlicher Weise ringt sich Gamboa – in scheinbarem Widerspruch zu all den Stereotypen der Verachtung, die sich in seinem Text finden (»Illusionen«, »Lügen«, »Erfindungen«) – zu einer differenzierteren Einschätzung der indianischen Mythen durch:

»...das, was an vergangenen Wahrheiten... mittels mündlicher Überlieferung tradiert worden war, vermischten sie mit den Erzählungen des Satans und mit anderen Dingen, die sie veränderten, neuerfanden und hinzufügten – so, wie es in allen Nationen geschieht. Sie brachten daraus einen lustigen Mischmasch zustande, der in einigen Aspekten aber doch immerhin diejenigen interessieren mag, die sich um die menschlichen Dinge im allgemeinen kümmern...«[59]

Von seinem Informationsauftrag zu weitergehender Reflexion angetrieben, vermag er auch das, was seine Zeitgenossen als »Teufelszeug« abtun, aus einer Perspektive kultureller Relativierung zu sehen:

»Eins muß hier unter anderem festgehalten werden: Daß die Dinge, welche hier als erfundene Erzählungen (die sie ja auch sind) gelten und nidergeschrieben werden, von ihnen für Wahrheiten gehalten werden, so wie wir unsere Glaubensdinge für Wahrheiten halten.«[60]

Andererseits irritiert Gamboa aber auch vieles an dem mythischen Material – so zum Beispiel die Variantenvielfalt der Erzählungen: »Sie haben auf Grund ihrer verschiedenen Interessen auch verschiedene Ansichten und Meinungen des vergangenen Geschehens.«[61]

Seine weiteren Anstrengungen laufen darauf hinaus, aus der Vielfalt der mündlichen Versionen eine einzige, unanfechtbare historische Wahrheit herauszuarbeiten. Sofern diese nicht evident ist, will er sie über Quellenvergleich und Quellenkritik gewinnen. Gamboa legt dem mündlichen Material hier Maßstäbe an, die dem Kontext seiner Schriftkultur entstammen. Er unterwirft die Erzählungen einem Rationalisierungsprozeß, reduziert die Varianten auf ihren gemeinsamen inhaltlichen Nenner und präsentiert uns diesen Extrakt als historische Wahrheit:

»Ich habe die Erzähltraditionen des einen Familienverbandes mit denen der anderen Familienverbände und die des einen Lagers mit denen des gegnerischen Lagers verglichen ... und jetzt, da mir alle diese Berichte zur Verfügung stehen, gebe ich sie wieder, indem ich ihre Widersprüchlichkeiten korrigiere und den endgültigen Bericht in öffentlicher Gegenwart aller Parteien und Familienverbände bestätigen und das Aufgeschriebene unter Eid und durch die Autorität eines Richters, sowie durch erfahrene Dolmetscher und treue, vereidigte Übersetzer beglaubigen lasse ...«[62]

Kein Zweifel, hier wird mit allen Mitteln der Macht Objektivität konstruiert und die objektivierte Version zugleich auch ratifiziert. Manches Mal gewährt Gamboa seinen Lesern Einblick in das Verfahren, etwa dann, wenn er die Inhalte zweier Erzählvarianten gegeneinandersetzt und dann erst den »wahren Kern« herausarbeitet (»Die einen sagen ... Die anderen berichten ... Sei es nun so oder anders, alle stimmen darin überein, daß ...«).[63] Häufig macht er diesen Schritt aber auch nur implizit und setzt den Leser vor die vollendete Tatsache seiner bereinigten Version.

Dahinter lassen sich die mündlichen Erzählungen und Antworten nur noch punktuell erahnen. Wenn das »Epische der Vorlage« (Pietschmann) in seiner Inkageschichte hie und da in Form von Holprigkeiten und Wiederholungen durchschimmert, dann dürfte dies aber kaum auf eine gewollte Übertragung mündlicher Strukturen zurückzuführen sein.[64] Eher scheint es, daß Gamboa das mündliche Material schriftlich nicht immer so in den Griff bekommt, wie er es vielleicht gerne gemocht hätte. Spuren der Oralität, die sich in seiner Geschichte finden, sind daher nicht überzubewerten. Sie haben eher zufälligen als systematischen Charakter. Das Gesamtkonzept, nach dem Gamboa vorgeht, bleibt dadurch unangetastet. Es ist ein Konzept, das die Herauslösung überlieferter Inhalte aus ihrer mündlichen

Form und damit auch die Verdrängung des oralen Stils aus den Aufzeichnungen bedeutet.

Der indianische Autor

Der schriftliche Zugriff auf den altindianischen Erinnerungsbestand kann – wie wir gesehen haben – in der Neuen Welt von recht verschiedenen Interessen getragen sein und ganz unterschiedliche Formen annehmen. Schriftkundige Europäer, aber auch alphabetisierte Indianer wirken daran mit. Dabei wird deutlich, was der Begriff der Alphabetisierung im allgemeinen verdeckt: daß auch die Indianer nicht immer in gleicher Weise mit Schrift umgehen: Die einen (z.B. Maya-Quiché bei der Aufzeichnung des Popol Vuh) benutzen das neue Medium noch ganz im Sinne ihrer früheren Hilfsmedien – als Erinnerungsstütze für ihre mündlichen Texte. Sie begeben sich somit nicht aus ihren Traditionen heraus, sondern wechseln nur die Merktechnologie. Ihre Schriftlichkeit bleibt dabei immer transkribierte Mündlichkeit. Ein eigener literaler Stil wird nicht herausgebildet – stattdessen dominiert der Sprachduktus der Erzählvorgabe.

Andere hingegen (etwa jene aztekischen Adligen, die an den spanischen König schreiben), übernehmen mit den alphabetischen Schriftzeichen auch häufig die europäisch-spanischen Normen der Schriftlichkeit. Wieder andere handhaben das ABC weder in dieser, noch in jener Manier, sondern liegen mit ihrem Schriftgebrauch zwischen den beiden genannten Fällen. Man kann also die »schreibenden Indianer« nicht alle in einen Topf werfen. Und ebensowenig ist indianische Schriftkenntnis allein schon als Zeichen für »Akkulturiertheit« zu verstehen.

Pauschalisierungen dieser Art sind bei der intellektuellen Auseinandersetzung mit dem Kolonialismus auch heute noch im Schwange. Der Kolonisierte wird dabei gerne als ein Besiegter dargestellt, dessen Kultur sich im Zuge kolonialer Zerstörung und Anpassung in ein Nichts aufgelöst hat. Er wird als Tabula-Rasa-Mensch gezeichnet, als ohnmächtiges und passives Objekt eines Prozesses, der machtvoll und unentrinnbar über ihn hinwegrollt.[65]

Gegen dieses Klischee vom Besiegten stehen jedoch zahlreiche Beispiele, die ihn als handelndes und kulturell sich definierendes Subjekt ausweisen – Beispiele, die zwar nicht unbedingt die erfolgreiche Abwehr oder gar Befreiung von fremder Gewalt bedeuten, wohl aber eine gewisse Antwort darauf. Von christianisierten Indianern, die die neuen religiösen Formen im Sinne ihrer herkömmlichen Glaubensvorstellungen umkehren und sich so einer weitergehenden Assimilation entziehen, war schon die Rede (S. 96f.). Auch am Beispiel alphabetisierter Indianer läßt sich zeigen, daß sie nicht nur passive Empfänger europäisch geprägter Schriftkunst sind, sondern häufig eigene Schreibstrategien entwickeln.

Einer von ihnen ist Guamán Poma de Ayala. Es handelt sich dabei um einen Indianer aus dem kolonialen Peru, der offenbar kurz nach der spanischen Invasion in den Andenraum geboren worden ist. Über seine Herkunft weiß man nichts Eindeutiges. Was man allerdings genauer weiß, ist, daß er 1615 – nach dreißigjähriger Arbeit – ein Manuskript zu Ende geschrieben hat, daß 1200 Seiten (davon 400 ganzseitige Federzeichnungen) umfaßt. Es wurde 1908 in Kopenhagen aufgefunden und einige Jahrzehnte später zum erstenmal gedruckt. Inzwischen liegen bereits mehrere Ausgaben vor, denn Poma, der schreibende Indianer, wird für die ferne Nachwelt immer interessanter.[66]

Zunächst ist sein Buch »Neue Chronik und gute Herrschaft« als besonders anschauliche und ergiebige Quelle für die Verhältnisse im alten Peru bekanntgeworden. Es gibt Auskunft über die vor-inkaischen Indianer, über die inkaische Gesellschaft, ihre Organisation, Verwaltung, Religion; auch die kolonialzeitlichen Verhältnisse werden dargestellt. In den Federzeichnungen sind Dinge der inkaischen wie der kolonialen Welt bildlich festgehalten. Die Chronik ist freilich mehr als nur neutrale Enzyklopädie der andinen Welt. Das deutet sich schon in ihrem Titel an: »Neu« ist darin polemisch gemeint, in erklärtem Gegensatz zu den offiziellen spanischen Chroniken, die ganz und gar aus der Sichtweise des Kolonialherrn geschrieben sind. Und »gute Herrschaft« meint nicht etwa die lobende Beschreibung dessen, was ist, sondern etwas, das erst noch zu erreichen wäre – ein Fernziel also. Durch die Kritik des Bestehenden (und damit meint Poma die Mißstände in der Kolonialgesellschaft) will er zum Entwurf zukünftig besserer Verhältnisse gelangen.

Poma schreibt nicht einfach drauflos wie unsere Schulkinder, wenn sie das ABC lernen. Für diese ist ja das Medium Schrift und alles, was damit zusammenhängt, selbstverständlicher Bestandteil des kulturellen Erbes, in das sie hineinwachsen. Für Poma hingegen heißt schreiben, zu einem Ausdrucksmittel zu greifen, das der Kultur seiner Väter fernsteht, und mehr noch: das der fremden, beherrschenden Kulturmacht entstammt. Die Praxis der alphabetischen Schrift war in Peru vor allem durch die Missionare, dann auch durch Vertreter der kolonialen Verwaltung eingeführt worden. Dahinter standen größtenteils entsprechende Dekrete der spanischen Krone, die nicht nur Interesse an der Christianisierung der Indianer hatte, sondern auch an der Herausbildung einer alphabetisierten indianischen Elite. Deren Aufgabe sollte es sein, zwischen den beiden kulturellen Fronten der Kolonialgesellschaft zu vermitteln.

Den Kazikensöhnen wurde daher nicht nur die spanische Sprache, das Latein, das Singen, Flötenspiel und Orgelspiel beigebracht, sondern auch Lesen und Schreiben. Schulen wurden gebaut, die erste Universität in Lima errichtet (1551). Sogar an die Ausbildung breiterer indianischer Bevölkerungsschichten hatte man zeitweise gedacht. Vieles davon bleibt jedoch Theorie. In der Praxis zerbrechen die Leitlinien der kulturellen Kolonisierung an den Widersprüchen der frühkolonialen Situation. So sehr die Krone und der Ordensklerus wollen, daß ein Teil der Indianer lesen und schreiben lernt, so sehr versuchen andere Vertreter der kolonialen Macht, dies zu verhindern. Aber auch der anhaltende indianische Widerstand und die Zerrissenheit unter den Eroberern selbst vereiteln eine ähnlich radikale Eingliederung indianischer Eliten in die Kultur des Kolonialherrn, wie das in Mexiko noch der Fall gewesen war.[67]

Vor dem Hintergrund einer derart umkämpften Literalität verläuft auch Pomas alphabetischer Lernprozeß in vielschichtigen und zum Teil gegensätzlichen Bahnen. Wir erfahren aus seiner Chronik, daß er das fremde Medium nicht automatisch übernimmt, sondern sich ganz bewußt – nach Abwägung der damit verbundenen Vor- und Nachteile – für das Schreiben entscheidet. Dabei werden auch seine verschiedenen Einstellungen zur Schrift deutlich.

Zunächst ist sie für ihn unlösbar mit dem Christentum verbunden, als dessen glühender Anhänger er sich erweist – auch wenn er nicht abläßt, die Widersprüche zwischen christlicher Idee und kolonialer Praxis anzuprangern. Die Assoziation von Schrift und christlichem Glauben taucht dort auf, wo er die Gläubigen mit einem Buch in der Hand zeichnet, etwa auf seinen Bildern vom Vizekönig von Peru und vom Erzbischof von Lima. Im Text schreibt er unter anderem, daß die Kenntnis der Schrift Voraussetzung für den rechten Glauben sei: »Es ist notwendig und unerläßlich, daß die Jungen und Mädchen auf der ganzen Welt das Lesen und Schreiben erlernen – zumal die aus Peru, damit die Götzenanbeterei und die Feste zu Ehren des Dämons aufhören.«[68] Schrift ist für ihn also eine unabdingbare Voraussetzung auf dem Weg zu Gott. Und umgekehrt ist Schriftlosigkeit für ihn der Grund, weshalb vielen Indianern der Zugang zu Gott versperrt geblieben war: »Da sie nicht lesen und schreiben konnten, waren sie ganz und gar blind, verloren und unwissend auf dem Weg der Erleuchtung.«[69]

Diese Sätze könnten von einem Missionar stammen. Poma scheint hier, hin- und hergerissen zwischen zwei Kulturen, die koloniale Rechtfertigung direkt übernommen zu haben. Schrift ist für ihn in diesem Zusammenhang eindeutig positiv besetzt. An anderer Stelle der Chronik zeigt sich freilich, daß ihn dies nicht daran hindert, Schrift auch als Mittel von Macht, Herrschaft und kolonialer Unterdrückung zu durchschauen. Immer wieder verweist er auf Fälle, in denen Indianer betrogen und beraubt werden, weil sie nicht lesen und schreiben können. Oder er berichtet von Spaniern, die um jeden Preis verhindern wollen, daß Indianer schreiben lernen, weil sie deren Protest befürchten: »Indianer, die lesen und schreiben können, sind recht unbeliebt, vor allem dann, wenn sie Klagebriefe verfassen...; wenn möglich, vertreibt man sie aus dem Ort...«[70]

Noch eine weitere Einstellung zur Schrift kristallisiert sich bei Poma heraus: Er sieht sie nicht nur als christliches und koloniales, sondern auch als potentiell indianisches Medium. Buch, Brief, Dokument und Schrift als Mittel der Durchsetzung indianischer Ansprüche, Interessen und Kritik nehmen in seinen Bildern und Texten breiten Raum ein (vgl. das Titelbild dieses Buches). Er zeichnet Indianer mit Papier und Feder in der Hand. Und er entwirft in seiner Utopie von der guten Herrschaft auch die Figur eines indianischen Gemeindeschreibers, der die Wünsche, Bittgesuche und Beschwerden der unterjochten Bevölkerung schriftlich zu fassen und weiterzuleiten hätte.[71] Den spanischen Schreibern traut er nicht.

Wohlgemerkt: Sein Mißtrauen richtet sich nicht gegen die Schrift, sondern gegen diejenigen, die sie verwenden. So wie er das Medium gedanklich von den fremden Inhalten und Standpunkten zu trennen vermag, so vermag er auch die eigenen Botschaften und Interessen damit zu assoziieren. Anders gesagt: Er kann seinen andinen indianischen Hintergrund in der neu erlernten Schriftlichkeit behaupten. Das zeigt sich nicht nur in dem, *was* er schreibt, sondern auch in der Art und Weise, *wie* er das Schriftmedium handhabt. Schon ein kurzer Blick auf einen Ausschnitt aus seiner Chronik läßt die Besonderheiten von Pomas Literalität deutlich werden (Abb. 31).

Manche Kritiker des 20. Jahrhunderts, die die »Neue Chronik...« einerseits gerne als Quelle benutzen, stoßen sich andererseits an der Art und Weise, wie sie geschrieben ist. Es häufen sich jedenfalls Kommentare, in denen von »fehlender Interpunktion«, »barbarischer Syntax« und »monotonen Wiederholungen« die Rede ist.[73] Tatsächlich: Schriftkundige Spanier aus jener Zeit hätten anders geschrieben. Sie hätten innerhalb des Satzes logische Einheiten durch Interpunktionszeichen markiert. Sie hätten ferner eine komplexere syntaktische Architektur entworfen und vielfältig verschachtelte, einander mehr über- und untergeordnete als gleichgeordnete Sätze niedergeschrieben. Sie hätten schließlich auch den alten schriftkulturellen Imperativ eingehalten, demzufolge Wiederholungen zu vermeiden und gleichlautende Wörter und Wendungen zu variieren sind. Die Kritiker – so wird deutlich – messen den schreibenden Indianer am Maß der spanischen Autoren, bewerten den Text nur im Hinblick auf seine »Abweichungen« und »Fehler« von der herkömmlichen (und auf längerer Schrifttradition beruhenden) Norm. Was sich in dieser ebenso puristischen wie ethnozentrisch begrenzten Sicht ausdrückt, ist die Unfähigkeit, das

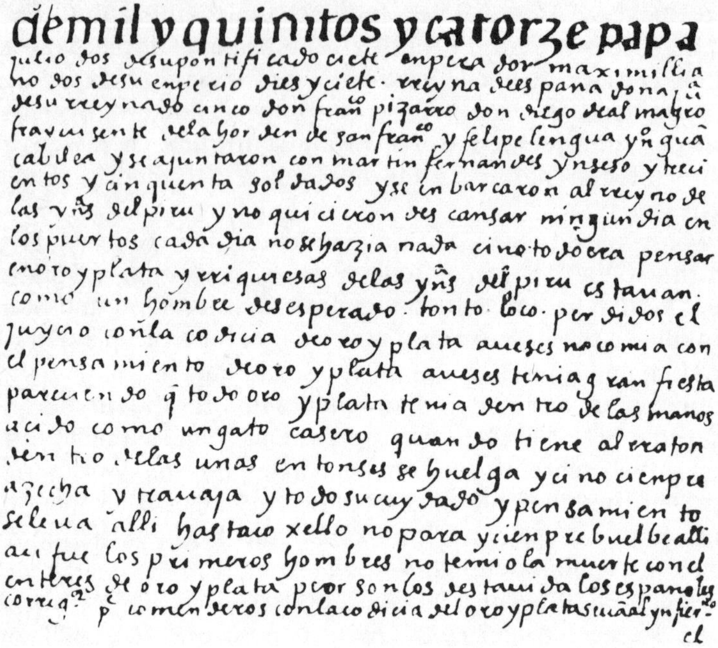
demil y quinitos y catorze papa
julio dos desupontificado ciete enperador maximillia
no dos desu enperio dies y ciete. reyna despana doña jua
desu reynado cinco don franco pizarro don diego dealmagro
fray uisente delahorden de san franco y felipe lengua yndio guan
cabilca y se ajuntaron con martin fernandes ynseso y treci
entos y cinquenta soldados y se enbarcaron al reyno de
las yndias del piru y no quicieron descansar ningun dia en
los puertos cada dia no se hazia nada cino todo era pensar
en oro y plata y riquesas delas yndias del piru estauan
como un hombre desesperado tonto loco perdidos el
juycio conla codicia de oro y plata aueses no comia con
el pensamiento de oro y plata aueses tenia gran fiesta
paresciendo q todo oro y plata tenia dentro de las manos
acido como un gato casero quando tiene al raton
dentro delas unas entonses se huelga y ci no cienpre
azecha y trauaja y todo su cuydado y pensamiento
se leua alli hasta coxello no para y cienpre buelbe alli
asi fue los primeros hombres no temio la muerte con el
enteres de oro y plata peor son los destos tiempos los espanoles
corregidores comenderos con la codicia del oro y plata se uan al ynfierno

Im Jahre 1514 . . . taten sich Francisco de Pizarro Diego Almagro der Bruder Vicente vom Franziskanerorden und Felipe der indianische Dolmetscher . . . mit Martín Fernando Enciso und dreihundertfünfzig Soldaten zusammen und machten sich per Schiff nach Peru auf und wollten keinen *Tag* in den Häfen ausruhen die ganzen *Tage* über *dachten* sie an nichts anderes als an *Gold und Silber* und Reichtümer in Peru sie waren wie ein verzweifelter Mensch verrückt wahnsinnig geistig verwirrt vor lauter Gier nach *Gold und Silber manches Mal* aßen sie nicht vor lauter *Denken* an *Gold und Silber manches Mal* feierten sie große Feste und taten so als ob sie *Gold und Silber* schon in den Händen hielten und das war dann so wie bei einer Hauskatze erst wenn sie die Maus in den Krallen hat *läßt sie von ihr ab* solange sie sie aber noch nicht hat lauert sie ihr auf und ist tätig und all ihre Aufmerksamkeit und ihr *Denken* ist darauf aus bis daß sie sie fängt *läßt sie nicht ab* und kommt immer wieder darauf zurück genauso wie die ersten Spanier sie fürchteten nicht den Tod vor lauter Interesse am *Gold und Silber* und schlimmer noch sind die Leute aus heutiger Zeit . . . vor lauter Gier nach *Gold und Silber* fahren sie noch zur Hölle . . .«[72]

Abb. 31: Handschriftlicher Text eines indianischen Autors (mit deutscher Übersetzung)

Fremde in seiner fremdartigen Qualität zu begreifen, es als »anders« statt als »falsch« einzuordnen.

Pomas literale Besonderheiten sind weder willkürlich noch zufällig – sie haben vielmehr System. Er vergißt nicht einfach, einige Punkte oder Kommata zu setzen; dazu ist die Interpunktionslosigkeit seines Textes zu durchgängig. Kennt er vielleicht keine Interpunktion? Weiß er nicht recht, was Punkt und Komma bedeuten? Dem steht entgegen, daß Poma ein belesener Mann ist, der nicht nur viele Bücher studiert hat, sondern auch die dadurch vermittelten Normen europäischer Schreibpraxis bis zur Vollendung nachahmen kann, wenn es ihm angelegen ist: so etwa im Titel der Chronik oder im Vorwort oder gar in einzelnen Formulierungen, die er von anderen Autoren übernimmt.[74] Nein, hinter dem fehlenden Punkt und Komma scheint bei ihm etwas anderes zu stecken – etwas, das man vielleicht als Prinzip der bruchlosen, ununterbrochenen Phrasierung umschreiben könnte. Ebenso scheint auch hinter der auffälligen Reihung seiner schriftlichen Aussagen und hinter deren Wiederholungsstruktur ein ganz bestimmtes Prinzip zu stecken.

Es fällt nicht schwer, von diesen Prinzipien eine Verbindung zu der oralkulturellen Tradition, der Poma entstammt, herzustellen. Die mündliche Überlieferung, wie er sie noch kennt, wird von einem Redefluß getragen, für dessen Atem- und Sinnpausen der Autor möglicherweise keine angemessenen schriftlichen Signale gefunden hat. Punkt und Komma sind ja Markierungen, die sich zu jenem Zeitpunkt schon weniger auf den gehörten und gesprochenen, als auf den gesehenen und gelesenen Text beziehen.[75] Die Logik des einen Mediums überkreuzt sich hier offenbar mit der Logik des anderen. Die Mündlichkeit ragt in die Schriftlichkeit hinein. Dieser Eindruck verstärkt sich noch, wenn man die Reihungen und die (in Abb. 31 kursiv gesetzten) Wiederholungen in Betracht zieht – handelt es sich doch gerade dabei um Merkmale, wie sie auf die mündliche Erzählung in Oralkulturen zutreffen.

Was bedeutet dies alles? Es bedeutet unter anderem, daß Poma sich zwar auf das Alphabet, jedoch nicht ohne weiteres auf die stilistischen Normen der fernen Schriftkultur einläßt. Auch bleibt er nicht bei der mechanischen Transkription oralkultureller Vorgaben stehen. In dem Maß, wie er die Texte, die er schreibt, auch selber entwirft, präsentiert sich Poma vielmehr als autonomer Autor. Und als solcher zeigt er, im Zwischenfeld von einheimischen und fremden Traditionen, einen individuellen Schreibstil. Ob bewußt oder unbewußt – sein Text ist ein Gewebe aus symbolischem Material, in dessen Webart die ganze Situation des Kolonisierten eingeht: seine Erinnerung an die eigene, seine Beherrschung durch die fremde Kultur; aber auch sein Versuch, das eine mit dem anderen in Bezug zu setzen und zu expressiven Daseinsformen zu finden, mit denen er – im Rahmen der Kolonialgesellschaft – vor sich und den anderen bestehen kann.[76]

Poma ist also nicht allein dadurch, daß er schreiben kann, schon kulturell an den Kolonialherrn angepaßt. Er ist es ebensowenig wie jene getauften Indianer, die sich das Christentum in ihrem Sinne angeeignet und etwas anderes, neues daraus gemacht haben. Sein Beispiel zeigt ja, daß nicht alle Indianer, die das Alphabet verwenden, in der Weise schreiben, wie Europäer es täten. Poma scheint zwar akkulturiert, aber seine Akkulturation birgt Widersprüche, weist Risse und Brüche auf. Und genau durch diese Brüche und Risse hindurch zwängt sich das koloniale Subjekt und zeigt an, daß es noch da ist.

Teil II

Indianische Oralkultur der Gegenwart

(Mark Münzel)

4

Vorbemerkung: Die eigene Welt der Mündlichkeit

Reservate der Mündlichkeit

Als Yepá Huáke die Welt einrichtete (berichtet der Mythenerzähler Marcos Sierra, ein Tukáno-Indianer unseres Jahrhunderts), da teilte er Indianern und Weißen unterschiedliche Schicksale zu. Die Weißen erhielten alle Reichtümer dieser Welt, bis auf eines:

»Du wirst nie fähig sein, etwas rein aus dem Gedächtnis zu wissen oder zu erinnern, und wirst immer alles aufschreiben müssen, damit du dich daran erinnerst.«

Die Indianer hingegen sollten nie Papier besitzen, es auch nie brauchen, sondern sich alles im Kopf merken. Niemals würden die Weißen das Gedächtnis der Indianer stehlen können – deshalb ist der Indianer »der Kopf von allen euch Weißen.«[1]

Anders als Mexiko/Mittelamerika war Südamerika in vorkolonialer Zeit eine der schriftfernsten Gegenden der Welt. Eine Schrift gab es, wenn überhaupt, höchstens in den Zentralanden. Und selbst dort waren die *quillca*-Hieroglyphen[2] allenfalls Sache einer kleinen Schicht von Eingeweihten. Im Tiefland des östlichen Südamerika (wohin wir in diesem Buchteil hauptsächlich blicken wollen), in den Wäldern und auf den Savannen, gab es gar keine Schrift. Und anders als aus Nordamerika oder Afrika sind aus dem Amazonasgebiet nicht einmal neuere Versuche bekannt, nach dem Vorbild des europäischen Alphabets eigene Alphabete zu schaffen.

Heute freilich, ein halbes Jahrtausend nach dem Beginn der Konquista, gibt es keine vorkolumbischen Indianer mehr. Die europäischen Schriftzeichen haben die letzten Waldverstecke erreicht. Der Mythenerzähler Marcos Sierra verteidigt zwar noch die Überlegenheit des Analphabetentums, aber er antwortet damit bereits auf die Macht der Schriftkultur, sein mythisches Argument ist schon ein Gegenargument: Er gehört zu einer dissidenten Gruppe von Tukáno-Indianern, die sich aus dem Bereich der Missionsschulen abgesetzt haben.

Was ist aus den Nambikwára in Brasilien geworden, die Claude Lévi-Strauss durch das Kapitel ›Schreibstunden‹ in seinen »Traurigen Tropen« als Musterbeispiel eines schriftlosen, ohnmächtig nach der Schrift tastenden Stammes bekannt gemacht hat? Viele von ihnen sind nun des Schreibens mächtig und lesen die Heilige Schrift, aus der sie souverän zitieren, um ihre Landrechte einzuklagen.

Mittlerweile gibt es in Lateinamerika schon Regionen, wo die Indianer sich von ihren Nachbarn nicht mehr durch Unkenntnis des Alphabets unterscheiden, sondern: durch eine höhere Alphabetisierungsrate. Das wird allmählich zu einem wichtigen neuen Element des ethnischen Stolzes einiger indianischer Völker gegenüber ihren nicht-indianischen Nachbarn. Die ethnisch ausgerichteten »indianistischen« Bewegungen lateinamerikanischer Indianer, die in den letzten Jahren an Bedeutung gewonnen haben, werden wesentlich von einer neuen Schicht von Intellektuellen geprägt, die z.B. Missionsschulen durchlaufen haben, und die sehr wohl verstehen, die Schrift als Instrument einzusetzen. Der Versuch des Poma de Ayala (s. voriges Kapitel), im 17. Jahrhundert etwas isoliert, wird heute vielfach und im Zeichen neuer »Zivilisierung« der Indianer wiederaufgenommen. Simeón Jiménez Turón, ein Yekuana aus Venezuela, formuliert klar den Wunsch, die fremde Schrift mit Inhalten der eigenen Kultur umzufunktionieren:

> »Sie haben so lange versucht, uns zu ändern, daß wir nun wenigstens begonnen haben, einige ihrer Waffen zu benutzen: das Papier zum Beispiel. Und über das Papier erklären wir, daß wir der Unterdrückung überdrüssig sind und bereit, mit Stolz unsere Kultur zu verbreiten und die Geschichte der Herrschaft über uns zu schreiben, und zwar diesmal aus dem Blickwinkel der beherrschten Seite.«[3]

Doch bedeutet dies nicht die umfassende Integration aller Indianer in die Schriftkultur. Die Herausbildung einer neuen Intellektuellenschicht sondert diese als Minderheit von den meisten Indianern ab, die zwar ebenfalls zunehmend alphabetisiert, doch nicht gründlich in die geläufige Benutzung und Beherrschung der Schrift eingeführt werden. Mit anderen Worten: Die Indianer bieten nicht mehr das Bild »reiner« Oralkulturen, sondern nähern sich einem Nebeneinander von Akademismus und schriftferner Volkskultur an, wie wir es in Lateinamerika öfter finden. Dabei ist freilich bei den Indianern der Abstand zwischen einer hier besonders rasch entstehenden neuen Schriftkultur und einer immer noch sehr lebendigen oralen Kulturtradition womöglich noch größer als bei anderen Lateinamerikanern. Im politischen Bereich entspricht dem die Kluft zwischen einer neuen indianischen Führungsschicht, die modernistisch gesinnt ist und sich mit oppositionellen Gruppierungen der Weißen verbündet, und einer konformistischen und traditionalistischen Mehrheit der Indianer.

Bei dieser zweiten Gruppe ist Halbalphabetismus häufiger als Schriftfertigkeit. Verschiedene Grade von Halbalphabetismus finden wir ja auch bei Nicht-Indianern auf dem platten Land und in den Vorstädten weiter Teile Lateinamerikas. Bei Indianern treffen wir auf dieses Phänomen meist dort, wo der Kontakt zur »Zivilisation« nicht durch deren gebildete Minderheiten (wie etwa Missionare) kanalisiert wurde, sondern eben durch die schriftferne Landbevölkerung. So mancher Händler, Gutsbesitzer oder Reservatverwalter, Bindeglied zwischen Indianern und Weißen, hat selbst nur ein gebrochenes Verhältnis zum Papier, verhandelt lieber mündlich mit »seinen« Indianern. Diesen bleiben Buchstaben dann nicht selten ein fremdes Machtinstrument, mit dessen Hilfe sie bezahlt, registriert, regiert werden, dessen Mechanismen sie aber kaum beherrschen und dessen Möglichkeiten sie kaum kennen. In ihrer eigenen, den Weißen abgekehrten Binnenstruktur spielt das Alphabet keine Rolle.

Eine solche Gruppe waren etwa die Aché in Paraguay, deren Mythen und Lieder ich weiter unten als Beispiel mündlicher Texte analysiere. Ihr Reservatsverwalter war, als ich 1971 ihre Dichtkunst kennenlernte, ein Halbalphabet, großgeworden in der paraguayischen Volkskultur, die sich ja ihre Eigenart bewahrt hat um den Preis »ihrer liebevollen Fesselung an die mündliche Überlieferung« (wie der Paraguayer Ramiro Domínguez schreibt[4]). Schreiben war diesem Verwalter und den meisten weiteren Paraguayern, mit denen die Aché zu tun hatten, lästige Verwaltungspflicht, während Erzählen, Dichten, Singen in jener Welt nicht ins Buch gehörten, sondern in den mündlichen Austausch. Obgleich mit dem Prinzip der Schriftlichkeit konfrontiert, gelangten die Aché deshalb doch noch lange nicht zur schriftlichen Literatur. Die Schrift, auf bestimmte Funktionsbereiche wie etwa die Verwaltung begrenzt, blieb für sie eine nicht-literarische.

Ganz ähnlich der Fall der Cuna in Panama, trotz der auf den ersten Blick scheinbar ganz anderen historischen Voraussetzungen. Wir sahen schon die eigene, nicht-alphabetische Schrift der Cuna früherer Jahrzehnte (siehe S. 111 f.). Sie war, ganz im Unterschied zum Alphabet bei den Aché, auf literarisch-poetische Funktionsbereiche beschränkt und nicht für Verwaltungszwecke nutzbar gewesen. In unserem Jahrhundert nun drang bei den Cuna das europäische Alphabet ein. Es gewann wichtige Funktionen im Rahmen der Cuna-Kultur, interessanterweise aber gerade nicht in jenen Bereichen, denen die alte (mittlerweile aufgegebene) nicht-alphabetische Schrift gedient hatte, sondern in der Verwaltung der halb-autonomen Cuna-Gemeinschaften. Aus dem musischen Sektor wurde die nicht-alphabetische Schrift verdrängt, ohne daß dafür das europäische Alphabet dort eingedrungen wäre – dieser Bereich wurde also im Zuge der Modernisierung nicht nur nicht alphabetisiert, sondern sogar re-oralisiert. Die großen politisch-kulturellen Zusammenkünfte von Vertretern mehrerer Cuna-Dörfer, mit tagelangen Rede- und Gesangsschlachten Höhepunkte der oralen Kultur, werden durch die europäische Schrift nicht verdrängt, sondern gefördert: Die Einladungen, Teilnehmerlisten, der ganze logistische Apparat, den es für große Versammlungen braucht, all dies wird heute mit Hilfe der Schrift organisiert, während die Reden und Lieder mündlich bleiben.[5]

Die großen regionalen Unterschiede in der Durchsetzung der Schrift bei Indianern hängen u.a. damit zusammen, daß diesen von Stamm zu Stamm, von Dorf zu Dorf ganz unterschiedliche

Modelle europäischer Kultur begegnen. Je nachdem, welche von ganz unterschiedlichen Zivilisationsfronten Einfluß auf die Umbildung der Indianer gewinnt, ändern sich Bildungsinhalte und -intensität. Der eben erwähnte Reservatsverwalter wollte Kultur zu den Reservatsbewohnern tragen – Kultur aber, wie *er* sie verstand, nach einem traditionell-ländlichen Muster, in dem die Schrift keine große Rolle spielt. 1972 wurde er durch nordamerikanische, protestantische Missionare abgelöst, für die Glauben und Lesen eine Einheit bilden, und die nun die Alphabetisierung der Aché forcieren. Doch ist gut vorstellbar, daß mit (in vielen ähnlichen Fällen nach einiger Zeit zu beobachtendem) Nachlassen des Missionierungseifers oder gar Abzug der Missionare wieder andere, weniger schriftgebundene Kulturmuster an Bedeutung gewinnen.

Die Beispiele der Aché und Nambikwára zeigen schon, daß die Zeit völliger Schriftlosigkeit vorbei ist. Immerhin: Bei vielen liegt sie noch so nahe, daß wesentliche Grundzüge der früheren mündlichen Kultur noch zu erkennen sind. Um diese Grundzüge geht es mir im folgenden. Ich will versuchen, sie aus der sehr komplexen Realität einer Durchdringung von Mündlichkeit und Schriftlichkeit herauszudestillieren. Dabei möge der Leser nicht vergessen, daß es (1.) bei der Mehrheit der heutigen Lateinamerikaner und auch bei vielen Indianern mittlerweile anders aussieht als in den Reservaten der Mündlichkeit, und daß (2.) selbst dort die Schrift nicht mehr völlig unbekannt ist.

Die fast gänzlich schriftlose Oralkultur einiger Indianer in den Wäldern und Buschgebieten des östlichen Südamerika ist also nicht mehr typisch. Sie ist aber idealtypisch, und darin liegt ihr Wert für unsere Darstellung: Sie bildet einen extremen Gegenpol zu der von Europa nach Amerika exportierten Schriftkultur. Beide Extreme müssen wir kennen, um die heutige Situation in Lateinamerika zu verstehen, in der Kompromisse zwischen beiden wachsen.

Es geht mir also um eine heute nurmehr idealtypische Darstellung indianischer Mündlichkeit. Da mag es mir gestattet sein, um des deutlicheren Kontrastes willen auf der Gegenseite unsere europäische Kultur als Idealtypus der Schriftkultur zu zeichnen. Natürlich ist auch dies Vereinfachung. Aber verglichen mit den Indianern, auf die ich mich in diesem Buch beziehe, sind wir tatsächlich Schriftnarren. Uns scheint etwas erst dann gesichert, wenn wir es »schwarz auf weiß« haben. Wem wir es einbleuen wollen, dem zeigen wir nicht mehr die Faust, sondern »geben es ihm schriftlich«, schreiben es ihm »ins Stammbuch«. Wichtiges schreien wir nicht mehr heraus, sondern wir »schreiben es ganz groß« oder »unterstreichen« es. Statt fragendem Ton setzen wir »ein großes Fragezeichen«, wir hören nicht mehr auf, sondern machen »nun mal einen Punkt« oder fahren mit dem »Schwamm drüber«, um dann »eine neue Seite aufblättern« zu können. Politik wird oft nicht mehr fortgeführt, sondern fortgeschrieben, wobei man Unangenehmes rasch »vom Tisch« haben möchte (gemeint ist natürlich der Schreibtisch) und am liebsten »in den Papierkorb« wandern läßt. Gut angeschrieben ist besser als gut angesehen – Redensarten als Symptome dafür, daß wir zunehmend schriftlich denken. Wir reden wie ein Buch.

Wollen wir diese Schriftwelt mit der mündlichen der Indianer vergleichen, so geht es dabei nicht allein um den Unterschied zwischen mündlicher und schriftlicher Ausdrucksweise, sondern, umfassender, um einen anderen Kulturstil, zu dessen Voraussetzungen die Mündlichkeit gehört. Den Begriff des Kulturstils verwende ich hier im kulturmorphologischen Sinn als Benennung dafür, daß in bestimmten Kulturen jeweils »ganz bestimmte Seiten des Daseins zu einer Vorherrschaft gegenüber jeweils allen anderen gelangen, die sie durchtränken, sich assimilieren und zeitweilig auch zurückdrängen«.[6] Ein solches vorherrschendes Element unseres europäischen Kulturstils ist heute die Schriftlichkeit, so daß uns, im Kontrast, indianische Kulturen als beherrscht von einem Stil der Mündlichkeit erscheinen müssen. Das wachsende Interesse für Probleme des Kontrasts zwischen Mündlichkeit und Schriftlichkeit ist selbst schon ein Symptom des wachsenden Kontrasts, unserer zunehmenden Schwierigkeit, Oralkultur noch zu verstehen.

Dabei will ich in diesem Buch freilich nicht auf Theorien von einer uns verlorengehenden »Ursprünglichkeit«, »Primitivität« oder »Emotionalität« der mündlichen Kulturen hinaus. Im Gegenteil, ich möchte Argumente dafür bringen, daß solche wehmütige Verherrlichung letztlich eurozentrisch ist. Sie macht die Oralkultur zu einem Pappkameraden innereuropäischer Probleme, etwa der modischen Industrialisierungs- und Zivilisationskritik. Wenn ich von einem anderen Kulturstil spreche, so meine ich damit nicht irgendeine geheimnisvoll andere psychische Lage, mystische Naturnähe oder Einssein mit einer Gemeinschaft. So weit sich im Verlauf der Untersuchung kulturelle Besonderheiten ergeben, scheinen sie mir im wesentlichen auf zwei Punkte zurückführbar:

1. Es gibt kulturelle Besonderheiten – nicht allgemein der Oralkulturen, sondern, spezieller, der regionalen Kulturen, z.B. der Indianer des östlichen Südamerika. Deren oraler Stil dürfte sich in wesentlichen Punkten von oralen Stilen z.B. in Afrika unterscheiden.
2. Soweit sich doch auch generelle Unterschiede zwischen schriftlichen und mündlichen Kulturen abzeichnen, liegt dies nicht an einer anderen »seelischen« Entwicklungsstufe, sondern an einem allerdings folgenschweren Grund: der Art des Vortrags von Texten, der in den Oralkulturen eben stets mündlich erfolgt.[7]

Ein indianischer Mythenerzähler ist nicht einfach ein Schriftsteller, der gerade kein Schreibzeug zur Hand hat. Dic Eigenart eines mündlichen Kulturstiles folgt nicht bloß daraus, wie anstatt der Schrift das gesprochene Wort eingesetzt wird, denn beim Schritt von mündlicher zu schriftlicher Rede wird nicht nur Gesprochenes gegen Geschriebenes eingetauscht. Das Besondere der Verschriftlichung ist ja vielmehr, daß sie die gesprochene Sprache aus den unmittelbaren Zusammenhängen, in die sie einst als gesprochene integriert war, herausreißt und ihr dann einen abgesonderten Ehrenplatz zuweist, den sie zuvor gar nicht immer haben mußte. Die gesprochene Sprache steht ja in enger Wechselbeziehung mit anderen Ausdrucksformen, bildet beispielsweise eine Einheit mit Körpersprache, Intonation (als musikalischem Moment, das dann beim Übergang zur schriftlichen Version wegfällt), oft auch mit Musik, Tanz, Körperbemalung, Schmuck oder Kleidung, ja selbst mit dem Gegenteil des Sprechens, den Pausen des Schweigens, kurz: sie gehört zu einem Gesamtausdruck, der durch die Übersetzung in Schrift nicht ersetzt, sondern weitgehend ausgeklammert wird. Die mündlichen Texte sind zwar das Pendant zum Geschriebenen, nicht aber immer das Wesentliche der Oralkultur.

Mit Blick auf die Volkskultur Brasiliens hat Luís da Câmara Cascudo schon in den fünfziger Jahren den Begriff »literatura oral« ausgeweitet: er umfasse auch das musikalische Straßentheater, die Lieder und Tänze. Der Volkstanz kann als ein Genre der oralen Literatur wie Volkslied oder Mythe betrachtet werden. Den noch nicht schriftlich fixierten Wendungen und Inhalten der Mythe entsprechen dann die noch nicht notierten Melodien und Choreographien des »mündlichen« Tanzes. Doch vielleicht ist überhaupt die ganz gesonderte Betrachtung eines Textes, sei er nun schriftlich, mündlich oder musikalisch-mündlich, noch zu eingrenzend. Wir verfallen immer wieder in den Fehler, »begriffliche Trennschärfen unbesehen auf eine Kultur zu projizieren, die Leben und Kunst als Einheit faßt« (was sie vielleicht eben deshalb tut, weil sie sich mündlich ausdrückt). Mit dem durch ein Wechselspiel von Wort- und Körpersprache definierten Begriff des »oralen Stils« beschrieb der Anthropologe Marcel Jousse, daß in der Oralkultur die Sprache nicht wie in der Schrift vom Leben abgesondert ist. Heute verwendet man den Begriff »oraler Stil« beim Studium afrikanischer mündlicher Literatur, um nicht nur die leicht in Schrift übertragbaren Worte zu erfassen, sondern auch all das, was die Worte begleitet: Also etwa die narrative oder poetische Gestik, den Einsatz des Körpers und der Stimme.[8] Doch ist dies vielleicht noch zu sehr auf die körperliche Begleitung des literarischen Sprechens begrenzt (und überhaupt zu sehr auf eine angebliche urtümliche Körperfreudigkeit der Oralkultur fixiert), während zum Gesamtausdruck des oralen Stils auch z.B. die Maske oder überhaupt die künstlerische Inszenierung gehört.

Maske, Malerei, Musik – typisch für den mündlichen Kulturstil ist, daß das gesprochene Wort nicht aus dem musisch-ästhetischen Bereich herausgelöst ist, der seinerseits noch nicht zu einer eigenen, unabhängigen Ästhetik des art pour l'art abgesondert wurde. Im Kontrast zur europäischen Schriftkultur wirken deshalb die gedanklichen Äußerungen in indianischen und anderen oralen Kulturen oft musisch: Die dortigen Kollegen unserer Philosophen und Schriftsteller (z.B. Schamanen) schreiben ihre Texte nicht auf farbloses Papier, sondern präsentieren sie mündlich in einem vielfach künstlerischen Zusammenhang, mit Musik, Bild, Bewegung.

Vielleicht liegt hier ein Grund dafür, daß orale Kulturstile so oft als künstlerische empfunden wurden. Z.B. haben europäische Forscher von einem »musisch-medialen Stil« des Schamanismus gesprochen, der durch eine spezifische Geistigkeit, eine »Verbindung von künstlerischen und seelsorgerischen, zauberischen und schauspielerischen Fähigkeiten« gekennzeichnet sei. Verstand und Künstlertum gelten da noch nicht als Kontrast, sondern als Einheit, so wie das Wort noch nicht vom Schauspiel seines Vortrags getrennt ist.

Schrift und Verstand

Schrift ist ebensowenig wie Schriftlosigkeit ein Wert an sich, sondern sie ist Teil eines größeren kulturellen Zusammenhanges. Auch ohne Schrift kann Kultur weitergegeben werden, und auch ohne Schrift ist Kultur immer wieder verändert worden. In der Jungsteinzeit z.B. (merkt Claude Lévi-Strauss an) »hat die Menschheit ohne die Hilfe der Schrift ungeheuere Fortschritte gemacht; und mit ihrer Hilfe haben die historischen Kulturen des Westens lange Zeit stagniert«.[10]

Die Bedeutung der Schrift ist oft maßlos übertrieben worden. Gewiß, für uns Kinder einer Schriftkultur erscheint sie lebenswichtig. Aber gilt das auch für Angehörige schriftloser Gesellschaften? »Die normative Gewalt der Technik des Lesens und

Schreibens hat inzwischen in den Zentren bewirkt, daß uns weitgehend das Verständnis dafür verlorengegangen ist, daß Menschlichkeit und Erwachsensein auch außerhalb der Schriftlichkeit voll zur Entfaltung kommen können.«[11] Das möchte ich in diesem Teil des Buches vor allem an einem Beispiel zeigen: dem der Intellektualität. Sie ist für uns Europäer heute ganz eng mit Schrift verbunden. »Nur eine Gesellschaft, die liest, ist eine Gesellschaft, die denkt«, lautete das Motto einer Anzeigenkampagne der Deutschen Lesegesellschaft. Den Intellektuellen zeichnen Karikaturisten gern mit Lesebrille; als Analphabet wäre er in unserer Kultur undenkbar.

In anderen Kulturen kann es dagegen sehr wohl Formen der Intellektualität geben, die den unsrigen vergleichbar sind und dennoch ohne Schrift auskommen. Es gibt Kulturen, in denen die orale Tradition eben nicht nur mehr das umfaßt, was die Schrifttradition übriggelassen hat, sondern auch »den gesamten philosophischen Bereich, Ästhetik, Mythologie, Religion, Ethik, Geschichte«, und das sind durchaus nicht nur ›primitive‹ Kulturen. Z.B. ist die »buddhistische Zen-Praxis mit ihren hohen Anforderungen an geistige Disziplin in den Tempeln von Japan von Meister zu Schüler nur mündlich weitergegeben worden. Rein gedanklicher Besitz auf der Grundlage einer heute kaum noch vorstellbaren Gedächtniskapazität sowie der Kraft sowohl schöpferischen als auch kritischen Denkens waren jahrhundertelang auch die alttürkischen Märchen«, deren Niedergang mit dem Rückgang des Aanalphabetismus zusammenhängt.[12] Die oben zitierte Meinung der Deutschen Lesegesellschaft ist wohl im Kern richtig, nur falsch formuliert. Besser würde sie lauten: Wenn *unsere* Gesellschaft nicht liest, ist sie eine Gesellschaft, die nicht denkt.

Den Nutzen der Schrift in *unseren* kulturellen Zusammenhängen will ich damit nicht leugnen. Wenn man die Bedeutung der Schrift etwas relativiert, kann man aber immerhin etwas an unserem Kulturhochmut gegenüber analphabetischen Gesellschaften kratzen. Diese Bedeutung hängt vom kulturellen Zusammenhang ab, und nicht umgekehrt. Das läßt sich übrigens nicht nur gegen blinde Schriftbegeisterung vorbringen, sondern auch ebenso gegen blinde Begeisterung für schriftlose Kulturen. Die (positive oder negative) Überschätzung der

Schrift als Faktor gesellschaftlicher Entwicklung in der Dritten Welt ist ein relativ junges Phänomen. Schon seit Jahrhunderten zwar gibt es den Traum von der Rückkehr zur Schriftlosigkeit als Ausdruck der Sehnsucht nach einer Rückkehr zur Natur – oder wird umgekehrt die Schriftlosigkeit als einer der vielen Mängel der abscheulichen Wilden aufgezählt. Doch blieb in solchen kulturkritischen oder Europas Kultur unkritisch verherrlichenden Betrachtungen die Schrift zunächst nur eines unter vielen Merkmalen (viel wichtiger waren z.B. Ackerbau und staatliche Organisation), nach deren man die Zivilisation vom wilden Urzustand unterschied. Schriftlosigkeit als Haupt-Erkennungsmal des primitiven Ur-Glückes oder der barbarischen Ur-Wildnis taucht in den europäischen Schriften erst in der letzten Hälfte unseres Jahrhunderts auf.

Erst seit den späten fünfziger Jahren beginnt sich der Begriff »schriftlose Völker« auszubreiten, anstelle von »Natur«- oder »primitive« Völker. Erst nun also fängt man an, die Schriftlosigkeit in die terminologische Nachfolge von »Natürlichkeit« und »Primitivität« einzurücken. Interessanterweise geschieht das zur gleichen Zeit, da Entwicklungsplaner sich anschicken, Analphabetismus als *das* vermeintliche Fortschrittshindernis auszumachen und zu bekämpfen. 1955 erscheinen die »Traurigen Tropen« von Claude Lévi-Strauss mit ihrem Manifest für die Schriftlosigkeit brasilianischer Indianer – just auf dem Höhepunkt der großen Alphabetisierungskampagnen in Brasilien.

Aber vielleicht wird da nur eine neue Fahne auf einem alten Gebäude aufgezogen, geht es im Grunde nicht um die Schrift an sich, sondern um einen kulturellen Zusammenhang, in dem die Schrift nur ein Instrument ist. Die Alphabetisierungskampagnen sollen nicht nur Lesen und Schreiben verbreiten, sondern damit vor allem bessere Voraussetzungen schaffen für die Realisierung eines alten Zieles: der missionarischen Verbreitung europäischer Werte. Die Schrift ersetzt hier oft nur andere Elemente (etwa die christliche Botschaft), die in früheren Diskursen den Übergang vom Wilden zum Zivilisierten markierten. Der Wilde lebte, so die immer wiederholte Behauptung bis weit ins 20. Jahrhundert hinein, im Dämmerzustand des Halbbewußten, bis Mission oder koloniale Ordnung oder geregelte Arbeit, oder was immer gerade Mode war, ihm das Licht der

Bewußtheit brachte – heute ist es die Alphabetisierung. Auf der anderen Seite der Barrikade wollen diejenigen, die nun den Charme des Analphabetismus zu entdecken beginnen, wohl nicht nur diesen retten, sondern auch und immer noch die gesamte schriftlose Kultur.

Lévi-Strauss, der den Ausdruck ›schriftlose Gesellschaften‹ als erster bekannt gemacht hat, denkt über den Unterschied zu schriftbesitzenden Gesellschaften nach. Das ist zwar neu, doch folgt er dabei älteren Konventionen der Unterscheidung zwischen »primitiven« (in der neuen Sprachregelung: schriftlosen) und »zivilisierten« (jetzt: schriftbesitzenden) Völkern. Letztlich geht es auch ihm wieder um die ältere Frage, welche Unterschiede zwischen uns und den Wilden relevant sind. Wenn er etwa argumentiert, die Schrift erst habe die Ausbreitung staatlicher Herrschaft ermöglicht, so nimmt er dabei eine traditionsreiche These wieder auf: daß eine tiefe Kluft klaffe zwischen staatlicher Herrschaft und primitiver Gemeinschaftsordnung (davon ging schon 1580 Montaigne aus) – nur, daß Lévi-Strauss dabei der Schrift eine so wichtige Rolle zuschreibt, ist neu. Ähnlich, wenn er Schriftlosigkeit und menschliche Wärme zusammensieht: Daß die »primitiven« Gemeinschaften sich von der unsrigen durch Personalisierung und Konkretheit der Beziehungen unterscheiden, ist ein alter Lehrsatz der Sozialwissenschaften (vgl. z.B. Ferdinand Tönnies' Gegenüberstellung von altertümlicher ›Gemeinschaft‹ und moderner ›Gesellschaft‹, 1887). Neu ist, daß Lévi-Strauss diesen Unterschied aus demjenigen zwischen mündlicher und schriftlicher Kommunikation ableitet.

Im neuen, kommunikationswissenschaftlichen Gewand der Problematik ›Mündlichkeit/Schriftlichkeit‹ werden alte Themen neu vorgestellt. So führt die Frage nach dem Unterschied zwischen mündlichen und schriftlichen Aussagen z.B. auch wieder zum Vergleich zwischen frühzeitlichem und modernem Denken. Wenn etwa Jack Goody 1981 vermutet, daß »die Schrift die Logik und die Formalisierung erlaubte« (daß also *vor*schriftliche Texte *nicht* von Logik und Formalisierung geprägt worden seien), so ist er damit gar nicht so weit entfernt von Lucien Lévy-Bruhl, der schon Anfang des Jahrhunderts ein Denken jenseits logischer Formalisierung für das Kennzeichen primitiver Kultur hielt[13] – nur, daß Goody jetzt als Erklärung die Schrift einführt.

In den rassistischen vierziger Jahren deutete man den angeblichen Denkunterschied pseudo-naturwissenschaftlich um: Hing das andere Denken der Primitiven mit anderen Gehirnwindungen zusammen? Heute formuliert man das nicht mehr verstaubt rassistisch, sondern medienkundlich aufpoliert, liebäugelt etwa mit einer naturwissenschaftlich und gleichzeitig medienwissenschaftlich klingenden Hypothese: Unter dem Einfluß der Schrift hätte sich das Verhältnis der beiden Gehirnhälften des Menschen verschoben, so daß die neurophysiologischen Vorgänge im Hirn des Angehörigen einer Schriftkultur nun anders seien als die im Hirn des Prä-Literalen.[14]

Voraussetzung solcher (zum Glück nicht durch das Sezieren von Analphabetenhirnen überprüfbarer) Vermutungcn ist cin Glaubenssatz europäischer Überheblichkeit: daß die außer- oder vorabendländische Schriftlosigkeit Hand in Hand ginge mit geringerer Kontrolle durch den Verstand, geringerer Intellektualität. Vielleicht ist dieses Vorurteil durch unsere oben erwähnte Trennung von intellektuellem Wort und Kunst mitbedingt: Das künstlerisch verbrämte Wort mag uns nicht intellektuell erscheinen.

Schon in den zwanziger und dreißiger Jahren unterschied man orale und literale Kulturen, indem man beispielsweise ersteren einen ›gesellschaftlichen‹, und das hieß stärker emotionalen, letzteren einen ›verstandesmäßigen Sprachgebrauch‹ zuschrieb. »Die Motive des Schreibens sind abstrakter, intellektualisierter«. Und bis heute folgen Jack Goody und Ian Watt im Grunde der gleichen These (wobei sie freilich Ursache und Wirkung austauschen, wohl unter Marshall McLuhans Einfluß), wenn sie als Konsequenz der Literalität nennen: die Verbreitung eines »abstrakten« Denkens und der »Idee der Logik«, die Entwicklung eines »analytischen Prozesses«.[15]

Dieser Glaubenssatz bestimmt selbst noch manches europakritische Lob der Schriftlosigkeit. Erich Scheurmann etwa (der 1920 den dann erst in den siebziger Jahren zum Kultbuch der Zivilisationskritik avancierten ›Papalagi‹ publizierte) vermeinte in den schriftlosen Wilden die Idealfiguren seines »Lobes der Dummheit« zu erkennen und verurteilte die Schrift als ein Mittel, das zum Denken führe.[16]

Hier stellt sich wieder eine klassische kulturtheoretische Frage: »Sind die Völker, die wir als ›primitiv‹ einstufen, wirklich unterentwickelt in abstraktem Denken oder intellektueller Aktivität, oder ist es nicht eher so, daß wir gerade erst zu verstehen beginnen, wie sie denken? Nennen wir sie ›einfach‹, weil sie wirklich einfach sind, oder weil *wir* nur die einfachsten Formen und Ideen ihrer Kulturen verstehen? Sind sie primitiv, oder ist unser Verständnis von ihnen primitiv?«[17] Vor dem Hintergrund dieser Frage versuche ich, Besonderheiten nicht-schriftlicher Kultur herauszuarbeiten. Ist die Oralität indianischer Texte einfach nur *Nicht*schriftlichkeit, ein Mangel, den allenfalls die Künder eines dumpfen »gesunden Instinkts« oder eines buchfeindlichen »Die Weißen denken zuviel« feiern mögen? Oder ist sie etwas *anderes*, eine Originalität, die wir, befangen in der Beschränktheit unseres Buchstabendenkens, nur mühsam erahnen können?

Das Material, das mir dabei zur Verfügung steht, sind vor allem indianische Texte (deren Einbettung in einen größeren Zusammenhang wir, wie gesagt, nicht vergessen dürfen). Dabei werde ich schrittweise vorgehen: vom uns Vertrauten, relativ leicht Verständlichen zum immer Fremderen. Ich beginne mit der indianischen Rhetorik, von der wir sehen werden, daß sie in manchem an europäische Rhetorik erinnert. Dann komme ich zu Mythen, dann zu Liedern, bei denen Übersetzungs- und Interpretationsprobleme den Zugang erschweren. Schließlich versuche ich, die aus unserer Schriftkultur stammende Beschränkung auf Texte zu überwinden, und beschreibe ein Beispiel für graphische Kommunikation in nicht-schriftlichen Kulturen, einen Umgang mit Symbolen, der – obwohl er in manchem an unser Schreiben erinnert – die Fremdartigkeit von Oralkultur vor Augen führt.

5
Die Welt der Worte und Klänge

Die Herren der Rede

In unserer abendländischen Tradition gibt es einen Zweig der klassischen literarischen Künste, der bis heute der Mündlichkeit eng verbunden geblieben ist: die Rhetorik. Bis heute ist es beispielsweise schlecht angesehen, wenn die Abgeordneten im Deutschen Bundestag ihre Reden nicht frei halten, sondern vom Blatt ablesen. Es ist wohl kein Zufall, daß es den Europäern meist leichter gefallen ist, den schriftlosen Indianern die nicht unbedingt an Schrift gebundene Rhetorik zuzugestehen als die Literatur. Beginnen auch wir unsere Beschreibung waldindianischer Oralkultur an diesem Punkt: Gibt es eine indianische Kunst der Rede?

Vor allem die Reisenden des 16. und 17. Jahrhunderts (selbst Kinder eines Zeitalters, das die antike Rhetorik wiederentdeckt hatte, teils auch Missionare mit einer rhetorischen Schulung als Prediger) hatten ein Ohr für indianische Sprachgewalt. Diese wurde damals oft gelobt – ein gewichtiges Lob, wenn es von Experten des Faches kam. Unter den Indianern des östlichen Südamerika wurden dabei besonders die Guaraní und Tupinamba in Paraguay und Brasilien hervorgehoben. Das mag daran liegen, daß gerade deren Sprachen den Europäern aus historischen Gründen früh vertraut wurden. Gerade die Sprechkunst dieser Völker konnten die Europäer daher früher als diejenige anderer Indianer beurteilen.

Hinzu kam die Neigung mancher Reisender, gerade die Sprachen der Guaraní und Tupinamba mit dem Latein zu vergleichen (nicht, weil es eine besondere Ähnlichkeit gegeben hätte, sondern aus politisch-ideologischen Gründen). Ihre Beschreibung der Sprechweisen in diesen Sprachen erweckte den Eindruck, als spräche ein Cicero. Aber mag es bisweilen auch der humanistische Blick gewesen sein, der den Indianern eine klassische Toga anzog – ganz von der Hand zu weisen sind diese Berichte nicht. Da lebten Missionare lange genug mit den Indianern zusammen, um deren Sprachen gut zu lernen, und beharrten dann darauf, daß die Wilden rhetorische Meister seien, wurden also doch zumindest beeindruckt.

Das griechische Wort ›rhētōr‹ bezeichnete einst den Antragsteller in der Volksversammlung. In der Antike waren die Blütezeiten der Rhetorik die Epochen der griechischen und römischen Demokratien, als öffentlicher Vortrag den Königsweg des politischen Kampfes darstellte. Mit dem Ende der Demokratie begann auch der Niedergang der Rhetorik. Die politische Verfassung der Indianer des östlichen Südamerika nun ist zwar keine attische Demokratie, aber doch ebenfalls ein System, in dem es der Beifall einer Mehrheit ist, der Macht verleiht, und nicht so sehr die Abstammung oder Waffen. Die Häuptlinge regieren nicht als Tyrannen, sondern müssen überzeugen. Insofern gibt es gewisse, begrenzte Ähnlichkeiten hinsichtlich der Bedeutung der Rede. Im 17. Jahrhundert konnte deshalb der klassisch gebildete Jesuitenpater Antonio Ruiz de Montoya die Wichtigkeit der Redekunst für das politische Leben der Guaraní erkennen, das er allerdings mit Ausdrücken des europäischen Feudalismus begriff: »Viele erwerben höheren Adel durch die Beredsamkeit beim Sprechen – so sehr schätzen sie ihre Sprache . . . durch sie bringen sie Leute zusammen und Vasallen.«[1]

Leider sind uns Reden frühkolonialer Indianer fast nur in europäischen Übersetzungen erhalten, deren Sorgfalt kaum noch zu überprüfen ist. Haben Iapy Ouassou, Häuptling der Insel Maranhão in Nordostbrasilien, und der französische Gesandte Sieur de Rassilly sich 1612 wirklich mit so diplomatisch wohlgesetzten und vom Bewußtsein des Augenblicks erfüllten Ansprachen begrüßt, die an elegant sich verbeugende Kavaliere der Renaissance denken lassen? Hat 1698 wirklich das grandiose Rededuell stattgefunden, in dem der Medizinmann Pedro der Gewaltige den Glauben ostparaguayischer

Guaraní gegen seinen zum Christentum abgefallenen Schüler und gegen einen Missionszögling verteidigt haben soll? War Pedros des Gewaltigen Rhetorik wirklich die der großen Predigten der Barockzeit?[2]

Deutlich wird jedenfalls, daß bedeutende Ansprachen gehalten, Redeschlachten ausgetragen und von der Bevölkerung mit Interesse angehört wurden. »Sie finden Gefallen an ihren Reden, die sie manchmal zwei oder drei Stunden und länger halten, ohne daß sie zögern oder irgendwie durcheinanderkommen. Dabei verstehen sie es sehr gut, aus den Argumenten, die man ihnen gibt, die Schlußfolgerungen abzuleiten.«[3]

»Herren der Rede« nannten die Tupinamba und Guaraní ihre großen Redner, und dieser Titel, der nicht immer klar von dem des Häuptlings zu trennen ist, bedeutete politische Macht: »In seiner Hand hat er Leben und Tod, und er kann sie führen, wohin er will, ohne auf Widerspruch zu treffen«. Wer im Kreis dieser Rhetoren akzeptiert werden wollte, mußte sich eine ganze Nacht hindurch – manchmal sogar zwei oder drei Nächte lang – einer Art Initiationsritus stellen: Einem Rededuell, er allein gegen eine ganze Schar. Diese mühte sich, ihn »zu besiegen und zu ermüden, und wenn ihnen das nicht gelingt, halten sie ihn für einen großen Mann und Sprecher«.[4]

Reden können mußten vor allem die Häuptlinge. Itapoucou, ein Häuptlingssohn und Anführer einer Delegation von Tupinamba am französischen Königshof im Jahre 1613, war »würdig in seinem Schritt und in seinen Worten, wobei er die Sicherheit seines Geistes gut hervorkehrt. Er gefällt sich sehr in Ansprachen und wird nie müde, wenn es darum geht, zu dialogisieren«. Der schon erwähnte Häuptling Iapy Ouassou wirkte »bewundernswert in seinen Reden, vor allem wenn er von Gott auf seine Weise spricht, von der allgemeinen Sintflut und von dem Glauben, den die Indianer vom Vater auf den Sohn vererben. Es bereitet Vergnügen, seine Ausführungen darüber zu hören, denn er erzählt wunderbare Dinge. Das tut er ferner, wenn er auf die harte Unterdrückung durch die Portugiesen zu sprechen kommt.« Sein Nachbar, der Häuptling von Mayoue war »einer der größten Redner, die man finden kann. Es macht ihm Spaß, alle Nächte mit verschiedenen Reden zu verbringen, wenn es Leute gibt, die ihm gerne zuhören.«[5]

Auch die Missionare erfuhren die Freude, daß man eifrig zusammenströmte, um ihnen zuzuhören, und daß ihre Predigten von indianischen Kennern beifällig aufgenommen wurden: »Wir verbrachten den ganzen Nachmittag mit solchen Reden, denen sie mit viel Zufriedenheit zuhörten, und sie fanden ein einzigartiges Vergnügen darin, uns Fragen zu stellen.« Begeistert lobt ein Prediger sein indianisches Publikum, das seine Rede »während zweieinhalb Stunden unglaublich schweigsam und aufmerksam anhörte«.[6] Zur indianischen Hochachtung vor Beredsamkeit gehört, so scheint es nach solchen Berichten, die Aufwertung des Wortes durch eine Etikette des aufmerksamen Schweigens. Nicht nur der Inhalt und damit dessen Diskussion, sondern auch die Kunstform und damit deren Genuß sind den Zuhörern wichtig.

Uns heutigen Europäern wäre das schweigsame Anhören einer zweieinhalbstündigen Ansprache meist eher eine Qual. Andererseits sind viele von uns noch recht gut in der Lage, mit Genuß einem stundenlangen Konzert zu lauschen. Ein Grund für den Unterschied mag darin liegen, daß unsere Schriftkultur dem gesprochenen Wort eine nicht mehr musische, sondern informative Funktion zuweist: Wir genießen die Rede kaum noch als Kunstwerk, sondern nutzen sie als Informationsquelle. Bei vielen Indianern hingegen ist das gesprochene Wort bis heute nicht aus dem ästhetischen Zusammenhang herausgelöst. Das könnte ein Grund z.B. für die Rolle des Wortes in der Religion heutiger Guaraní sein, einer »Religion des Wortes, wobei dieses nicht hauptsächlich ein ›Inhalt‹, sondern eine ›Form‹ ist. Dieses Wort entwickelt sich weniger im Diskurs und im Beweis als im Vortrag und im Orakel«[7] – in Formen also, denen man zuhört, ohne dem Sprecher ins Wort zu fallen (so wie man den Musikern beim Konzert, nicht aber dem Diskutanten schweigsam zuhört).

Aus den Berichten der Chronisten lassen sich mindestens zwei Typen politischer Rede der kolonialzeitlichen Waldindianer erkennen: die Monolog-artige Ansprache ans Volk und die Diskussion im Rat. Ein typischer Monolog war die morgendliche Routine-Ansprache, in welcher der Häuptling die Dorfbewohner ermahnte, den Tag richtig zu verbringen (und dieser Rede-Typus erinnert etwas an die oben beschriebenen Moralpredigten der Azteken). Monologe waren auch die Aufrufe zum Krieg, feierliche Hetzreden der Alten an die Jungen, oft über sechs Stunden lang.[8] Dem dürfte gewöhnlich der politische Kriegsentschluß im Rat vorausgegangen sein. Während die Monologe Unstreitiges verkündeten, ging es in den Ratsversammlungen um Meinungsbildung. Der Rat war (und ist bei manchen Indianern bis heute) eine allabendliche Versammlung der wichtigsten Männer des Dorfes. Das Diskussionszeremoniell würden wir heute vielleicht als angelsächsisch beschreiben, ein Europäer des 16. Jahrhunderts dachte an ein damaliges Muster parlamentarischer Debatte: »Man könnte meinen, das wären jene Herren, die sich im Senat von Venedig beraten, so viel Würde und Bescheidenheit zeigen sie bei ihren Beratschlagungen, und man hört keinen einzigen wirren Ruf von Leuten, die dazwischenschnattern, denn es redet nur einer auf einmal, unter der Höflichkeit und dem Respekt der anderen. Jedem wird sorgfältig zugehört, und wenn einer gesprochen hat, nimmt ein anderer seine Stelle ein und sagt seine Meinung.«[9] Selbst der Dialog also wird von der Struktur des Monologs, von der Kultur des schweigsamen Zuhörens durchdrungen.

Zum rhetorischen Stil der Tupinamba und Guaraní jener Zeit erlauben die uns erhaltenen Text- und Übersetzungsfragmente keine umfassende Aussage. Betrachten wir immerhin ein Beispiel, die 1580 in Frankreich veröffentlichte Übertragung eines Kriegsaufrufs der Tupinamba: »Unsere Vorfahren, die so mutig gekämpft und mutig so viele Feinde unterworfen, getötet und aufgegessen haben – hinterließen sie uns das Vorbild, daß wir immer zuhause bleiben sollen wie Verweiblichte und Feiglinge? Wird es notwendig sein, daß – während in der Vergangenheit unsere Nation so viel Angst und Schrecken verbreitete, daß keine andere vor ihr bestehen konnte – jetzt zu unserer großen Schande und Beschämung unseren Feinden die Ehre zuteil wird, uns bei uns zuhause aufzusuchen? Wird unsere Feigheit den Margaiats und den wertlosen Portugiesen die Gelegenheit geben, sich auf uns zu stürzen?« Nach diesen Worten schlägt sich der Redner auf Schultern und Schenkel und ruft aus: »Meine Stammesgenossen, Tupinamba, kräftige junge Männer, nicht so, nicht so! Entschließen wir uns doch lieber, sie aufzusuchen, und dann ist es besser, daß wir uns alle töten und auffressen lassen, wenn wir dabei doch wenigstens die Unsrigen gerächt haben!«[10]

In dieser Rede finden wir die große Geste, die Verknüpfung von Leidenschaft und intellektuell durchdachtem Redeaufbau, die in der klassischen europäischen Tradition gefordert wurde. Sie enthält rhetorische Figuren, wie antike Lehrer sie lehrten, z.B. die Exclamatio, d.h. den leidenschaftlichen und doch berechneten Ausruf, oder die rhetorische Frage in direktem Appell an die Zuhörer oder die Gradation (ein Vorgang wird in eine Reihe von zunehmend dramatischen Teilvorgängen zerlegt: »gekämpft, Feinde unterworfen, getötet und aufgegessen«). Diese europäische Parallele macht mißtrauisch gegen die Übersetzung, die aber immerhin durch Jean de Léry überliefert ist – einen Autor, der gerade nicht zur Aufwertung der Indianer durch antikisierende Vergleiche neigte.

Auf die Existenz einer rhetorischen Kunst deuten auch Passagen der Sprachlehrbücher der Missionare hin. Sie sollten zwar nicht speziell die Beredsamkeit, sondern genereller die Sprache lehren, doch da man mit ihrer Hilfe den Indianern predigte, berühren sie das Thema. Die Guaraní-Grammatik des Jesuitenpaters Paulo Restivo (1718/24) enthält z.B. ein Kapitel »Emphatische Sätze«, das sich teilweise auf rhetorische Emphase beziehen könnte. Wir finden da sozusagen die Gebrauchsanleitung zur Konstruktion rhetorischer Fragen von der Art, wie wir sie eben in der Kriegsrede kennenlernten. Der Grammatiker bewundert die elegante Konstruktion, »und zwar bilden sie damit eine ironische Rede, das heißt, man muß genau das Gegenteil von dem verstehen, was der Satz sagt.« Fragepartikel werden eingesetzt, »nicht um eine Antwort zu heischen, sondern um die emphatische Sprechweise zu markieren, in der man den Satz wie eine Frage abschließt«.[11]

Seit dem 16. Jahrhundert zunehmend kolonisiert, mußte die indianische Rhetorik doch nicht überall verstummen. In den jesuitischen »Reduktionen« traf sie sich mit der christlichen Missionsmethode des Predigens. Wir wissen von einem Guaraní-Häuptling im 17. Jahrhundert, der seine Schrift- und Katechismuskenntnisse dazu nutzte, »Homilien und thematische Predigten in seiner Sprache zu entwerfen, mit einer Stoffgliederung (disposición), wie ein gelehrter Prediger sie entwerfen könnte, in Thema, Schilderung des Sachverhalts (narracion), Einleitung (exordio), Beweise aus Stellen der Schrift und der Heiligen, Abwägung (ponderacion), überzeugende Beweisführung (persuasiõ), Schlußteil (epilogo) ... Wenn er so die Predigten geschrieben hat, überreicht er sie den Patres, die erneut in jene Missionsdörfer kommen, und die Predigten helfen den Patres anfangen, mehr als die altehrwürdigen Bücher von Hortensius und anderen hochberühmten Rednern, weil sie mehr nach dem Geist der Indianer abgefaßt sind.«[12]

Bei der Übersetzung dieses Zitats habe ich einige spanische Ausdrücke in Klammern stehen lassen: Fachterminologie der Rhetorikschulung. Ihr Gebrauch hier zeigt, daß der indianische Redner schon als Rhetoriker anerkannt wurde. Verbanden die Häuptlinge durch die Übernahme des Predigeramtes einfach die alte Beredsamkeit mit neuen Materien? Freilich ist ein solcher Vorgang nicht ohne Wechselwirkungen vorzustellen, nicht ohne teilweise Guaranitisierung der Materie und Europäisierung der Form.[13] Auch war die Anerkennung durch die Europäer sicher nicht ganz selbstlos, sondern auch Teil jener Politik der Vereinnahmung indianischer Formen für europäische Inhalte, die wir im ersten Teil dieses Buches sahen.

Die kolonialzeitlichen Berichte habe ich hier zitiert, weil sie klarer als viele Quellen des 20. Jahrhunderts die Rednerkunst im Leben der Indianer beschreiben. Die Veränderung der rhetorischen Kultur von damals auf heute hat vermutlich weniger bei den Indianern stattgefunden als bei den europäischen Zuhörern. Diese interessieren sich mittlerweile weniger für Rhetorik als ihre humanistischen und barockzeitlichen Vorgänger, achten nicht mehr darauf und erfahren auch selbst nicht mehr den indianischen Beifall für eine gute Rede (denn welchem Europäer fiele es heute noch ein, stundenlange Ansprachen an die Indianer zu halten?). Die frühen Missionare waren in gewisser Weise Kollegen der indianischen Redner, mit etwas von dem Neid und Konkurrenzgerangel, aber auch etwas von dem Verständnis, das es zwischen Kollegen gibt, während wir Heutigen nurmehr distanzierte, fremde Zuhörer sind – vielleicht nur deswegen toleranter. Unsere zunehmende Entfernung von mündlicher Kultur hat uns auch von den Indianern entfernt.

In den Forschungsberichten heutiger Weißer ist die indianische Rhetorik nur selten ein ausdrückliches Thema. Doch man lese solche Berichte einmal unter dem rhetorischen Gesichtspunkt. Beispielsweise wird über Häuptlinge immer wieder gesagt, daß sie durch Redekunst regieren. Bei den Xikrin in Zentralbrasilien (um ein Beispiel herauszugreifen) erinnert eine Institution an die »Herren der Rede« der Tupinamba: die Würde des »Wahrhaften Sprechens«, die zu zeremoniellen Auftritten mit Gesängen und Ansprachen verpflichtet. In einem Xikrin-Dorf von etwa 80 erwachsenen Einwohnern erkennt man vier Männer als gute Redner an: den Häuptling; den alten Medizinmann, ferner einen, der als Hüter der guten alten Sitten den Jugendlichen bei feierlichen Anlässen zuredet; schließlich einen Jüngeren, der eher persönliche Reden hält – an zentraler Stelle im Dorf »ständig hin und her schreitend, widmete er sich wahren Übungen in Beredsamkeit, die er durch eine Inszenierung ergänzte, in der die Mimik, die Lauteffekte und die Wortwahl eine wichtige Rolle spielten.« Manchmal sprach er fast zwei Stunden lang. Die (den Xikrin kulturell nahen) Apinaye in Nordostbrasilien wählten bis in die 30er Jahre einen Dorfredner, dessen Amt darin bestand, die Bevölkerung möglichst jeden Morgen an die rechten Sitten zu erinnern. Er war auch Zeremonienmeister bei Festen. Sein Ansehen scheint dem des Häuptlings nicht nachgestanden zu haben.[14]

Wenn diese Institution bei den Apinaye heute verschwunden ist, so deshalb, weil ihre dorfdemokratische Freiheit zugrundeging. Öffentliches Reden kann sich offenbar dort am ehesten in indianischen Formen entfalten, wo der institutionelle Rahmen der Indianer, etwa der Dorfrat, nicht zerschlagen wurde. So ist es wohl kein Zufall, daß eine Redekultur besonders deutlich bei den Cuna in Panama erforscht werden konnte, einer Gruppe, die sich interne politische Autonomie errungen hat und nun in einem sehr originellen Kompromiß indianische und westliche Verfassungselemente kombiniert. Die Cuna sind kulturell recht verschieden von den Wald- und Savannenindianern des östlichen Südamerika, es gibt aber gerade im Bereich der Dorfverfassung doch einige Ähnlichkeiten, so etwa die allabendliche Versammlung. Und es erinnert an die Berichte der Chronisten über die Tupinamba, wenn wir heute über die Cuna lesen, daß in ihrer Gesellschaft »Sprechen zentral für die Definition der wichtigsten Rollen ist«. Ein Häuptling »ist ein Mann, der die Überlieferungen der Cuna gut kennt, sie ausführlich sprechen und singen und in geeigneter Weise entwickeln kann, um sie den Gegebenheiten anzupassen.«[15] Zu jeder wichtigen Funktion im Cuna-Dorf gehört jeweils ein eigener Typus von Redekunst, nach dem man die Dorfgewaltigen unterscheiden kann.

Die oben erwähnten zwei Typen politischer Rede der Tupinamba lassen sich bei Indianern der Gegenwart wiedererkennen: Monolog und (strukturell dem Monolog ähnliche) Diskussion im Rat. Die Mahnreden des Sittenwächters bei Xikrin und Apinaye, die fast allnächtlichen Moralpredigten der Cuna-Häuptlinge im zentralen Dorfversammlungshaus ähneln den allmorgendlichen Ansprachen der Tupinamba-Häuptlinge. Sie gehören zur Kategorie der Monologe.

›Monolog‹ und ›Dialog‹ sind zunächst europäische Kategorien, die ich von außen auf indianisches Sprechen übertrage. Indianer selbst aber treffen ähnliche Unterscheidungen. Die zentralbrasilianischen Mehináku nennen vor allem zwei Formen des politischen Redens: *Awuntapu*, der Monolog des Häuptlings, und *Metaya*, das (mehr auf Dialog angelegte) Mitteilen von Nachrichten. Zu letzterer Kategorie gehören der Austausch von Mitteilungen und die Diskussion im Rat der älteren Männer. In der Sprache der Cuna verläuft die Abgrenzung der Vokabeln für Reden zwar anders, aber im politischen Leben unterscheiden die Cuna ebenfalls zwischen solchen Vorträgen, die nicht beantwortet, nur von untergeordneten Rednern interpretiert werden, und solchen, die eine gleichberechtigte Antwort verdienen[16] (daß hier Fragen der Rangordnung in den Vordergrund treten, hängt wohl mit der stärkeren Hierarchisierung der Cuna-Gesellschaft zusammen). Dem entspricht teilweise eine Differenzierung in gesprochenen und gesungenen Vortrag. Die Einbeziehung des Singens in die Rhetorik ist ein Vorgang, der nun unseren europäischen Kategorien querläuft. Er findet sich auch etwa in der Einbeziehung von zeremoniellen Gesängen ins »Wahrhafte Sprechen« der eben erwähnten Xikrin.

Nicht immer haben Reden das Gewicht offizieller Ansprachen. Einen öffentlichen Monolog führen darf eigentlich jeder Waldindianer, wobei nur das Zuhörerecho unterschiedlich ist.

In vielen Dörfern ist der feierliche, laute Monolog ein geläufiges Kommunikationsmittel: die erzieherische Scheltrede des Vaters, die den ungezogenen Sohn öffentlich blamiert; die Anklagerede des gehörnten Ehemannes usw. Bei den Tupari in Westbrasilien z.B. macht der Mann seinem Ärger gern in nächtlichem Vortrag Luft: »Vor dem Hause stehend oder auch von der Hängematte aus spricht der Redner mit lauter Stimme, so daß ihn die ganze Hausgemeinschaft hören kann.«[17]

Sind die Reden aber mit Autorität und Wissen um Tradition verbunden, können sie zur geradezu heiligen Übermittlung *des* Wortes werden. »Unsere Vorfahren sprachen so. Wenn die Alten so sprachen, antworteten die Jungen: ›Tschii! Das ist die Wahrheit! So ist es!‹ Nachdem der Alte gesprochen hat, darf man seine Worte nicht vergessen. Man darf nicht fortgehen ohne diese Worte, ohne sie mitzunehmen. Nicht ohne Grund wurden diese Dinge gesagt. Wir sind dadurch klug geworden. Wie es die Alten wissen, in Wahrheit, beraten sie uns im Morgengrauen, sprechen sie« (kommentiert Aurelio Chumap Lucía in seinem Werk über die Mythologie seines Volkes, der ostperuanischen Aguaruna, die Quellen seines eigenen Wissens, die morgendlichen Mahnreden der Alten[18]).

Die mehr auf Dialog angelegte Rede findet sich vor allem dort, wo die Diskussion in den Ratsversammlungen lebt. Im Rat der Mehináku ist »im Unterschied zu anderen sozialen Zusammenkünften die Interaktion auf einen Punkt konzentriert: Nur eine Person auf einmal spricht, und zwar zum gleichen Thema wie der vorherige Sprecher«.[19] Selbst die Diskussion besteht in diesem Fall aus einer Folge von Monologen, die sich freilich aufeinander beziehen.

Welche rhetorischen Formen haben die Ansprachen? Wieder stehen wir vor dem Problem unzureichender Dokumentation. Indianische Reden aus mündlichen Kulturen der Gegenwart sind zwar in zuverlässigerer Dokumentation, aber in geringerer Anzahl aufgezeichnet als aus der Kolonialzeit. Lesen wir ein Beispiel, den Anfang einer morgendlichen Ermahnung der Mehináku durch Häuptling Akusa. Akusa gilt als »ein besonders wirkungsvoller Redner, der die Wiederholungsformeln und langgezogenen Schlußvokale souverän beherrscht, die den rhetorischen Stil eines Häuptlings ausmachen«:

»Wacht auf, meine Söhne! Amairi [ein Sternbild am Beginn einer Jahreszeit] ist aufgegangen und die Zeit der Arbeit ist gekommen. Die Zeit der Arbeit ist gekommen! Sagt mir nicht: ›Ich werde nichts tun!‹ Einem richtigen Mann macht es Spaß, zur Arbeit zu gehen. Vor langer Zeit, wenn damals die Leute Amairi sahen, da gingen sie zur Arbeit in ihre Pflanzungen. Das waren richtige Schaffer, und ihre Pflanzungen lagen weitab von ihren Häusern, nicht in ihren Hauseingängen wie eure! Vor langer Zeit legte der Bruder meiner Mutter eine Pflanzung ganz weit entfernt an, beinahe so weit wie von hier zur Verwaltungsstation. Vor seiner Haustür? Das würde ich aber nicht sagen! Nicht bei ihm! Hier in unserem Dorf fressen die Ameisen unsere Pflanzungen auf, und jedermann beklagt sich: ›Die Ameisen fressen meinen Maniok auf!‹ Ich frage euch, warum legt ihr dann eure Pflanzungen nahe den Wohnungen der Ameisen an? Unsere Vorfahren rodeten den Wald für ihre Pflanzungen ganz weit entfernt, und sie ernteten eine ungeheure Menge Nahrung. Legt Pflanzungen an! Produziert Maniokmehl! Arbeitet!«[20]

Selbst noch in der deutschen Übertragung sind einige der von Akusa verwendeten Redefiguren erkennbar, wenngleich nur Satzsinnfiguren, da solche des Wortsinns, des Wortspiels und des Satzbaus der Übersetzung zum Opfer fallen. Aus der oben zitierten Tupinamba-Rede kennen wir schon die Publikumsbeschimpfung (hier noch erweitert, indem Akusa seinem Publikum eine träge Antwort unterstellt: »Sagt mir nicht: ›Ich werde nichts tun!‹«), die verneinend zu beantwortende rhetorische Frage, wie sie ja schon in der Kolonialzeit dem Jesuiten Restivo auffiel (»Vor seiner Haustür?«), die Gradation (hier abgeschwächt zur Reihung von Beinahe-Synonymen: »Legt Pflanzungen an! Produziert Maniokmehl! Arbeitet!«).

Typisch, auch bei anderen ethnischen Gruppen in Südamerika zu hören, ist die phonetische Veränderung der Sprache: im Fall von Akusas Redekunst die langgezogenen Schlußvokale. Eine Reihe indianischer Sprachen kennt relativ umfangreiche Systeme des wahlweisen Gebrauchs phonetischer Variablen, etwa in der Art unserer deutschen Wahlmöglichkeit zwischen »in das« und »ins« oder »im Hause« und »im Haus«. Vielfach aber hängt die Wahl zwischen den Variablen nicht wie im Deutschen von persönlichem Geschmack und Bildung des Sprechers ab, sondern von der Etikette oder vom Redetypus – etwa gehört zu öffentlichen Ansprachen die längere Variable.[21] Dahinter scheint mir ein stilistisches Prinzip zu stecken, das uns heute sehr fremd geworden ist: daß Wichtiges Zeit braucht. Die Bedeutung einer Rede wird dadurch unterstrichen, daß man sie in die Länge zieht, teils durch Wiederholungen, teils durch Längung der einzelnen Wörter. Dabei geht es wohl weniger darum, durch Einhämmern den Inhalt möglichst effizient zu vermitteln – denn durch die Längung werden die Wörter teils auch verfremdet, und in der gleichen Rede werden nicht selten verfremdende Formeln und Umschreibungen eingebaut, die das Verstehen erschweren. Eher handelt es sich hier um ein ästhetisches Prinzip: Was wirken soll, muß sich in einer Zeit entwickeln. Wir kennen Ähnliches aus der Musik, wo bestimmte Stücke auch durch ihre Dauer in der Zeit eigenen Reiz bekommen, während wir es beim gesprochenen Wort vielleicht deshalb kaum noch verstehen, weil dieses für uns aus der Ästhetik herausgenommen ist. In der Musik eher als in der Rede begreifen wir überhaupt noch die Bedeutung des Faktors Tempo.

Die wenigen indianischen Reden, deren Texte uns vorliegen, lassen die Vermutung zu, daß ihre Stilistik sich nicht grundsätzlich von derjenigen eines anderen Genres der mündlichen Literatur unterscheidet: der Mythen. Mythentexte nun kennen wir in größerer Anzahl. Wir wollen sie heranziehen, um den rhetorischen Stil noch etwas genauer kennenzulernen. Die Verwandtschaft zwischen Mythenerzählung und Rede ergibt sich dann besonders einleuchtend, wenn beide ineinander übergehen. So wie mancher Häuptling oder Redefunktionär morgens die Tageslosung mit allgemeinen Ermahnungen ausgibt, so steht mancher Familienvater im Morgengrauen auf, um seinen Kindern Belehrungen zu erteilen und Mythen zu erzählen, passend zum jeweiligen Tag. Auch Häuptlingsansprachen werden bisweilen mit Mythen gewürzt.

Die eben zitierte Mahnung zum Fleiß bei der Feldarbeit könnte etwa durch eine Mythe über den Ursprung der Feldpflanzen ergänzt werden. Dabei sind feste didaktische Systeme der Verknüpfung bestimmter Mythen mit bestimmten Anlässen möglich, wie Rafael Mashinkiash' am Beispiel des traditionellen Erziehungssystems seines Volkes, der Shuara im ecuatorianischen Amazonasgebiet zeigt.

»Die Erziehung mittels der Mythologie findet statt, wenn der Familienvater etwa um vier oder fünf Uhr morgens aufsteht und seine morgendlichen Vorträge in Form einer angeregten Unterhaltung vorbringt.

Die Kinder des Hauses bilden die Zuhörerschaft. Um ihn herum sitzend, hören sie aufmerksam der weisen Übermittlung der traditionellen Weisheit zu . . . Jede der Mythen gehört zu einer bestimmten Gelegenheit.«[22]

Didaktik der Mythe und Didaktik der ermahnenden Rede können dann verschmelzen. In vielen Mythen finden wir die rhetorische Frage wieder. Bisweilen erwächst sie aus einem tatsächlichen Dialog, so in einem Text der Wayãpi-Indianerin Sa'piye. Von einem Kind gefragt, wodurch die Erde flach geworden sei, leitet sie ihre Erzählung mit der Wiederholung dieser Frage ein: »Na so was! Wodurch die Erde so geworden ist? Das weiß ich nicht. Was ich sagen kann, ist Folgendes. . .« Häufiger freilich ist die Frage von niemand anderem als vom Erzähler selbst gestellt, der die von Rafael Mashinkiash' erwähnte »angeregte Unterhaltung« nicht direkt mit den Zuhörern, sondern quasi als Alleinunterhalter mit sich selber vor den Augen und Ohren des Publikums führt. Die Geister, erläutert z.B. ein Campa-Indianer in Ostperu, »flitzen vorbei, flitzen vorbei, das heißt, sie sind die Verborgenen. Sehen wir sie, wenn sie vorbeiflitzen? Wir sehen sie nicht. Wie könnten unsere Augen sie sehen?«[23]

In der letzten Passage erkennen wir die schon von Restivo bemerkte rhetorische Frage wieder, die eine negative Antwort vorbereitet. Wie eine manierierte Weiterentwicklung davon wirken eigentümlich verschraubte, kunstvolle Negativfragen: »Nichtwirkliches, was war nicht da?« beginnt der große Erzähler Rigasẹdye vom Volk der Murui in Südostkolumbien seine Mythe von der Erschaffung der Welt. Das meint: Was war anderes am Anfang als Nichtwirkliches? – Nichts! Und er fährt fort: »Nichtwirkliches Gebilde berührte der Vater, den Sinnen Unfaßbarcs bcrührte er. Was war nicht da? [d.h. nichts war da!]. Vater, der Nichtwirkliches hielt, hielt es durch einen Traum an sich und suchte es bei sich. Welcher Baum war nicht da? [d.h. kein Baum war da], um es zu halten?« Ein weiteres Stilmittel ist in diesem Text die Wiederholung. Sie erschöpft sich nicht in einfachem Nochmal-Rezitieren des gleichen Satzes: Das herauszuhebende Thema wird in unterschiedlichen Satzzusammenhängen variiert. Hierzu noch ein Beispiel, der Anfang einer Schöpfungsmythe der Apapokúva-Guaraní im südlichen Mato Grosso: »[Der Schöpfer] Ñanderuvuçu kam als einziger, inmitten der Finsternis allein entdeckte er sich. Die ewigen Fledermäuse kämpften miteinander inmitten der Finsternis.«[24] Hier sind zwei verschiedenartige Wiederholungen ineinandergeschachtelt: die der gleichen Wendung in unterschiedlichem Sinnzusammenhang (»inmitten der Finsternis«) und die Wiederholung des gleichen Inhalts mit unterschiedlichen Wendungen (der Schöpfer Ñanderuvuçu agiert erst »als einziger«, dann »allein«).

Solche Redefiguren sind für die Alltagssprache dieser Indianer nicht typisch, finden sich dagegen in Mythen so häufig, daß wir sie als Element eines kunstvollen Sprechstils, einer für besondere Themen und Anlässe reservierten rhetorischen Kunst betrachten können.

Gerald Weiss, Kenner und Bewunderer der Rhetorik der ostperuanischen Campa, zeigte deren Mythen »einem prominenten einlinigen Evolutionisten unserer Zeit. Der gab sie zurück mit nur dem Kommentar, daß die häufige Wiederholung von Wörtern und Sätzen in den Erzählungen klar auf die Primitivität der Kultur hinwiesen. Das fand ich doch wunderlich, denn die Wiederholung von Wörtern ist in unserer eigenen Alltagssprache nicht selten. Außerdem war mein Eindruck gewesen, daß die Wiederholung in der Campa-Erzählung oft zusätzliche Dramatik bewirkte, das heißt, daß sie einem hochentwickelten rhetorischen Ziel dient.« Die Verachtung von seiten des modernen Evolutionisten ist in der Tat nicht selbstverständlich. Als die Europäer mehr von Rhetorik verstanden, im 17. Jahrhundert, hatte der Jesuitenpater Restivo die Wiederholung in Sätzen der Guaraní noch als »sehr geschliffen und elegant« hervorgehoben und ihr ein eigenes Kapitel in seiner Grammatik gewidmet. Die moderne Borniertheit des Evolutionisten nun reizte Gerald Weiss zu einem Vergleich der »primitiven« Wiederholung der Indianer mit einer angeblich höher stehenden Sprechweise. Und siehe da: Fast alle von den griechischen und römischen Rhetorikschulen gelehrten Stilfiguren kehren in den Campa-Texten wieder, darunter verschiedene Varianten der Wiederholung.

So findet Weiss z.B. die von den Griechen so genannte Epizeuxis, die Steigerung der Beschreibung eines Vorganges durch seine Zerlegung in Wiederholungen. Die ersten Weißen, die über die Campa herfielen, tauchten plötzlich aus dem Wasser auf, gleich gräßlichen Fischen, die an die Oberfläche kommen.

Der indianische Erzähler beschreibt das nicht endenwollende Auftauchen von Monstermassen, indem er dem Zuhörer die Perspektive eines Augenzeugen zeigt: »Sie tauchten in großer Menge auf, er sah sie auftauchen, auftauchen, auftauchen, auftauchen, auftauchen, auftauchen, auftauchen, auftauchen, auftauchen.« Eine andere von den Griechen geschätzte Figur war die Anapher, die rhythmische Wiederholung eines Wortes jeweils am Satzanfang. Mit eben dieser Anapher beschreibt ein Campa den Weg des Medizinmannes in die Welt der Visionen: »Er schläft, er trinkt Tabaksaft. Er schläft, er ißt Tabak. Er schläft, er sieht sie im Traum.« Den jeweils gleichen Ausklang mehrerer aufeinanderfolgender Sätze nannten die Griechen Epistrophe, in einer Campa-Mythe heißt das: »Er verwandelte sie in Bienen, auch sie waren einst menschlich. Er verwandelte sie in Termiten, auch sie waren einst menschlich. Er verwandelte sie in viele Felsen, auch sie waren einst menschlich.« Der folgende Passus vereint gleich drei in der antiken wie in der Campa-Rhetorik geschätzte Stilfiguren: »Sie wird ihn nicht aufessen, sie, die ihm doch [rhetorische Figur der Antithese] Harm angetan hatte. Nur die Erde wird ihn jetzt aufessen [Metapher: ›Die Erde ißt ihn‹ für ›Begräbnis‹. Prosopeia: Die Erde wird wie ein menschliches Wesen beschrieben.].«[25]

Der Unterschied zur antiken Redekunst liegt nach Weiss nicht in den Stilfiguren, sondern in deren Häufigkeit: In der Antike oft gebrauchte Formen sind bei den Campa seltener, und umgekehrt. Der überraschende Gedanke, die Meßlatte ciceronischer Texte an indianische Mythen anzulegen, ist symptomatisch dafür, wie man heute, bei zunehmender Kenntnis indianischer Sprachen und Kulturen, immer mehr darauf kommt, daß die Wald- und Savannenindianer neben ihrer Umgangssprache eine komplexere, intellektuell schärfer durchkonstruierte, deklamatorische Sprechweise pflegen, vergleichbar (wenn auch keineswegs gleich) unserer Literatursprache.

Doch ist ein solcher Vergleich überhaupt erlaubt? Kann man überhaupt von mündlicher »Literatur« der Indianer sprechen? Hierzu nun eine Überlegung.

Die gesprochene Kunst

In den Regenwäldern Südamerikas haben »analphabetische Indios« poetische Werke geschaffen, die man mit Fug und Recht neben andere große Schöpfungen der Weltliteratur stellen könnte – in kaum bekannten Sprachen jedoch, aus nebelhaft fernem Zusammenhang, sind sie bei uns bislang die Domäne weniger Spezialisten geblieben. Dabei fehlt es nicht an einschlägigen Veröffentlichungen. Worte aus indianischen Oralkulturen Südamerikas sind schon in beachtlicher Menge schriftlich aufgenommen und in europäische Sprachen übersetzt.

Übersetzt, freilich nur ganz selten als Literatur: Die meisten erscheinen entweder in Märchensammlungen, wo selbst noch die heiligsten und unheimlichsten Sprechkunstwerke Gefahr laufen, zu einem heimeligen Kinderspaß verniedlicht oder als Material für soziokulturelle Untersuchungen benutzt zu werden. Im zweiten Fall wird der verschriftlichte Text eben nur als Material gelesen, nicht jedoch als literarische Schöpfung. Ein Liebesgedicht wird zum Forschungsbeleg für bestimmte Heiratsregeln entfremdet, sein poetischer Gehalt interessiert nicht mehr. Mythenruinen werden zu Steinbrüchen, aus denen man ohne Rücksicht auf die ursprüngliche Form Informationen herausbricht.

Diesen Mangel an Interesse für den literarischen Wert des Mündlichen unterstützt neuerdings in der wissenschaftlichen Diskussion noch das eigens für mündliche Texte geschaffene Fachwort »Oratur« (von lat. oratio = Rede): Als betonter Kontrast zu ›Literatur‹ (von lat. literae = Geschriebenes) erfunden, soll es die Schöpfungen mündlicher Kultur aus der »echten«, d.h. geschriebenen Literatur aussondern. Mit dem Wort »Oratur« zieht man einerseits eine gar zu strikte Grenze zwischen schriftlicher und mündlicher Kultur und verwischt andererseits Abgrenzungen innerhalb des mündlichen Bereichs. Dahinter stecken zwei Voraussetzungen, die ich fragwürdig finde: 1. daß die mündlichen Texte eben keineswegs Literatur seien; 2. daß man alles Gesprochene gleichermaßen unter dem einen Sammelbegriff »Oratur« zusammenfassen, bei der mündlichen Kultur also den (in unserer Schriftkultur so bedeutsamen) Unterschied zwischen kunstloser Alltagsrede und kunstvoller Literatur vernachlässigen könne.

Demgegenüber möchte ich mit dem Begriff »mündliche Literatur« betonen, daß es auch in der mündlichen Kultur ›Texte‹ gibt, die man als ›Literatur‹ einerseits von der Alltagsrede unterscheiden muß, andererseits unserer schriftlichen Literatur an die Seite stellen kann. Selbst in der europäischen Tradition wird ja einerseits »viel geschriebenes Material – z.B. der Großteil des Inhalts von Zeitungen – nicht als Literatur betrachtet; und andererseits werden Materialien, die ursprünglich in mündlicher Form produziert wurden – z.B. die Homerischen Epen – allgemein als literarische Werke betrachtet, ob man sie nun laut rezitiert oder schriftlich vervielfältigt.«[26] Es stimmt zwar, daß ›Literatur‹ im ursprünglichen, engsten Wortsinn nur Geschriebenes meint. Aber der Ursprung dieses Wortes aus der Schriftseligkeit des Renaissance-Humanismus kann den Begriff doch nicht auf ewig in den Vorstellungen des europäischen 16. Jahrhunderts gefangen halten. Seit Herder und dann die Romantik eine neue Bewertung mündlicher Ausdrucksformen wie z.B. der Märchen und Volkslieder begründeten, wurde es fragwürdig, von einem Text erst Schriftlichkeit zu verlangen, ehe man ihn in die hehren Hallen der Literatur aufnahm. Das gilt heute um so mehr, da uns in den letzten Jahren in zunehmendem Maße Texte aus nicht europäischen und nichtschriftlichen Kulturen zugänglich und verständlich werden.

Einige Forscher vertreten mittlerweile schon die Ansicht (die mir zu weitgehend erscheint), daß es überhaupt kaum grundlegende Unterschiede zwischen schriftlicher und mündlicher Literatur gibt. Sie weisen darauf hin, daß sich in der mündlichen Literatur ähnliche Genres finden wie in der schriftlichen (z.B. das mündliche Liebeslied entspricht dem schriftlichen Liebesgedicht), und daß Intellektualität und Ästhetik auch in der mündlichen Literatur eine zentrale Rolle spielen.[27]

Ob man eine Mythe als »Literatur« oder als »Oratur« bezeichnet, ist nicht bloß eine terminologische Frage. Indem ich mündliche Texte als Literatur betrachte, richte ich meine Aufmerksamkeit auf bestimmte Charakteristika (wie die oben erwähnte besondere ›Literatur‹sprache indianischer Reden), die man der schriftlichen Literatur im allgemeinen zuschreibt, der ›Oratur‹ aber nur allzuoft abspricht. Auf drei Grundlagen dieser Charakteristika möchte ich besonders eingehen: 1. die kunstvolle Form; 2. die künstlerische Individualität; 3. die Intellektualität. Alle drei scheinen mir wichtige Elemente indianischer mündlicher Literatur zu sein.

Die kunstvolle Form: Die Scharen von Mythensammlern, die heute von den Forschungszentren ausschwärmen und Wälder und Savannen Südamerikas auf der Jagd nach mythenkundigen Alten durchkämmen, sind sicher ehrlich bemüht, deren Botschaft getreulich zu übermitteln – und begehen doch hundertfach Verrat an ihnen. Denn was sie dem Leser von der mündlichen Erzählung mitzuteilen suchen, ist in den meisten Fällen nur die eine Hälfte von dem, worauf es dem Erzähler ankommt.

Die Botschaft, die der Forscher aufzunehmen und zu vermitteln gelernt hat, ist nämlich zumeist nur die des Inhalts. Doch nicht allein auf die anonyme Übermittlung des Handlungsskeletts legt der indianische Mythenerzähler oder Sänger Wert – wie jeder weiß, der ihn einmal gesehen und gehört hat. Vielmehr setzt sich der Erzähler auch als Künstler der Erzählung in Szene. Er sucht nach den treffendsten und schönsten Formulierungen, er umschreibt Geheimnisvolles mit vieldeutigen Namen, arbeitet mit Modulationen der Stimme, mit unterschiedlichen Sprechgeschwindigkeiten, kurz: er betreibt eine Kunst.

Diese ist ihm zweifach bedeutsam. Zum einen weiß er, daß zum gewichtigen Inhalt auch eine vollendete Form gehört. Das mächtige Himmelswesen »Husiniamui hört uns beim Sprechen, Singen und Tanzen« – so begründete Dyoveiko, Mythenerzähler der Murui in Südostkolumbien, die Notwendigkeit größter Sorgfalt[28] und stellte dabei das Sprechen der Mythe in eine Linie mit den formvollen Aktivitäten des Singens und Tanzens. Zum anderen ist es die künstlerische Vollendung, durch die er als Individuum hervortreten kann. Er will nicht nur der »Gewährsmann« für von anderen übernommene Traditionen sein (als welcher er in den schriftlichen Mythensammlungen meist nur auftaucht), sondern auch: Ein individueller Künstler seines Faches.

Dem Forscher aus der Schriftkultur fällt Verständnis, ja auch nur Interesse für die mündliche Ästhetik oft schon deshalb schwer, weil seine Ausbildung ihn eher darauf vorbereitet hat, das orale Gesamtkunstwerk auseinanderzureißen, künstlerisches Vergnügen und intellektuelle Arbeit auseinanderzuhalten; die ihm während seiner Forschung unterkommenden Texte nicht zu genießen, sondern sie als Informationsmaterial zu »verarbeiten«. Für ihn ist Sprache dann

> »ein möglichst effektiv und ökonomisch zu verwendendes Instrumentarium, das dem Zweck dient, Informationen zu empfangen und weiterzugeben. Daß sprachliche Äußerungen auch andere Funktionen haben könnten (...) als zu informieren, d.h. ein Wissen zu vermitteln, das der andere noch nicht hat, ist dem Intellektuellen entweder unverständlich oder so unsympathisch, daß er diese Tatsache gern verdrängt. Er entdeckt dann nur Redundanz oder bloße Manipulation. Ritualisierter Sprachgebrauch langweilt ihn. ›Litanei‹ ist für ihn ein Schimpfwort.«[29]

Problematisch wird das, wenn man auch bewußt gepflegte Wortkunst nur als reines Informationsmaterial registrieren will. Daß für die Gedächtniskultur schriftloser Gesellschaften Regeln des Memorisierens wichtig sind, und daß diese Regeln die Dichtung durchdringen, ist klar (eingehend hierzu der erste Teil dieses Buches) – doch sollte man beispielsweise nicht die melodische Rhythmik und religiöse Formelhaftigkeit antiker Poesie *nur* auf Hilfsmittel reduzieren, mit denen sich die Vortragenden ihre Texte besser merkten; oder die feierliche Kunst der Wiederholung nur als Hilfsmittel verstehen, mit denen angeblich gesichert werden solle, daß nicht Teile der Information durch schlechte Akustik im Saal verlorengehen.[30] Der Übertragung des Informatikdenkens auf indianische Texte entspricht es, daß diese bei uns oft gar nicht mehr in einer (noch irgendwie an die Originalform gemahnenden) Übersetzung veröffentlicht werden, sondern in einem zusammenfassenden Destillat.

Glücklicherweise erheben sich gegen solche Reduzierung mündlicher Texte auf Datenbanken auch Gegenstimmen, die etwa argumentieren, daß »die Erzählungen *keine* ethnographische Beschreibung sind, sondern eine hochgradig strukturierte Literatur, in der jedes Element ästhetischen Anforderungen unterworfen ist. Die ›Funktion‹ in der sozialen Struktur kommt danach, und sie kann erst entdeckt werden, *nachdem* die formalen Aspekte der Erzählung uns etwas klarer geworden sind.« Und einige denken auch an die indianischen Dichter: »Wenn wir uns weigern, die überraschende Tatsache zur Kenntnis zu nehmen und zu interpretieren, daß die Wörter der Texte Kunstgriffe, Konstruktion und Virtuosität des Vortrags enthalten, dann haben die Indianer, die diese Texte verfaßten, und jene, die das, was sie schufen, bewahrten, vergeblich gearbeitet. Dann befehlen wir den Texten, zu schweigen.«[31]

Interessanterweise war es Claude Lévi-Strauss, der in der neueren Mythenforschung den künstlerischen Aspekt gerade auch der indianischen Mythen hervorhob. Er verglich sie nämlich mit einer Symphonie[32], mit einem europäischen Kunstzweig also, bei dem es nicht zuletzt auf äußere Form und ästhetische Individualität ankommt. Interessant ist das, weil gerade Lévi-Strauss' Ansatz zunächst die äußere Form der Mythe besonders radikal zu vernachlässigen und dem Mythenkünstler besonders unbarmherzig die individuelle Anerkennung zu verweigern scheint. Nicht Formen, sondern Inhalte bilden ja die Lévi-Strauss'schen Strukturelemente. Eine Überlegenheit des Mythos über die Sprache folgt für Lévi-Strauss gerade daraus, daß die Sprache nie völlig von der ›Äußerlichkeit‹ ihrer eigenen Form zu lösen, der Mythos hingegen unabhängig sei: Er könne auch in schlechter Übersetzung, in dürrem Resumé noch seine Botschaft übermitteln, an der Lévi-Strauss ja in erster Linie der Inhalt interessiert.

Die künstlerische Individualität: Der Inhalt wiederum ist für Lévi-Strauss Ausdruck von (dem Bewußtsein des Einzelnen zunächst verborgenen) kollektiven Prozessen. Das Ausleben individueller Kreativität liegt außerhalb dieses Blickwinkels. *Die Mythe*, meint Lévi-Strauss, *erzählt sich selbst*, der Erzähler ist bloßes Medium, eben »Gewährsmann«, mehr nicht.

Die Degradierung des Erzählers zum »Informanten« ist nicht allein im Strukturalismus gängig. Sie hat ihre Tradition, die man sich vergegenwärtigen muß, wenn man sich von ihr lösen will. Die Meinungen über mündliche Überlieferung und über deren vermeintliche Kollektivität stehen im größeren Zusammenhang von Meinungen über frühe Gesellschaften und über deren vermeintlichen primitiven Kollektivismus – mit dem Unterschied freilich, daß bei der generellen Betrachtung früher und »primitiver« Gesellschaften die alte Auffassung (z.B. der Durkheim-

Schule der französischen Soziologie) längst aufgegeben wurde, die in der Betrachtung primitiver Mythen hartnäckig weiterlebt.

Mythen, lehrte z.B. schon in den zwanziger Jahren Durkheims Nachfolger Marcel Mauss, werden nicht von einem Verfasser gedichtet, sondern lediglich wiederholt. Das ist ein ethnologischer Ewigkeitsmythos, den auch Mauss selbst nicht gedichtet, sondern lediglich wiederholt hat. Was vom Volke kam, war schon für Wilhelm Grimm anonym: »Recherchen über die Verfasser der Lieder rathen wir aufzugeben, weil sie doch keinen Erfolg haben können: *Das Volkslied dichtet sich von selbst.*«[31] Nicht zufällig sprechen wir nicht von Viehmännins Märchen (nach der Haupterzählerin der Brüder Grimm), sondern von den »deutschen« oder von »Grimms« Märchen. Dahinter steckt jener Mythos, der mündliche Text komme vom Volk als Ganzem, gehe durch den einzelnen Erzähler nur sozusagen hindurch und gewinne erst mit dem aufschreibenden Intellektuellen individuelle Gestalt. Noch in vielen neueren Mythensammlungen wird der Name des Erzählers versteckt, als habe nicht er, sondern der ganze Stamm im Chor gesprochen.

Daß dieser Chor, wenn überhaupt, eher dissonant spricht, daß die Mythe »eine Sprache des Arguments, nicht ein Chor der Harmonie« ist, scheint nicht zum Harmoniebedürfnis vieler Mythensucher zu passen. Leider fast verschüttet ist in der gegenwärtigen Forschung der Ansatz von Paul Radin, der das »freie Spiel« der Mythenerzählung als individuelle Auseinandersetzung von Erzählern und Zuhörern verstand. Einiges von dieser Einsicht kommt immerhin in dem neuen Konzept der »lebendigen Mythe« zum Tragen: Danach ist die Mythe weder ganz rein individuell, noch rein kollektiv, sondern eine immer wieder erneuerte Anpassung von Texten aus der kollektiven Tradition an den lebendigen, aktuellen Individualfall. Doch leider bleiben solche Ansätze vorerst noch Ausnahmen. Allzuoft wird das Individuum schon per definitionem aus der mündlichen Literatur hinausgeworfen, indem man diese mit (kollektiv verstandener) »Überlieferung« gleichsetzt. »Anonymität« ist dann eine der Markierungen, nach denen man unterscheidet, ob man echte mündliche Überlieferung vor sich hat. »Um den Zustand des Mythos zu erreichen, darf eine Schöpfung eben nicht individuell bleiben«, weist Marcel Mauss' Nachfolger, Claude Lévi-Strauss, indianische Individualisten ab.[34] So wird eine Einseitigkeit der Auswahl begründet, die ihre Voraussetzungen nur scheinbar bestätigt: Von Europäern gesammelte und veröffentlichte Texte sind unverhältnismäßig selten ganz persönlichen Inhalts.[35]

Für die Mißachtung von Individuum und Form gibt es vielleicht nicht nur wissenschaftsideologische, sondern auch handfest praktische Gründe. Wollte man die Form betrachten, so müßte man die Sprache des Textes beherrschen, denn Verständnis der Wortkunst setzt Verstehen der Wörter voraus. Wollte man das Individuum mehr in den Vordergrund rücken, so könnte man nicht mehr beliebig irgendeinen »Informanten« herausgreifen und zum Sprecher des indianischen Kollektivs ernennen, sondern müßte sich mit der Persönlichkeit jedes einzelnen auseinandersetzen.

Der alte indianische Mythopoet sprach meist nur die eigene Sprache, und mit dem Forscher überhaupt nur dann, wenn ihm dessen Nase gefiel. Bei dem schwierigen Künstler war Mythenforschung oft ein Leidensweg unter dem spöttischen Beifall der Dorfbevölkerung, die sich freute, wenn der Alte wieder einmal einen Weißen zum Narren hielt. Für den von Form und Person abstrahierenden Mythensammler nun ist jener alte Verweigerer entbehrlich geworden. Wenn der Mytheninhalt sich letztlich in jeglicher äußeren Form und unabhängig vom erzählenden Individuum durchsetzt, dann reicht die knappe Inhaltsangabe durch irgendeinen, der zwar keine Mythen erzählen, aber spanisch sprechen und willfährig sein kann.

Das immense Anschwellen der Mythensammlungen in der wissenschaftlichen Bibliothek erklärt sich wohl auch aus dieser Überwindung des sperrigen Indianers. Insbesondere der Strukturalismus hat mitgeholfen, die Hemmschwelle vor dem raschen Zusammenraffen beliebiger Texte abzubauen, da sein Endziel nicht die Würdigung einer dichterischen Inspiration ist, sondern deren Reduktion.

Auf die Frage der Individualität gehe ich unten im Zusammenhang des Verhältnisses von Neuschöpfung und Überlieferung der Mythen nochmals ein. Zunächst sei hier schon angemerkt, daß eine ganz ähnliche Diskussion seit längerem über die »primitive Kunst« im Gange ist. Diese ist den einen stets »kollektive und deshalb anonyme Produktion« (wie Ignacio Bernal sogar für die hochkulturliche Kunst Mesoamerikas nur gelten lassen will), in der angeblich »die Künstler niemals irgendwo individuell erwähnt werden«. Doch verwechselt Bernal hier nicht den Stand *unserer* Forschung, die den Künstlernamen nicht auf die Spur gekommen ist, mit dem Stand der ungenügend Erforschten? Andere Kunstforscher – und gerade diejenigen, die vor Ort Kontakt mit »primitiven« Künstlern hatten – halten dagegen, was vor allem die Forschung über die vermeintlich so kollektive afrikanische Kunst längst zurechtgerückt hat: Daß auch dort einzelne Künstler (natürlich im Rahmen des regionalen Kunststils und einer starken kollektiven Tradition) persönlichen Stil entwickelt haben, ja daß beispielsweise manche Maskenschnitzer im Lauf ihres Lebens ihren Stil gewandelt haben, gerade so wie Rembrandt oder Rubens, so daß man Früh- und Spätwerke der Meister unterscheiden kann.[36]

Die Intellektualität: Mit der Individualität hängt ein Aspekt zusammen, der gerade im Zuge neuer Begeisterung für mündliche Literatur vernachlässigt zu werden droht. Gerade dieser Enthusiasmus grenzt die mündlichen Texte aus, verhindert – indem er sie zu einer *Vor*form intellektueller Produktion mystifiziert – ihr Verständnis als intellektuelle Produktion.

Bei der Mytheninterpretation tendiert nicht nur der Strukturalismus dazu, intellektuelle Brillanz eher dem interpretierenden Forscher als dem interpretierten Erzähler oder Dichter zuzuschreiben. Wenn man Mythen nur als Ausfluß des kollektiven Unbewußten versteht, dann begreift man ihre bewußte Intellektualität allenfalls als Produkt eines geheimnisvollen Volksgeistes. Daß sich da ein intelligentes Individuum ausdrückt, wissen im Grunde jene Mythensammler, die dieses Individuum persönlich kennengelernt, von ihm die Mythe erfahren haben. Aber in der Veröffentlichung wird dann meist ein intelligentes Volk daraus, und Völker sind keine Intellektuelle.

Abdrängung der mündlichen Kreativität in eine als un-intellektuell angesehene Folklore hemmt das Verständnis nicht nur exotischer Literaturen, sondern auch unserer eigenen, abendländischen Wurzeln. »Bekannt ist die Zwickmühle [kritisiert

Pierre Bourdieu], in die sich die Homer-Forschung von Anfang an eingeschlossen hat: Entweder ist die homerische Dichtung die von Gelehrten, dann kann sie nicht mündlich sein, oder sie ist mündlich, dann kann sie nicht gelehrt sein.« Wer Mündlichkeit und Intellektualität für Kennzeichen verschiedener Welten hält, dem ist der Zugang zu einer mündlichen Dichtkunst verschlossen, die das Ergebnis bewußter, intensiver Denkarbeit ist und die »besonders charakteristische Verfahren der mündlichen Improvisation wie z.B. die Wiederholung kodifiziert, objektiviert und als bewußtes Stilmittel einsetzt«.

Pierre Bourdieu entwickelt diese Kritik der europäischen Taubheit aus der Kenntnis marokkanischer Volksdichtung, vor dem Hintergrund der entwickelten afrikanistischen Forschung, die längst sowohl in Nord- als auch in Schwarzafrika eigenständige Formen dichterischer Intellektualität bewundert. Schon zu Beginn unseres Jahrhunderts entdeckte Jean Paulhan auf Madagaskar eine »Wissenschaft der Worte« in der eingeborenen Poesie, »bei der das hauptsächliche Vergnügen in ihrer Entzifferung und der passenden schlagfertigen Erwiderung liegt«.[37]

Anders als in der Afrikaforschung ist in der euopäischen Annäherung an indianische Kulturen Lateinamerikas ein solches Verständnis der fremden Wortwissenschaft noch nicht sehr entwickelt – mit Ausnahmen nur gegenüber den wenigen anerkannten Hochkulturen Mesoamerikas und der Zentralanden. So nimmt es nicht wunder (um nur eines unter vielen Zeichen dieser Atmosphäre der Reduktion des Indianischen zu nennen), daß die Große Brockhaus Enzyklopädie 1966–76, Meyers Enzyklopädisches Lexikon 1971–79 und die französische Encyclopædia Universalis 1980 besondere Stichwortartikel zwar zur mündlichen Literatur der Afrikaner, nicht aber zu derjenigen der Indianer führen[38]: Letztere existiert in der konventionellen Summe unseres Wissens noch nicht.

Doch wie sieht diese so vielfach geleugnete Literatur eigentlich aus? Betrachten wir ein konkretes Beispiel.

Wenn wir uns entschließen, den Begriff »Literatur« auch auf Mündliches und Indianisches zu übertragen, so müssen wir dabei aber gewahr bleiben, daß er erstens europäisch und zweitens auch in Europa ungenau definiert ist. Wir können nicht umhin, über Indianisches in europäischer Sprache, mit nichtindianischen Begriffen zu sprechen, dürfen das aber nicht ruhigen Gewissens tun.

Was ist Literatur? Um den Begriff auch auf Oralkulturen übertragen zu können, wurde als Definition z.B. vorgeschlagen: »Die Gesamtheit des Gesprochenen oder der Texte, die man innerhalb einer Gesellschaft für wert hält, verbreitet, überliefert und bewahrt zu werden, und zwar in einer im wesentlichen konstanten Form.«[39] Freilich werden wir am Beispiel der Aché-Dichtung sehen, daß nicht nur Konstanz, sondern auch ständige Abwandlung der Texte deren ›literarischen‹ Wert ausmachen kann. Ist die Hervorhebung der wortgetreuen Bewahrung nicht schon wieder eine Übertragung der Besonderheiten der Schriftkultur auf Oralkultur?

Mit einem anderen Definitionsansatz versucht es das ›Concise Oxford Dictionary‹: Literatur besteht aus Schriften, »deren Wert in der Schönheit der Form oder des emotionalen Effekts liegt«. Die Encyclopædia Britannica, um Einbeziehung der mündlichen Literatur bemüht, erweitert das etwas: »Als eine Kunst ist Literatur die Organisierung von Wörtern mit dem Ziel, Vergnügen zu bereiten.« Das ist kein mathematisch genauer, eindeutiger Satz (ganz wörtlich genommen, würde er jede Schmeichelei zur Literatur machen und dafür die Bibel ausschließen), aber doch ein Hinweis auf den ästhetischen Aspekt von Literatur. Paßt das auch auf die Indianer?

Die Vielfalt unter indianischen Kulturen ist groß. Als einen unter vielen, teils gegensätzlichen Fällen greife ich den der Aché in Paraguay heraus. Deren Leben, Kultur, Geschichte habe ich andernorts[40] geschildert, so daß ich mich hier auf die Angabe beschränke, daß sie ein Jägervolk waren, das in den letzten Jahrzehnten gewaltsam seßhaft gemacht wurde. Versuchsweise und provisorisch hebe ich nun aus dem Sprechen der Aché einen Bereich als »Literatur« heraus, in dem es um bewußte und gepflegte Wortkunst geht. Dort sind »Stil und Struktur eine Art Ziel an sich« (wie eine versuchsweise Beschreibung von Poesie lautet, die ich hier auf die Literatur verallgemeinern möchte)[41]. Freilich nur *ein* Ziel: Die indianische Wortkunst hat ebensowenig oder noch weniger als unsere Literatur *nur* ästhetische Funktion. Sie steht in einem sozialen und religiösen Zusammenhang.

Welche verschiedenen Genres können wir in dieser indianischen Literatur unterscheiden? Wir sahen schon im ersten Teil des Buches, wie problematisch die Übertragung europäischer Genre-Abgrenzungen ist. Hier wollen wir sie nur als ungefähres Hilfsmittel einsetzen, als einen Rahmen für den Vergleich mit anderen Literaturen. Da zeigen sich z.B. deutliche Unterschiede zwischen afrikanischen und indianischen Oralkulturen: Typische afrikanische Genres fehlen, nicht nur bei den Aché, sondern überhaupt in den meisten bis jetzt genauer bekannten indianischen Literaturen.[42]

Es fehlt die moralisierende Fabel, was zumindest bei den südamerikanischen Waldindianern überhaupt mit dem Fehlen einer Moral in unserem Sinne des Wortes in Verbindung gebracht werden könnte. Es fehlt auch das (ja ebenfalls meist eine Moral ausdrückende) Sprichwort. »Moral« ist hier weniger das abstrahierte Anliegen der Gesamtgesellschaft, als ein pragmatisches Interesse, das von den einen mehr, von den anderen weniger vertreten wird. Es findet seinen Ausdruck in den persönlichen Ansprachen, die wir oben bei der Rhetorik kennenlernten, und die erst in staatlichen Gesellschaften wie etwa bei den Azteken zu – auch dort immer noch recht individuellen – Moralpredigten formalisiert werden. Da Erblichkeit und Abstammung in den egalitären waldindianischen Gesellschaften nur eine geringe Rolle spielen, verwundert auch das Fehlen der für manche Teile Afrikas so wichtigen und noch aus dem Alten Testament bekannten Ahnen- und Abstammungslisten nicht. Die Taten und Namen der Vorfahren werden erst in stärker geschichteten Sozialordnungen – wie etwa der aztekischen – literaturrelevant.

Es ist leicht, solches Fehlen bestimmter Genres mit soziokulturellen Besonderheiten in Verbindung zu bringen, weil es sich um *inhaltliche*, mit bestimmten soziokulturellen Inhalten engstens verbundene Genres handelt. Die Aché selbst hingegen benennen ihre verschiedenen Literaturgattungen nach dem

Klang, der in dieser mündlichen, akustischen Kultur eine Bedeutung hat, die wir kaum nachvollziehen können. Die Mythenerzählung hat in ihrem Klassifizierungssystem keinen eigenen Namen, da sie sich im Vortrag nicht grundsätzlich von anderer Rede unterscheidet (was nicht heißt, daß die Aché nicht das Besondere einer Mythe hervorheben würden – doch sie tun es mit dem Mittel der Beschreibung, nicht der Benennung). Will man eine Mythe genauer benennen, dann hebt man etwa, sofern dazu Anlaß ist, die gelungene Form des Sprechens hervor und nennt sie »schönes Sprechen« (javu gatu); so bezeichnet man aber auch andere Formen vollendet schöner Rede. Oder man bezieht sich auf die geistige Tätigkeit, die in der Erzählung zu Tage tritt: »zusammenhängendes, logisches Berichten« (ina), in manchen Fällen auch »etwas den Anderen Unbekanntes Enthüllen« (kibióo). Auch das indianische Schauspiel, das ich unten beschreibe, trägt keine eigene Aché-Bezeichnung, sondern heißt einfach generell »Sprechen« (javu) oder »mit Sprechen so tun als ob« (kajavu), obwohl es ein deutlich unterscheidbares Genre mit eigenen Regeln ist.

Um aber *Europäern* verständlich zu machen, welche Bereiche ich als »Literatur« der Aché hervorhebe, benutze ich zunächst europäische Begriffe. Die Genres der Aché-Literatur, von denen wir einiges wissen, sind (aus europäischer Perspektive) das ›Schauspiel‹, die Mythe, das Klagelied, Streitlied, Jagdlied. Weitere Genres, verbunden mit bestimmten religiösen und Jagdpraktiken im Niedergang, kennen wir nicht genügend: Zauberformeln, zeremonielle Lieder, flötenbegleitende Jagdzauberlieder, gesungene Nachrichten an die Jäger, Begrüßungslieder für heimkehrende Jäger.

Das ›Schauspiel‹ erinnert an Berichte aus der Kolonialzeit. Damals führten die Guaraní (Nachbarn und Sprachverwandte der Aché) komische Szenen auf, von denen wir zu wenig wissen, weil die Missionare kaum darauf achteten. Es war offenbar eine indianische Tradition, nicht aber offenkundig heidnisch-religiös (das hätten die Missionare verboten). Der Name, den die Spanier diesem Treiben gaben, ›entremeses‹, deutet auf kurze »Zwischenspiele«. Vielleicht ähnelten sie dem Schauspiel der heutigen Aché. Dieses besteht aus jeweils nur minutenlangen, improvisierten Gesprächsszenen. Sie stellen, teils stark karikierend, alltägliche und mythische Ereignisse dar. Manchmal erinnern sie etwas an unser Kabarett. Ein einziger »Kabarettist« kann die verschiedenen Stimmen übernehmen, meist jedoch sind die Grenzen fließend zwischen vielleicht zwei oder drei Darstellern und den eifrig mitgehenden Zuhörern. Besonders beliebt, im Schauspiel wie auch sonst bei diesem Volk von leidenschaftlichen Jägern und Jägerlateinern, sind die Jagdszenen. Man ahmt Tierstimmen nach und erfindet Dialoge zwischen Jäger und Tier.

Zum Höhepunkt der idealen Jagd gehört für die Aché eine Art Tötungsekstase. Sie sucht der Darsteller in dramatisch lauten Rufen einzufangen. Dabei soll er einerseits den Zuhörern Wut und Hast vermitteln, und doch andererseits den Kopf nicht verlieren, geistreich bleiben und sein Publikum plötzlich, mitten aus der Erregung heraus, zum heiter gelösten Lachen bringen. Von diesem Grundelement der Sprechkunst der Aché – der bewußten Kontrolle über eine nie ganz ausufernde Art von Ekstase – wird noch die Rede sein.

Distanzierter, ruhiger ist die Erzählform der Mythe. Der indianische Mythenerzähler mag zwar bisweilen lebhafte Szenen einschalten, ansonsten aber berichtet er das Geschehen gleichsam von außen. Ja, bei vielen Indianern (nicht jedoch den Aché) distanziert er sich geradezu etwas vom eigenen Bericht, indem er betont, daß er nicht selbst dabei war, nur Hörensagen wiedergibt: Die Erzählung ist dann »vollgepackt mit jenen Ausdrücken, die selbst der sorgfältigste Übersetzer nicht jedesmal erneut wiedergibt – ›er sagt‹, ›er erzählt‹, ›man hat das gesagt‹, ›man sagt, daß er sagt‹, ›es scheint, daß‹ usw«.[43] Der nach unserer europäischen Auffassung zur Mythe gehörende absolute Wahrheitsanspruch wird hier etwas relativiert: Zwar hebt der Erzähler einerseits hervor, daß er seinen Stoff nicht selbst erfunden, sondern übernommen hat, doch heißt das letztlich auch, daß er keine Garantie für den Wahrheitsgehalt übernimmt.

Mythen sind bei vielen südamerikanischen Waldindianern ein auffälliges, herausgehobenes Genre der mündlichen Literatur. Nicht ungewöhnlich ist es etwa, daß indianische Mythenerzähler dem Forscher zwar eine Erklärung zur Mythe hinzufügen, aber nicht wollen, daß dieser Zusatz mit aufs Tonband kommt – dort möchten sie nur die eigentliche Erzählung wissen[44], das heißt, die als Kunstwerk hervorgehobene Mythe, nicht die kunstlosen Informationen. Diese Hervorhebung der Mythe ergibt sich schon aus deren Inhalt. Mythen definieren wir ja (soweit eine Definition des vielgebrauchten Begriffs überhaupt möglich ist) als Erzählungen mit höheren Wesen »in einer Zeit, die insgesamt verschieden von der Zeit gewöhnlicher menschlicher Erfahrung ist. Solche Erzählungen werden als ein wesentlicher Bestandteil von Religion und menschlicher Kultur angesehen.«[45] Bei einem vergleichenden Überblick hat es den Anschein, daß Erzählungen, auf die diese Beschreibung zutrifft, möglicherweise in Südamerika häufiger erzählt werden als in Afrika.[46] Sollte dem tatsächlich so sein, dann wäre das ein Unterschied nicht von Schrift- zu Oralkultur, sondern von einer Oralkultur zur anderen. Die große Bedeutung der Mythe in den meisten oder allen südamerikanischen Waldindianer-Kulturen kann nicht als ein genereller Beleg für die Verbindung von Mythos und Oralkultur herangezogen werden. Diese Verbindung besteht dagegen im regionalen Sonderfall der hier diskutierten indianischen Kulturen.

Deren Mythen unterscheiden sich in einigen Punkten von dem, was wir aufgrund europäischer Voraussetzungen für mythentypisch halten.[47] In Südamerika (und auch z.B. bei heutigen Maya) ist die Zeit der Mythen zwar eine vergangene, aber keineswegs eine abgeschlossene Zeit. Die mythischen Urzeitwesen leben noch, wenn auch meist in abgelegenen Dschungeln: der Indianer begegnet ihnen bisweilen noch. Wir hören also in den Mythen nicht von einer ganz fernen »Traumzeit«, von der die Heutigen getrennt sind, sondern von einer Traum-artigen Realität, die auch uns Heutige noch umschließt. Kann es sein, daß diese Eigenart der indianischen Mythen in die heutige lateinamerikanische Literatur hineingewirkt hat, für dic das »rcal maravilloso«, die Verflechtung von Realität und Wunderbarem als ein wichtiges Element gilt? Für die Indianer selbst liegt die Bedeutung ihrer Mythen nicht so sehr in der Beantwortung der Frage nach dem Woher, sondern in der Interpretation der Gegenwart. Das mag ein Grund dafür sein, daß diese Mythen (wie wir sehen werden) relativ rasch wandelbar sind: sie werden für Hier und Heute erzählt.

Dialektische Knappheit: Ein Mythenbeispiel

Vom Erzähler der nachstehenden Mythe[48] wissen wir nur, daß er in den fünziger Jahren als Landarbeiter bei Weißen diente. Das änderte offenbar nichts an seiner Einbindung in eine mythenreiche Kultur. Die Vor-Menschen, erzählte er, wurden zu Menschen, indem sie aus dem düsteren Schoß der Erde hervorkrochen und beim Licht der Leuchtkäfer auf Jagd (die erst eigentlich menschliche Tätigkeit) auszogen:

(1) Ache jamo pyve ywy kyryra pyryvã- pe ikondy.	Die ursprünglichen Vorfahren der Aché: Im dicken, furchterregenden Erdreich ihr dauernder Aufenthalt.
(2) Ache jamo pyve ywy kyryra pyryvã ái weemba oo.	Die ursprünglichen Vorfahren der Aché: Aus dem dicken, furchterregenden Erdreich sind sie längst als Bienen heraus und davon geflogen.
(3) Ache jamo pyve pywy-nepute a, pire iro, pire purã pute a.	Die ursprünglichen Vorfahren der Aché: Stark stinkende Achselhöhlen mit Haaren, bitterschmeckende Haut, ganz dunkle, behaarte Haut.
(4) Ache jamo pyve ape yy purã ywy kyryra wee oomba.	Der ursprünglichen Vorfahren der Aché Weg: Durch das jenseitige Wasser aus dem dicken Erdreich heraus und davon sind sie nun längst gezogen.
(5) Ache jamo pyve paka karã wee oovwã tatu noga.	Die ursprünglichen Vorfahren der Aché kratzten mit den Krallen um hinaus und davon zu gelangen wie Gürteltiere.
(6) Ache jamo pyve ipo ete dapa dekoiã machi dekoiã betaiã, kuja ipo ete wywy.	Die ursprünglichen Vorfahren der Aché: Nichts als ihre Hände. Jagdbogen hatten sie nicht, Pfeile hatten sie nicht, Betá [einen Körperschmuck der erwachsenen Männer] nicht, auch die Frauen hatten alle nichts als ihre Hände.
(7) Ache jamo pyve Baiõ mechaiã; Ache pou bareka wataburõ Baiõ mechama.	Die ursprünglichen Vorfahren der Aché sahen Baiõ [mythisches Wesen in Gestalt eines Leuchtkäfers] nicht; als aber die neuen Aché jagen gingen, sahen sie Baiõ nunmehr.

Um die Häufigkeit der Wiederholungen im Aché-Text vor Augen zu führen, habe ich sie unterstrichen. Zur Erzählkunst gehört, was ich das stilistische Prinzip der Schein-Wiederholung nennen möchte: mit scheinbar fast gleichen Worten inhaltlich Neues zu sagen. Infolge dieses Prinzips ist der Text trotz der vielen Wiederholungen insgesamt dicht vollgepackt mit Informationen, und dies in lakonischer Knappheit. So wird etwa die umfassende Lichtphilosophie der Aché (Licht ist Voraussetzung für zielgenaue Jagd und damit das Element, in dem wahre Menschlichkeit sich erst entfalten kann) hier in dem einen dichten Bild vom Leuchtkäferwesen Baiõ zusammengepreßt, das die Menschen erst sehen, als sie auf die Erdoberfläche gelangen und auf die Jagd ziehen.

Unter den in Europa schon eher bekannten literarischen Formen mag vielleicht das ostasiatische Haiku-Gedicht der Aché-Mythe am nächsten kommen: Ein Kurzgedicht, das in konsequenter Beschränkung des Umfanges und mit einem impressionistisch leicht hingeworfenen Bild eine ganze Welt anklingen läßt, wobei der beschriebene Eindruck einerseits ein ganz konkreter, sinnlich-diesseitiger ist, andererseits aber auch Metaphysisches ausdrückt (der Vergleich bezieht sich auf den Stil, nicht auf den Inhalt im Einzelnen). Nicht im nimmer endenwollenden Strom der Worte liegt die Kunst, sondern in deren sparsamem, genau kalkuliertem Einsatz. Hierdurch, und nicht durch Vokabular oder Grammatik, unterscheidet die Sprache dieser Mythe sich von der Alltagssprache. Bei den Aché hebt die Prägnanz eine sorgfältig erzählte Mythe von einer stümperhaften Inhaltsangabe ab.

Ein weiteres Kennzeichen der Aché-Mythe ist ihre spezifische Dialektik. Sie baut auf einer Abfolge von Sätzen auf, die jeweils Entgegengesetztes zum vorherigen Satz beschreiben. So besagt Satz (1), daß die Vorfahren dauernd (und das klingt auf Aché zunächst wie: für immer, bis heute) im Erdreich leben, Satz (2) hingegen, daß das nun vorbei ist. Satz (3) kehrt dagegen wiederum zur Zeit im Erdreich zurück, als die Vorfahren stanken – weil sie nämlich in der Erde schwitzten und kein Wasser zum Waschen hatten. In Satz (4) dann wiederum die Aufhebung des Wassermangels: Gerade weil sie kein Wasser hatten, suchten die Vorfahren den Wasserweg, der sie schließlich aus der

Erde herausbrachte. So geht es dauernd hin und her, neue Entwicklungen werden als Umkehrungen aus den alten abgeleitet.

Eine Antithese wird oft gleichsam im Überraschungsangriff eingeführt. Die Sätze (1) und (2) stimmen in ihren ersten Teilen (jeweils bis zum letzten Wort der zweiten Zeile, pyryvã) wörtlich überein. Doch ist dies eine Schein-Wiederholung: Am Ende des zweiten Satzes merkt der Zuhörer, bis hierhin sozusagen in Sicherheit gewiegt, daß der Inhalt in sein Gegenteil verkehrt wird. Ein hochgeschätzter Effekt ergibt sich aus solcher Spannung zwischen beruhigend dahingleitender Wiederholung und plötzlichem Bruch. An der Bruchstelle steht in unserem Beispiel das Wort ái: Eines der wenigen energisch auf der ersten Silbe betonten Wörter der ansonsten eher endbetonenden Aché-Sprache, durchbricht es den geruhsam fließenden Rhythmus des Textes. Der Rhythmuswechsel erzeugt auch akustisch den Eindruck eines Risses im Bild, passend zum Inhalt, dem Ausbruch der Vorfahren aus ihrem unterirdischen Gefängnis. Wir sehen, wie Inhaltliches und Akustisches in dieser mündlichen Literatur verschmelzen.

Doch hat es mit dem Wörtchen ái noch eine Bewandnis. Es bedeutet nicht nur »Biene«, sondern auch »Mutter«. Auch wenn der Zuhörer bald merkt, daß hier die Biene gemeint ist, kann die Mutter-Assoziation doch weiter mitklingen, zumal im symbolischen System der Aché der später folgende Vergleich mit dem Herauskriechen des Gürteltieres aus seinem Loch an den Geburtsvorgang erinnert. In diesem assoziativen Kontext schwingt bei den zwei letzten Sätzen mit, daß der Mensch zunächst ohne Werkzeug geboren wird, und daß dann erst der heranwachsende Mann mit Pfeil und Bogen auf die Jagd zieht. Die Wendung ›Ache pou‹ = »Die neuen Aché« in Satz (7) erhält dadurch einen Nebenwert: Sie läßt sich auch als Abkürzung von ›Ache beta pou‹ verstehen, »die eben in den Kreis der Erwachsenen initiierten Aché-Jünglinge«. Diese Literatur spielt mit Assoziationen, die den vordergründigen Ablauf des Geschehens hintergründig begleiten, wie eine zweite Realität. Die Sätze sind auf verschiedenen Ebenen auslegbar, sie schwingen.

Vieldeutigkeit kennzeichnet auch andere mündliche Literaturen, fällt z.B. auch in Afrika auf. Erfahrungen mit Texten von Indianern Lateinamerikas und von Papua generalisieren Antje und Heinz Kelm so, »daß jede gute Mythe nach verschiedenen Seiten hin auslegbar ist, daß sie nicht nur eine, sondern mehrere Botschaften birgt, von denen freilich eine besondere hervorgehoben sein kann, so daß sie andere Aussagen in den Hintergrund rückt. Auch hängt es sicherlich in nicht geringem Maße von der Art der Fragestellung ab, was für eine Antwort die Mythe für den Ratsuchenden bereithält.« Die Mehrdeutigkeit ist Forschern in Mythen so weit voneinander entfernter Völker wie der Trumai in Brasilien, der Piaroa in Venezuela und der Tzeltal in Mexiko aufgefallen. Kombiniert mit der indianischen Eigenart der Verflechtung von mythischer Zeit und Gegenwart ergibt das eine sehr flexible, gemäß der jeweiligen Vortragssituation veränderbare Struktur der Mythe.[49]

Dagegen zum Vergleich ein europäisches mythisches System, das der Griechen. Es verlor im Verlauf einer langen Entwicklung an Bedeutung und wurde allmählich durch die Philosophie ergänzt – was oft als Weg vom Mythos zum Logos beschrieben wird. Doch vielleicht hat dieser Weg nicht erst mit dem Übergang zur Philosophie begonnen, sondern schon zu der Zeit, als man die Mythen erstmals schriftlich fixierte. Damals wurden sie zusammengestellt, aufeinander abgestimmt. Die »Organisierung der Mythen« bereitete das Besondere der Philosophie vor: das Bemühen, die Welt in ein geschlossenes System zu bringen. Als eine der Ursachen dieser Entwicklung könnte man die einsetzende Verschriftlichung erwägen.[50]

Als einen revolutionär neuen, den Übergang vom Mythos zur Philosophie einleitenden Schritt des Hesiod (des ersten griechischen Autors, von dem wir wissen, daß er kosmologische Mythen verschriftlichte) sehen neuere Interpreten eben das Bemühen, eine »Gesamtheit der Welt« geschlossen darzustellen. Vielleicht könnte man es auch so formulieren, daß man mit dem Aufschreiben der Mythen begann, diese zu einem widerspruchsfreien System zu konstruieren. Claude Lévi-Strauss meint, daß in den griechischen Mythen »ein mythologisches Problem jeweils eine ganz bestimmte Lösung findet«, was daran liegen könnte, daß uns diese Erzählungen in ihrer verschriftlichten Fassung überliefert sind. »Im Gegensatz dazu sehen die äquivalenten amerikanischen Mythen alle Möglichkeiten vor«. Mit anderen Worten: »Die geschriebene Mythologie scheint also unter den Möglichkeiten eine Auswahl zu treffen«[51]. Sie verträgt die Pluralität der Antworten nicht. Diese Pluralität steht nämlich im Widerspruch zur Schriftlichkeit, die dazu verführt, ganz unterschiedliche Texte nebeneinanderzulegen und zu vergleichen und so Widersprüche auffällig zu machen. Im Bereich der Mündlichkeit hingegen erhält der Text seine Richtigkeit nicht daher, daß man ihn mit anderen vergleicht, sondern aus der jeweiligen Situation, in der er erzählt wird: aus dem Zusammenhang des Erzählvorganges und nicht des Sammelbandes.

Die Vielschichtigkeit ist für unser vergleichsweise undialektisches Denken oft eine Quelle des Unbehagens. Generationen von Mythenforschern haben darum gestritten, ob etwa der rollende Kopf ein Mond- oder ein Sonnensymbol oder Hinweis auf eine Knollenfrucht oder Erinnerung an historische Brutalitäten sei. Selten wurde in Betracht gezogen, daß vielleicht alle recht haben könnten, da verschiedene, einander scheinbar widersprechende Interpretationen auf unterschiedlichen Ebenen zutreffen mögen, ohne daß Erzähler und Hörer das Bedürfnis verspüren müßten, eine der Auslegungen explizit zu machen. Und noch weniger wird die Möglichkeit erwogen, daß die Mythenerzähler selbst mit unterschiedlichen Bedeutungsebenen spielen.

Das Spiel mit den Mythen

Macht die in der spezifischen Aché-Dialektik deutliche Freude an Überraschungseffekten, am scheinbaren Aufheben des eigenen Gesagten, halt vor der Mythe als Ganzem? Wir werden sehen, daß die Aché mit ihren Mythen spielen.

Die intellektuelle Distanz zur eigenen Tradition wird den »Primitiven« gern abgesprochen, gern auch erst mit der Schrift in Verbindung gebracht. Diese erst (so wird oft behauptet) habe den »Durchbruch des Geistes zur Entdeckung seiner selbst« ermöglicht, da man erst anhand *schriftlicher* Werke über frühere Gedanken reflektieren und von da zu immer neuen Gedanken voranschreiten könne.[52] Als eines der Symptome der Fähigkeit speziell des europäischen Geistes, sich von sich selbst zu distanzieren, gilt dann die Umdeutung und Neu-Erzählung von Stoffen des klassischen Schrifttums. Der Sagenstoff des Trojanischen Krieges z.B. wird in Jean Giraudoux' Theaterstück »Der Trojanische Krieg findet nicht statt« von einer kriegerischen zu einer Friedensargumentation. Wir meinen allzuoft, solche dichterische Freiheit sei ein Kennzeichen unserer respektlosen Moderne.

Nun zurück zu den Aché. In ihrer gerade wiedergegebenen Mythe steckt das Motiv von der radikalen Umkehr aller Werte und Dinge, der Verkehrung von Welt und Unterwelt am Beginn einer neuen Epoche. Zuerst lebten die Menschen unter der Erde als Tiere – denn tierisch war es, nur Hände, keine Bogen und Pfeile oder andere Werkzeuge zu haben. Die neue Epoche begann, als die Tiere an die Oberfläche kamen und zu Jägern mit Pfeil und Bogen, d.h. zu Menschen wurden. Das impliziert wohl auch umgekehrt den (im obigen Text nicht expliziten) Gedanken, daß mit der Umwälzung die *früher* auf der Erde lebenden Menschen zu Tieren und unter die Erde verbannt wurden. Dort lauern sie nun, bis eines Tages auch unsere Zeit wieder enden und die der Monstren wiederkehren wird: Bis wir Menschen erneut zu Tieren und verjagt werden, während umgekehrt die bisherigen Tiere wieder die Macht auf Erden übernehmen.

Diesen Gedanken wandelte 1972 die Mythendichterin Kimiragi ab. Das Ende der Epoche der Menschheit ist schon da, behauptet sie mit dichterischer Freiheit und bitterer Zeitkritik: Jetzt ist wieder die Zeit der Ungeheuer, denn die Weißen sind gekommen. Folgerichtig erfolgt die Wende durch das Hervorkriechen der Weißen aus dem Erdinnern. Die Vergangenheit vor der Umwälzung ist nun, im Rückblick, jene Zeit, als die Aché noch auf Erden bestimmten. Dabei arbeitet die Dichterin mit einem Wortspiel. Das oben mit »Vorfahr« übersetzte *jamo* kann auch »Weißer« bedeuten. So heißt z.B. Satz (6) der obigen

Mythe (in der oberen Zeile die alte, schon einmal zitierte Version, darunter jeweils die neue[53]):

Alt:	Ache	jamo	pyve	ipo	ete,	dapa	dekoiã,	machi	dekoiã,	betaiã,
Neu:		Jamo	pyve	ipo	ete,	acha	dekoiã,	machéte	dekoiã,	tyruiã,
Forts. *Alt:*	kuja	ipo	ete wywy.							
Forts. *Neu:*	Ache	reko	ete wywy.							

Wir sehen: Vieles ist in der alten und der neuen Version völlig gleich, anderes klanglich ähnlich (z.B. die ersten beiden ungleichen Wörter, ›dapa‹ und ›acha‹, die sich in den Vokalen doch gleichen). Die Bedeutung der beiden Zeilen aber ist grundverschieden. Die alte Version habe ich oben schon übersetzt, die neue heißt auf deutsch:

»Die ursprünglichen Weißen hatten nichts als ihre Hände; Eisenäxte hatten sie nicht, Buschmesser hatten sie nicht, Kleider nicht, die Aché dagegen waren allesamt Besitzer von Vielem.«

Der Sprachwitz der Schein-Wiederholung besteht darin, daß durch scheinbar geringfügige Änderungen der Laute der Sinn ins Gegenteil verkehrt wird. Etwa: Aus ›machí‹ (Pfeil als typisches Werkzeug der Aché) wird das ganz ähnlich klingende, aber das Gegenteil bedeutende ›machéte‹ (Buschmesser als typisches Werkzeug der Weißen). Diese Variationsmethode ist letztlich jene, die wir oben schon innerhalb eines und desselben Textes, von einem Satz der Mythe zum nächsten kennengelernt haben – nur hier jetzt von Mythe zu Mythe.

Daß Oralkultur alte Texte abwandelt, ist an sich bekannt. In der neueren Diskussion um Vor- oder Nachteile der Schrift lobt man die Fähigkeit mündlicher Tradition zur »Tilgung des Vorausgegangenen« durch Vergessen – demgegenüber fehle der Schriftkultur die »natürliche Löschung, jenes periodische Versinken kultureller Manifestation, das dem System der Erinnerungskultur in ausreichendem Maß eignete. Es fehlt, möchte man sagen, die Selbstreduzierung.«[54] Doch ist dies nur ein unbewußter Prozeß?

Wie veränderte Zeitläufe die Erinnerung verändern können, ohne daß dem ein bewußter Akt der Abänderung zugrundeläge, dafür bringt schon im fünften vorchristlichen Jahrhundert der erste radikale Kritiker mündlicher Geschichtsüberlieferung, den wir überhaupt kennen, Thukydides, ein Beispiel. Während des Dorischen Krieges brach in Athen eine Seuche aus. Alsbald vermeinte man sich eines alten Verses zu erinnern: »Kommen wird einst der Dorische Krieg und mit ihm die Seuche.« Hieß es aber im ursprünglichen Text nicht vielmehr »Hunger« statt »Seuche« (zwei Wörter, die in der mündlichen Aussprache womöglich gleich klangen)? Das, meint Thukydides, läßt sich gar nicht mehr sicher rekonstruieren, »denn die Menschen lenken ihre Erinnerungen immer nach dem Erlebten«.

Doch eben Thukydides, der hier mündliche Überlieferung der *unbewußten* Fälschung zeiht, kritisiert an anderer Stelle die Künstler des gesprochenen oder vorgelesenen Wortes – Dichter und Geschichtenerzähler –, weil sie ganz *bewußt* »mehr auf die Befriedigung der Hörlust achten als auf die Wahrheit« und trokkene Überlieferung verfälschen zu einem »Glanzstück für einmaliges Hören«.[55] Das ist kein Widerspruch zu Thukydides erstem Beispiel. Im ersten Fall wird die Überlieferung sorglosunbedacht und nicht aus Absicht verändert, weil es nur um das Trällern eines Verses geht; im zweiten hingegen geht es um die sorgsam bedachte Erschaffung von etwas Neuem durch bewußte Künstler. Im ersten Fall handelt es sich um Gerede, im zweiten um bewußte Redekunst.

Thukydides ist ein interessanter Zeuge, weil er in einer Umgebung noch allgegenwärtiger Oralkultur lebte. Sein Plädoyer für die Schriftkultur ist parteiisch, aber nicht ignorant: Er kannte die Mündlichkeit, die er bekämpfte, genau. Gewiß, seine griechische Gesellschaft war ganz verschieden von Gesellschaften der Waldindianer Südamerikas. Aber sollte es deshalb an der indianischen Oralkultur wirklich nur die eine Seite geben, nur eine vom bewußten Intellekt nicht gesteuerte, gleichsam vegetabilische Neuschöpfung, nur einen Prozeß »sozialer Verdauung und Ausscheidung« der »gewissermaßen automatisch« ablaufe (wie einige Sozialanthropologen suggerieren, die hierzu auch wieder den kolonialanthropologischen Begriff der »strukturellen Amnesie« ausgegraben haben)?[56]

Diejenigen, die mündliche Literatur vor Ort als Kunstwerk erforscht haben, kennen die Fähigkeit mündlicher Dichter zu individueller und schöpferischer Abwandlung des vorgesehenen Themas. Das gilt für die von Milman Parry und Albert

Bates Lord begründete Forschungsrichtung, die mit einem Zusammenleben mit südslawischen epischen Sängern begann. Die Sänger, denen man dabei begegnete, waren keineswegs darauf versessen, alte Texte auswendig zu wiederholen. Abänderungen mündlicher Texte im Lauf ihrer Überlieferung sind weniger das Ergebnis allmählicher Verfälschung durch nachlassende Erinnerung, als vielmehr »einer dauernden Neu-Interpretation durch die aufeinanderfolgenden Generationen und Gesellschaften. Nicht Entstellung, sondern dauernde Neubelebung« (faßt Lord seine Erfahrungen mit südslawischen und seine Textuntersuchungen bei antiken Sängern zusammen). Die mündlichen Dichter sind »Schöpfer«, nicht einfach Vortragende. Dabei besteht die kompositorische Kunst des kreativen Individuums vor allem »aus dem Neubilden von Wendungen«, und ist es »mehr diese Fähigkeit als sein Gedächtnis für relativ feste Formeln«, die seine Größe ausmacht.[57]

Ganz ähnlich beginnt man heute auch die Abwandlung altindoeuropäischer religiöser Mythen zu kriegerischen Heldensagen zu interpretieren: Dahinter erkennen einige Forscher eine bewußte Gestaltung. »Der Umfang, die Genauigkeit, bisweilen der Scharfsinn der Sinnverschiebung beweisen das bewußte Eingreifen eines ›Autors‹« oder einer langen Reihe von ›Autoren‹. Vielleicht wurde so schon in vorschriftlicher Zeit aus einigen Mythen so etwas wie ein bewußt gestalteter Roman.[58]

Zwar läßt sich das nicht einfach auf eine ganz andere Weltgegend übertragen. Wir sahen im ersten Teil dieses Buches, daß in der mündlichen Überlieferung der Azteken gerade das Auswendiglernen und wortgetreue Wiedergeben eine große Rolle spielte. Immerhin schloß das auch dort die kreative Neuschöpfung in anderen Bereichen der Literatur nicht aus (so wie umgekehrt auch bei Griechen und Altindianern einige Texte möglichst unverändert bleiben). Die in der Volksliedforschung gebräuchliche Unterscheidung zwischen »aktiven« und »passiven« Trägern der Überlieferung – die »aktiven« haben an der Schöpfung oder Umgestaltung von Volksliedern teil, die »passiven« geben diese Lieder nur möglichst unverändert weiter – läßt sich vielleicht von Individuen auf ganze Literaturgenres oder vielleicht auch ganze Literaturen ausdehnen: Die Aché-Literatur ist dann eher »aktiv«, die der Azteken vergleichsweise etwas »passiver«. Insgesamt scheint die »aktive« Tendenz in indianischen mündlichen Literaturen stärker zu sein. Sie findet sich auch etwa in der Erzählkunst heutiger mexikanischer Indianer: Bei den Tzotzil kann eine Geschichte »von einem Erzähler zum nächsten radikal ihre Form ändern, und sogar der gleiche Erzähler kann bei unterschiedlichen Gelegenheiten andere handelnde Personen einführen, den Ablauf der Geschichte ändern und ihre Moral umkehren«.[59] Bei den Indianern finden wir zwar andere Mittel als in der indoeuropäischen Oralkultur, aber doch auch ein Ineinandergreifen von traditionell festgelegter Formelhaftigkeit und ständiger Weiterentwicklung, von Erzählformeln und -schablonen einerseits, deren freier Variierung andererseits, kurz: von Traditionsgebundenheit und Freiheit.

Der Unterschied zwischen Aché und Azteken (bzw. die Gemeinsamkeit zwischen Aché und Südslawen) mag teils damit zusammenhängen, daß die Texte der Azteken eine staatlich aufrechterhaltene und den Staat aufrechterhaltende Ideologie transportierten, an deren wortgetreuem Weiterleben der Staat ein Interesse hatte – während die Aché keinen eigenen Staat kennen. Auch waren die möglichst unveränderlichen aztekischen Texte heilig, während das Rezitieren einer Aché-Mythe oder eines südslawischen Heldenepos zwar religiöse und soziale Ideologien stützt, aber keine deutliche religiöse Funktion zeigt, auch nicht heilig ist. Andere Literaturgenres dieser Indianer, etwa rituelle Zauberformeln, sind wohl insgesamt weniger leicht veränderbar. Wir werden noch bei Aché-Liedern sehen, daß sie dort, wo das Singen Zauber wird, feste Zauberwörter enthalten.

Die Dichterin Kimiragi konnte die Mythe wohl nur deshalb so wortspielerisch abwandeln, weil sie Passagen des alten Wortlautes mehr oder weniger auswendig wußte. Man konnte also zumindest Teile einer Mythe auswendig lernen. Dies und der genau kalkulierte Umgang mit jedem einzelnen Wort lassen an den europäischen Umgang mit Gedichten denken. Nicht von ungefähr habe ich oben einen Vergleich mit einer asiatischen *Gedicht*technik gezogen.

Doch möchte ich mit »Gedicht« im besonderen die *gesungenen* Texte der Aché bezeichnen. Auch hier wieder ist die Übertragung eines europäischen (und auch in Europa nicht genau definierten) Begriffs nur ein ungefähres Hilfsmittel. Die ›Gedichte‹ der Aché werden beim Singen durch Besonderheiten der Atemtechnik und der Musik in deutlich markierte ›Verse‹ und Zeilen gegliedert – eine Versstruktur wird in der neueren Forschung über mündliche Literatur gerne als wichtiges Unterscheidungsmerkmal der ›Poesie‹ von der ›Prosa‹ angesehen.[60] Die ›Dichtung‹ der Aché ist stärker an Formeln gebunden als die ›Prosa‹, sorgfältiger elaboriert: Ein Versprecher in einem ›Prosa‹text wird leicht korrigiert und stört kaum, in einem Lied jedoch fällt er störend auf. Die bewußte Vieldeutigkeit ist im Gedicht noch ausgeprägter. Während in der ›Prosa‹ die Alltagssprache nur besonders kunstvoll eingesetzt wird, braucht die ›Dichtung‹ eine in Grammatik und Vokabular besondere Sprache.

Musik rechnen die Aché zum »Sprechen« im weiteren Sinne. In der Unterscheidung verschiedener Liedgattungen differenzieren sie mehr akustisch-musikalisch als nach Textgattungen, sind sie also sozusagen mehr Musik- als Literaturwissenschaftler. Die Kriterien, nach denen sie ihre Musik benennen, sind für uns so fremdartig wie überhaupt ihr musikalisches System.

Ihr Singen ist für unsere Ohren meist eine Art Sprechgesang. Eintönig getragen und etwas melancholisch bei den Frauen, heißt es *chenga*, was auch »Weinen« bedeutet. Dieser Name bezieht sich auf eine musikalische Kategorie, zu der die Aché sowohl das Singen der Frauen als auch das Weinen aller Menschen als auch bestimmte Tierlaute zählen. Er läßt sich vielleicht ungefähr erläutern als »Aussage durch einen auf- und abschwellenden Ton«. Bei der häufigsten Variante des Frauenliedes, dem *chenga ruvarã*, werden die Abschnitte zwischen den ›Versen‹ (das heißt Gruppen von durch die Atemtechnik und Syntax abgesetzten ›Zeilen‹) durch Summen markiert. Der Zusatz *ruvarã* bezeichnet den planmäßigen und wiederholten Auf- und Abbau von Spannung – so beschreibt man in der Aché-Sprache das Summen, aber auch etwa das Flötenspiel.

Eine Variante ist das *chenga chary*. Den Namen kann man mit »Weinen unter Tränen« übersetzen, wenn man in Erinnerung behält, daß »Weinen« hier keine inhaltliche, sondern eine akustische Kategorie ist. Auch die ›Tränen‹ sind eine Metapher für Akustisches: Die Sängerin vergießt sie nur selten tatsächlich, wohl aber ersetzt sie das Summen zwischen den Versen durch Schluchzen. Die Worte schleudert sie schneller, erregter heraus. Dies ist die dramatische Form bei Totenklagen und bei dem inhaltlich durchaus nicht immer traurigen »Tränengruß«, den die Etikette für Fremde oder nach langer Abwesenheit Wiedergefundene empfiehlt.

Der Gesang der Männer klingt für unser Ohr weniger melancholisch, ist rascher, aufgeregter als die gewöhnliche Form des Frauenliedes. Er heißt *prérã*, was eine planmäßig wiederholte Abfolge von *Einzel*tönen bezeichnet – im Unterschied zu dem die Töne verbindenden, auf- und abschwellenden Summen der Frauen. Der Name bezieht sich hier wohl besonders auf den charakteristischen Triller, mit dem der Sänger die Abschnitte zwischen den Versen markiert. Das gleiche Wort wird für das Klingen einer Metallsaite der aus Zivilisationsabfall gebastelten Aché-Guitarre verwendet, während für unsere europäische Musikalität die beiden Klänge wenig gemein haben.

Hinter diesen Namen scheint ein für uns nur schwer verständliches System der Einteilung der Klänge in verbundene und unverbundene auf. Flötentöne und ein modulierter Summton gelten als verbundene Töne und werden der Weiblichkeit zugeordnet, während ein wiederholter, aus Einzeltönen zusammengesetzter Triller und das Zupfen einer Metallsaite als unverbunden der Männlichkeit zugehören. Entsprechend begleiten die Frauen sich manchmal selbst auf der Flöte, die Männer eher auf der Guitarre.

Diesem akustischen System nachgeordnet ist ein inhaltliches. Die Flöte, ob von Männern oder von Frauen gespielt, »enthüllt etwas den Anderen Unbekanntes« (kibióo), übermittelt eine Nachricht oder begleitet ein Lied, das Nachrichten, Informationen mitteilt. Das Frauenlied, zu dem das Summen oder das Flötenspiel als Pausenzeichen zwischen den Versen gehört, ist in erster Linie eine Mitteilung von allgemein interessierenden Nachrichten: Die Sängerin spricht von Ereignissen aus dem gesellschaftlichen Leben, verrät beispielsweise den Fehltritt einer Nachbarin. Der Triller und die Metallsaite beim Männerlied hingegen begleiten weniger eine Nachricht als vielmehr sehr persönliche Kommentare, weniger die Schilderung eines für die ganze Gruppe wichtigen Ereignisses als die Selbstdarstellung des Sängers, der sich durch sein Lied von der Gruppe abheben möchte. Diese inhaltlichen Unterschiede bilden allerdings kein ganz starres System, es gibt Ausnahmen und Zwischenstufen.

Diese Lieder werden stets nur vom Autor selbst und allein gesungen. Die strikte geschlechtliche Arbeitsteilung der Aché-Gesellschaft findet in den Liedern ihren Widerhall: für den Mann Jagdgesänge, für die Frau eher Klagelieder. So wie der Mann in der Jagd persönliches Prestige sucht, sind auch seine Gedichte ausgesprochene Ich-Texte, während die Frau zwar ebenfalls als einzelnes Individuum dichtet und singt, dabei aber eher Anliegen der Gruppe ausdrückt.[61]

In dieser mündlichen Literatur wird der geschlechtliche Unterschied unmittelbarer vermittelt als beim geschriebenen Text. Der Zuhörer braucht nur die Stimme der Sängerin zu hören, nur sie zu sehen, um schon zu wissen, daß nun kein Jagdgedicht folgt (da die Jagd Sache der Männer ist). Stimmt ein Mann ein Lied nach weiblicher Art an, so weiß der Zuhörer gleich, daß es um eine homosexuelle Thematik gehen wird, und er wird dieses Thema auch dann aus dem Gedicht heraushören, wenn es gar nicht explizit wird. Anblick und Stimme des Sängers gehören zur Botschaft, da Sänger und Dichter identisch sind. Der Text ist nicht von den Umständen seines Vortrags loszulösen. Schon allein deshalb ist die Aché-Dichtung nicht ohne Verlust an poetischer Qualität ins Schriftliche übertragbar.

Wie entstehen die Gedichte? Oben sahen wir, wie ein neuer Prosatext aus einem älteren erwächst. Ähnlich hier: Die

Gedichte folgen bestimmten Grundmustern, die der Autor übernimmt. Er setzt sich etwa mit seinem Musikinstrument in eine ruhige Ecke und spielt sich die Melodie eines Liedes vor, an dessen Worte er sich dabei zu erinnern sucht. Ob aus mangelnder Erinnerung, ob absichtlich nimmt er erste textliche Veränderungen vor, die um so zahlreicher werden, je öfter er das Stück wiederholt. Eine buchstabengetreue Überlieferung des Textes ist bei den buchstabenlosen Aché nicht üblich.

Der neue Text ist also weder völlig neu, noch völlige Wiederholung. Zum einen steht er in einer traditionellen Kontinuität, zum anderen wird er nie ganz fixiert. Auch auf die Dichtung der Aché paßt, wie Denker der Dogon in Westafrika die mündliche Kontinuität beschrieben haben: als ein nie zerschnittenes, von Generation zu Generation weitergewebtes Band.[62] Recht anschaulich drückt dieser Vergleich sowohl die Bewahrung der Überlieferung aus, als auch deren Erneuerung durch neue Schöpfung in jeder Generation.

Wenn der Sänger selbst sein eigenes Lied ein neues Mal vorträgt, verändert er es im Rahmen der vorhandenen Struktur auch schon wieder. Er paßt es dabei einem zentralen Moment an: der Kommunikation mit den Zuhörern in einer jeweils wechselnden Situation. Er singt nicht für ein anonymes Publikum, dichtet nicht für einen ihm unbekannten Leser, sondern für diejenigen Personen, die er vor sich sieht. Daß ein und dasselbe Gedicht in immer der gleichen Weise wiederholt würde, müßte den Aché absurd erscheinen, da ja die Zuhörer und die kommunikative Situation wechseln. Der Sänger antwortet etwa auf ein Lied, das kurz zuvor sein Nachbar gesungen hat. Deshalb sind die Texte oft unverständlich, sofern man ihrem Vortrag nicht persönlich beiwohnt – man weiß sonst oft nicht, wen beispielsweise ein »jener da« oder ein »Ihr« meint.

Freilich gibt es auch bestimmte feste Formeln, und zwar vor allem da, wo das Lied einen Zauber bewirken soll. Auch diese Formeln sind, wie der Zauber selbst, in ihrer Interpretation zeitgebunden. Das heißt, die Formel selbst mag unverändert bleiben, ihr Sinn aber kann sich mit den Zeitläufen wandeln. So findet sich z.B. in vielen Aché-Liedern der Satz ›wãwã duve nõjémie‹; frei übersetzt: »Es soll eine Verwandlung kommen, die Zukunft soll näherrücken«. Diese Zauberformel soll bewirken, daß die Seelen Verstorbener eine Reihe von Verwandlungen durchmachen, damit sie um so rascher ihren für die Zukunft vorgesehenen Platz einnehmen, das Ziel ihrer langen Seelenwanderungen erreichen.[63]

In den frühen siebziger Jahren nun waren die Aché an einen tragischen Tiefpunkt ihrer Geschichte gelangt. Die Weißen hatten viele Indianer umgebracht. Überlebende in ein Reservat gesteckt. Dort erhielt die alte Sangesformel einen neuen Nebensinn. Er beruht darauf, daß in der Aché-Sprache das Wort ›nõje‹ nicht nur die Zukunft bedeutet (wie oben übersetzt), sondern auch die Vergangenheit. Die Übersetzung kann also auch lauten: »Es soll eine Verwandlung kommen, die Vergangenheit soll näherrücken.« Gesungen von den aus ihrem traditionellen Leben gerissenen, der großen Vergangenheit nachtrauernden Reservatsbewohner, wurde die Zauberformel zur wehmütigen Beschwörung besserer Zeiten.

Nun ein Beispiel der Dichtkunst der Aché: der Anfang eines längeren Liedes, das die Reservatsindianerin Kanechirigi 1972 dichtete und sang (links das Aché-Original und eine wörtliche Linear-Übersetzung, rechts eine freie Übertragung[64]):

(1)	Achéromỹ Die nicht mehr Aché, kaabuchárupi zwischen den Hauspfosten des Waldes ohoiãdỹripáty. vollständig und für immer im Zustand des nie mehr Zurücklassens.	Die nicht mehr Aché sind, werden auf ewig vom Davonziehen zwischen den Hauspfosten des Waldes (= den Bäume) ausgesperrt sein.
(2)	Japapa wachu Unseren Papa großen awãchipe wachu unter der Häuptlingsmütze großen vejaiãdỹripáty. vollständig und für immer im Zustand des nie mehr Zurücklassens.	Bei unserem großen Papa unter der großen Häuptlingsmütze sind wir auf ewig zu bleiben gezwungen.
(3)	Góverõ Nunmehr kaabuchárupi zwischen den Hauspfosten des Waldes mataiãdỹripáty. vollständig und für immer im Zustand des nie mehr Raubens.	Nunmehr sind wir auf ewig von den Raubzügen zwischen den Hauspfosten des Waldes (= den Bäumen) ausgesperrt.

(4)	Góverõ Nunmehr mamamỹ kware wachu verstorbene Mamas Ameisenbär großen vejapukutyripáty. vollständig und für immer im Zustand des weit fort Zurücklassens.	Nunmehr sind wir auf ewig weit entfernt und getrennt von den verstorbenen Müttern, die ein Teil des Großen Ameisenbären (= des Waldes) geworden sind.
(5)	Góverõ Nunmehr japapa wachu unserer Papas großen tapy krembo wachurõ Haus sonnenglänzendes großes buwa puku Schlafmatten geräumige weripáty. im Zustand des alle gänzlich Hinauswerfens.	Nunmehr sind aus unserer großen Väter sonnenglänzendem, großem Haus alle die geräumigen Schlafmatten auf ewig hinausgeworfen.
(6)	Góverõ chomemby tapy tuvy Nunmehr meiner Kinder Haus weißes wachúrõma. ist groß geworden, ruvaiãgatupapfýrõma. weinen-nein-schon völlig beruhigt.	Nunmehr wohnen meine Kinder in einem großen weißen Haus, sie werden nie mehr durch Weinen (= durch das beruhigende Streicheln und Weinen beim ›Tränengruß‹) völlig beruhigt werden.
(7)	Jamembyrõ bruvicha Unsere Kinder der weißen Bosse tapy wachupérõma, Häuser in den großen bereits, ikõgatupapfýrõma. schon völlig in den Zustand dauernder Ruhe versetzt.	Unsere Kinder leben nun schon in den großen Häusern der weißen Bosse, in dauernder Zwangsruhe.

Sehen wir uns an diesem Text Kennzeichen der Dichtung der Aché an: 1. im Inhalt, 2. in der dichterischen Sprache, 3. in der dichterischen Form.

Der Inhalt: Die Sängerin begrüßt Verwandte, die bis dahin unabhängig im Wald lebten und nun in das von Weißen kontrollierte Reservat kommen. Typisch für die Aché-Lieder ist, daß ein traditioneller Rahmen mit jeweils aktuellem Inhalt gefüllt wird. Traditionell zählt man zur Begrüßung auf, wer in der Zwischenzeit verstorben ist. Aktuell ist, daß die Dichterin hier nicht von verstorbenen Individuen spricht, sondern vom ganzen Volk der Aché, das sozusagen gestorben ist, da es nicht mehr frei im Wald herumzieht.

Schon im ersten Satz wird das Nomadenleben radikal negiert, und zwar durch die Wortendung –iãdỹripáty: Sie drückt einen unwiederruflichen und totalen Bruch mit dem Wort aus, an das sie angehängt wird. Indem man mit ihr einen Satz beschließt, kehrt man dessen Bedeutung demonstrativ um. So scheint der erste Satz zunächst zu besagen, daß man zwischen den Bäumen davonzieht – bis die Schlußsilben gleichsam »April, April!« rufen. Die Wirkung auf den Zuhörer ist ähnlich wie oben im Prosatext der Effekt, zuerst auf eine »falsche Fährte« gelockt zu werden und dies dann plötzlich zu merken – nur, daß hier der Kunstgriff nicht von einem Satz zum nächsten, sondern schon innerhalb des Satzes angewendet wird. Das Gedicht überrascht den Zuhörer rascher, als die Prosa dies tut; um so konzentrierter muß man zuhören und mitdenken.

Die Umkehrendung wird noch in den beiden folgenden Zeilen jeweils am Ende wiederholt, dann in Vers (4) plötzlich abgewandelt: Statt der Negierung (-iã-dỹripáty) steht hier die Bekräftigung (-puku-tyripáty). Der Bruch im bis dahin sprachlich gleichförmigen Fluß des Gedichts wird auch phonetisch markiert (indem die Sängerin die bis dahin geübte Nasalierung des Endreims aufgibt) und durch einen Wechsel des unten noch zu erläuternden »Versmaßes«. Aussprache und poetisches Maß, der mündliche Text und sein Vortrag bilden eine Einheit.

Wie die Prosamythe ist auch das Gedicht auf einem dialektischen Spiel zwischen zwei Sektoren aufgebaut, hier dem Wald als früherer Heimat der Aché einerseits, dem von Weißen beherrschten Reservat andererseits. Der Text pendelt im Zickzack zwischen den beiden Welten hin und her. Je nachdem, ob auf das Reservat oder auf den Wald Bezug genommen wird, erhalten z.B. die Wörter *papa/mama* entgegengesetzte Bedeutung. In Vers (2) ist *papa* (ein Wort aus der Sprache der Weißen, hier zunächst spöttisch eingeführt) eine Verhöhnung des weißen Reservatsverwalters. In Vers (5) dagegen wird es zum Kosenamen der Vor-Väter, deren Seelen im »sonnenglänzenden großen Haus«, d.h. in der Sonne leben. Umgekehrt bei *mama*: In Vers (4) meint es zunächst zärtlich die im Wald verstorbenen Mütter der Aché; in späteren Versen wird es dagegen zur Bezeichnung der weißen Frau des Reservatsverwalters.

Nicht immer weiß der Zuhörer sogleich, auf welche der beiden Welten sich *papa/mama* bezieht. Vielmehr steigert sich hier noch die poetische Kunst der Doppeldeutigkeit, des In-die-Irre-Führens. Der »große Papa« in Vers (2) wird mit Häuptlingsmütze vorgestellt, was zunächst nahelegt, daß es sich um einen verstorbenen Häuptling handelt. Erst am Ende des Satzes dann die Pointe: Diesen »Häuptling« kann man nicht verlassen (während man die echten Häuptlinge mit ihrer Mütze bestattete und dann den Ort fluchtartig verließ, um nie mehr zurückzukehren) – er ist also gar kein Indianer, sondern der weiße Reservatsverwalter. In Vers (5) läuft das Verwirrspiel umgekehrt: »Unserer großen Papas sonnenglänzendes Haus« scheint zunächst auf die (oft weißgetünchten) Häuser der Weißen zu deuten; erst die Erwähnung indianischer Schlafmatten zeigt, daß es sich um eine Aché-Hütte (und zwar die als Hütte der Seelen vorgestellte Sonne) handelt. Vers (6) spricht erneut von einem großen Haus, und der Zuhörer, der eben gelernt hat, daß ein Haus der Aché gemeint war, läuft Gefahr, wieder in die Irre zu denken: Diesmal ist nämlich ein Haus der Weißen gemeint, wie schließlich durch den Hinweis auf die »Bosse« deutlich wird.

Der hier nicht wiedergegebene Schluß des Gedichts dreht dann in einer überraschenden, dramatischen Pirouette noch einmal den ganzen Sinn um. Aus dem gewöhnlichen Liedtyp, dem *chenga ruvarã*, bricht die Sängerin aus in den emotionaleren, die Zuhörer aufwühlenden *chenga chary*, den Tränengruß. Nie, so schreit sie heraus, werden die Aché aufhören, ihre Vorväter und deren Welt des Waldes zu beweinen – und der Zuhörer merkt plötzlich, daß er gerade dann, wenn er meinte, endlich richtig herum verstanden zu haben, verkehrt herum verstand. Der *papa*, den die Aché nie mehr verlassen werden, ist in Wahrheit eben doch nicht der Weiße, der sich als Häuptling aufspielt, sondern der wahre, alte Häuptling mit seiner Kriegermütze. In der Trauer um ihn werden die Aché von nun an verharren.

Die Sprache: Im Vergleich zur Prosamythe enthalten die Zeilen des Gedichts im Schnitt weniger, dafür aber längere Wörter. Der Text ist nämlich noch stärker kondensiert, das einzelne

Wort trägt noch mehr an Bedeutung. Hierzu gehören kompliziertere grammatische Formen und zusammengesetzte Wörter. So kombiniert z.B. die erwähnte Umkehr-Endung fünf verschiedene Einzelendungen, während in der Alltagssprache die Wörter meist ganz ohne, oder nur mit einer oder zwei Einzelendungen stehen.

Auch die Aussprache ist besonders. Laute werden gedehnt oder verkürzt, nasaliert, abgewandelt, so daß es genauen Hinhörens bedarf, um zu verstehen. Dazu kommen Metaphern (z.B. »Hauspfosten des Waldes« für Bäume). Selten begreift ein Zuhörer einen längeren Text gleich in allen Einzelheiten und Feinheiten, meist bleibt ein schlecht verstandener Rest, der durch Mitdenken und Rätselraten zu ergänzen ist[65].

Der Häuptling, der in seiner Ansprache zur Arbeit anfeuert, will zwar durch seinen Stil überraschen und fesseln, muß aber auch leicht verständlich bleiben, um seine Botschaft anzubringen. Hingegen scheint es in den Gedichten oft eher darum zu gehen, Barrieren vor dem Verständnis aufzubauen.

Die dichterische Form: Ich habe viel Zeit mit dem Abhören von Tonbändern verbracht, um herauszufinden, ob es so etwas wie ein Versmaß der Aché-Lieder gibt. Erfolg hatte ich erst, als ich die Tonaufnahmen beiseite ließ und mich meiner Niederschrift der Texte zuwandte: Ein Versmaß (auch dieser Begriff kann nur eine annähernde, hilfsweise Übertragung sein) wird erkennbar, wenn man den Text auf dem Papier untersucht; jedoch beim Vortrag durch den Sänger wird er verzerrt, teilweise unkenntlich gemacht – als hätte er sein Werk erst schriftlich entworfen und es dann beim mündlichen Vortrag durcheinandergebracht, schlecht vorgetragen.

Diese Erklärung wäre freilich nicht nur deshalb unangemessen, weil der Aché-Dichter nicht schreiben kann, sondern auch, weil es uns, die wir sein Werk nur mit Mühe überhaupt verstehen, schlecht anstünde, es gleich schulmeistern zu wollen. Fragen wir lieber, welche Maßstäbe die Aché selber an den Vortrag eines Liedes anlegen. Da hat es mich überrascht, daß sie gerade solche Gedichte, deren »Versmaß« beim Singen stark verzerrt wurde, als gut vorgetragen bezeichneten. Hingegen fanden sie Lieder schlecht, die das ursprüngliche Maß noch deutlich klingen ließen. Das Verschleiern des Versmaßes scheint eine Kunst zu sein.

Was genau bedeutet hier »Versmaß«, und was dessen »Verschleierung«? Hierzu ein Beispiel, das ich allerdings vereinfache, indem ich das Problem der Tonhöhen (das Aché wird mit musikalischen Akzenten gesprochen, die man im Lied teils übernimmt, teils bis zur Unkenntlichkeit verzerrt) auslasse und nur von rhythmischen Akzenten spreche. Die ersten drei Zeilen des obigen Gedichtes lassen sich dann metrisch folgendermaßen darstellen – links die »ideale« Form, die sich ergibt, wenn wir die Wörter in ihrer eigentlichen Betonung aussprechen, rechts die Verzerrung im tatsächlichen Liedvortrag:

(1)	–!–!	–!!–!	– = unbetonte Silbe
	–!–!–!	––!–!	! = betonte Silbe
	–!–!–!˷	!–!–!˷	˷ = schwingende Endsilbe
(2)	–!–!–!	!–!–!	
	–!–!–!	!––!–!	
	–!–!–!˷	–!–!–!˷	
(3)	!–!	!–!	
	–!–!–!	––!–!	
	–!–!–!˷	–!–!–!˷	

Das linke, »eigentliche« Schema ist regelmäßig, durch ein System geordnet, das im tatsächlichen Vortrag, rechts, verzerrt wird durch Auseinander- und Zusammenziehen von Silben oder unübliche Betonung. Z.B. beginnt das zweite Wort des Liedes mit dem Wortstamm kaa, der »eigentlich« ka-á ausgesprochen wird. Die Sängerin sang aber ›ka‹ (unbetont, zu nur einer Silbe zusammengezogen). Die Verzerrungen sind bisweilen so stark, daß sie die Lieder schier unverständlich machen könnten – wäre nicht das metrische System. Sobald ein Hörer erfaßt hat, welches Schema von Betonungen dem Text »eigentlich« zugrundeliegt, kann er Abweichungen erkennen und in Gedanken, gleichsam wie in einem akustischen Kreuzworträtsel berichtigen, um das richtige Wort zu finden.

Das ist in der Praxis weniger kompliziert als es klingt. So wie ein erfahrener Kreuzworträtseler aus Routine und oft schon ganz intuitiv das richtige Wort einsetzt, so braucht es für den

Aché-Hörer kein langes Nachdenken, um hinter ›ka‹ das Wort ka-á zu erkennen. Er hat schon so viele Lieder gehört, vielleicht auch selbst gedichtet, daß ihm diese Verzerrung als dichterischer Kniff nicht mehr neu ist. Immerhin bleibt ein gewisses Moment des Rätselratens, und kommt es oft genug vor, daß Zuhörer ein Lied falsch entschlüsseln.

So entsteht eine Spannung zwischen dem »eigentlichen«, akustisch verborgenen metrischen System, das nur im Kopf, nicht in der Stimme des Sängers steckt, und dem gesungenen Vortrag, der das System verschleiert. Das kehrt um, was wir aus der abendländischen Dichtung kennen. In der Versmaß-Kunst der europäischen Antike etwa wurden Wörter zwar ebenfalls verfremdet, aber nicht, um das Versmaß möglichst schwer erkennbar zu machen, sondern im Gegenteil, um es deutlicher herauszustellen (z.B. werden in dem lateinischen Spruch »dulce et decorum est pro patria mori« die zwei unterstrichenen Silben zu einer einzigen zusammengezogen, zwecks Einpassung ins Versmaß: rumst). In beiden Systemen, dem europäischen und dem indianischen, wird Sprache deformiert – aber bei den Europäern, um dem Hörer ein Versmaß markanter einzuhämmern; bei den Indianern, um dem Hörer ein Rätsel aufzugeben. Vielleicht wäre es überspitzt zu formulieren: Das europäische System spricht den rhythmischen Instinkt an, das indianische den metrischen Intellekt.

Nicht immer stehen sich ganz schlicht »eigentliche« Metrik und »falsche« Aussprache gegenüber. Manchmal spielt der Dichter mit der Doppeldeutigkeit des Wechselspiels. So sang etwa im obigen Satz (2) die Dichterin das erste Wort, *japapa* (»unser Papa«) so, wie es auch eigentlich ausgesprochen wird: já-pa-pá. Doch so paßt es nicht ins Versmaß. Der Zuhörer spürt, daß noch eine unbetonte Silbe vorgeschaltet werden könnte: Gut passen würde *ja-há pa-pá* (»auf, Papa, ziehen wir los!«). Tatsächlich stimmen in einem gewissen Sinn beide Versionen. Die Aufforderung an den Papa, aufzubrechen, ist nicht der Hauptsinn dieser Stelle, schwingt aber als verborgener Doppelsinn mit. Sie ist inhaltlich nur schwer zugänglich, bildet eine fast geheime, mystische Botschaft. Schon bei der Mythenprosa sahen wir, wie der vordergründige Ablauf des Geschehens von hintergründigen Assoziationen begleitet wird.

Das »Versmaß« des Aché-Gedichts ist kein so starres Korsett wie der antike Hexameter. Die Aché stellen keine Verbindung zwischen Dichtung und Tanz her. Da der Gedichtrhythmus also kein Tanzrhythmus ist, kann er freier variieren. Anders als in der europäischen Dichtung wird ein bestimmtes Maß selten durchs ganze Gedicht durchgehalten, vielmehr wandelt es sich nach einigen Zeilen, teils in allmählichem Übergang, teils abrupt. Solcher Rhythmuswechsel kann in Beziehung zur Bedeutung stehen, wenn etwa ein abrupter Bruch einen inhaltlichen Schnitt markiert. Möglicherweise gibt es überhaupt ein System der Beziehungen zwischen bestimmten »Versmaßen« und bestimmten inhaltlichen Aussagen (etwa wie bei unseren Tonarten: Moll paßt eher zu Traurigem, Dur zu Fröhlichem), doch wäre dieser Punkt noch zu klären.

Die Aché-Sprache differenziert klar zwischen betonten und unbetonten Silben, kaum hingegen zwischen langen und kurzen. So nimmt es nicht wunder, daß die Betonung (und nicht wie in der Antike die Silbenlänge) in der Metrik der Aché eine Rolle spielt. In anderen indianischen Sprachen, die zu wieder anderen akustischen Differenzierungen anleiten, können die Bausteine des metrischen Systems schwerlich die gleichen sein. Z.B. markieren nicht alle Sprachen so klar wie das Aché getrennte Einzelsilben, und in den betreffenden Kulturen kann die Metrik nicht so klar auf Silben aufbauen.

Gibt es neben dem »Versmaß« auch eine Art Reim? Als durchgängiges System offenbar nicht, wohl aber als Effekt eines gewissen Gleichklanges, der angestrebt, wenn auch nicht systematisch durchgezogen wird. Er ist schon im Prinzip der Wiederholungen angelegt. Bisweilen gar verwischt der Sänger die Aussprache derart, daß eine ganze Zeile der vorhergegangenen gleich oder ähnlich klingt. Nicht nur einzelne Silben, sondern zwei ganze Zeilen scheinen dann den Reim zu bilden. Scheinen freilich nur: Die unklare Aussprache verwischt nur dem flüchtig Hinhörenden die Unterschiede. Hier wird die Spannung zwischen »eigentlichem« und »tatsächlichem« Text noch verstärkt: Der Reim in der tatsächlichen Aussprache suggeriert einen anderen als den eigentlichen Text. Nicht einfach auf Wohlklang ist das angelegt, sondern wieder auch auf jenes »Verschleiern des Eigentlichen«.

6

Die Welt der Bilder und Symbole

Bis jetzt haben wir Texte analysiert. Sie waren nicht ursprünglich schriftlich, aber für die Analyse mußten wir sie verschriftlichen. Letztlich sind wir damit doch wieder zu den Wegen der auf schriftliche Texte fixierten Literaturwissenschaft zurückgekehrt. Gibt es keinen anderen Weg? Wenn Oralkultur eine Kultur nicht einfach *ohne* Schrift, sondern auch *mit* anderen Ausdrucksmitteln ist, dann liegt es nahe, nach anderen, zum Beispiel auch anderen graphischen Systemen als einer Schrift zu suchen. Wie ist das mit Bildern und Symbolen? Sind die »gezeichneten« Gesichter der Indianer (Abb. 32) lebende Bücher, so wie man oft gesagt hat, daß die Bewahrer der Überlieferung in Oralkulturen lebende Bibliotheken sind?

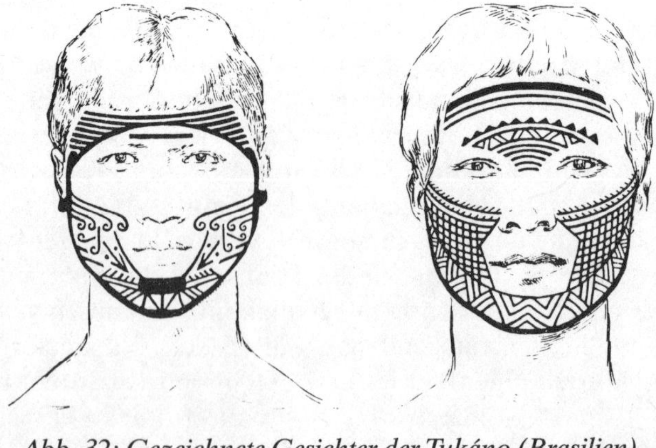

Abb. 32: Gezeichnete Gesichter der Tukáno (Brasilien)

Tatsächlich zeigen Gesichtsbemalung, Weberei, Hausdekoration usw. südamerikanischer Wald- und Savannenindianer Muster, die oft, ähnlich wie Schriftzeichen einer Bilderschrift, bestimmte Bedeutungen ergeben. Ein solches Muster kann etwa »Jaguar« gelesen werden, eine bestimmte Farbe kann eine Beziehung zum Übernatürlichen definieren. Gestalten der Mythologie tauchen auf diese Weise in stark abstrahierten Bildern auf.[1] Die Mythen werden damit zwar nicht aufgeschrieben, aber doch, auf andere Weise, graphisch umgesetzt.

In diesem Kapitel soll gefragt werden, wie weit solche graphischen Muster einer Schrift (wie wir aus der europäischen Tradition »Schrift« verstehen) ähneln. Natürlich gibt es auch in unserer eigenen Kultur Zeichen wie z.B. das Kreuz, die zwar keine Schriftzeichen sind, aber ähnlich einer Hieroglyphe für ein Wort oder einen Begriff stehen können. Doch solche Symbole sind bei uns in einen schriftkulturlichen Zusammenhang eingebettet. Das Kreuz wird durch die Heilige *Schrift* weiter erklärt. Diese Einbettung fehlt bei den schriftlosen Indianern. Inwieweit bekommen nun deren Symbole Schriftfunktionen?

Wir sahen im Abschnitt »Schrift und Verstand« (S. 169), daß die Frage nach dem Wesen von Oralkultur mit einer älteren Diskussion verbunden wird: ob die »Primitiven« eine hochgradige Abstraktionsfähigkeit und Intellektualität entwickeln konnten (wie sie angeblich doch erst mit der Schrift verbunden wäre). Sind die analphabetischen Kulturen jene schlichte Welt ohne des Gedankens Blässe, wo nicht abstrakt-reduzierend gedacht, sondern konkret in des Lebens Fülle gehandelt wird? Dann dürfte dem Fehlen der Schrift eine Tendenz entsprechen, überhaupt abstrahierendes Reduzieren zu vermeiden. Das müßte sich dann eigentlich auch in anderen Medien zeigen, überhaupt auf dem Gebiet der bildlichen Kommunikation. Ist das bildnerische Schaffen der südamerikanischen Waldindianer so gegenständlich-unabstrakt, wie es schriftlos ist?

Betrachten wir zunächst die äußere Form. Schon hier ist die Antwort überraschend: Gerade jenes südamerikanische Wald- und Savannenland, dessen voreuropäische Traditionen schriftferner als die der meisten anderen Weltregionen waren, erweist sich als ein Raum besonders weitgehender Abstrahierung und Stilisierung in der indianischen Zeichnung. Anstatt daß diese in ihrer generellen Tendenz der Schriftlosigkeit entspräche, scheint sie fast das Fehlen einer Schrift kompensieren zu sollen. So abstrakt ist oft die indianische Ornamentik (oft noch ausgeprägter als das Beispiel in Abb. 33), daß man darin schließlich gar keine Abstrahierung vom Figurativen mehr zu erkennen vermeint. Schon Max Schmidt (1904) leitete die geometrischen Formen nicht aus der Reduktion der Natur ab, sondern aus den technischen Bedingungen der Geflechttechnik, die gleichsam zufällig bestimmte Muster ergäbe.[2]

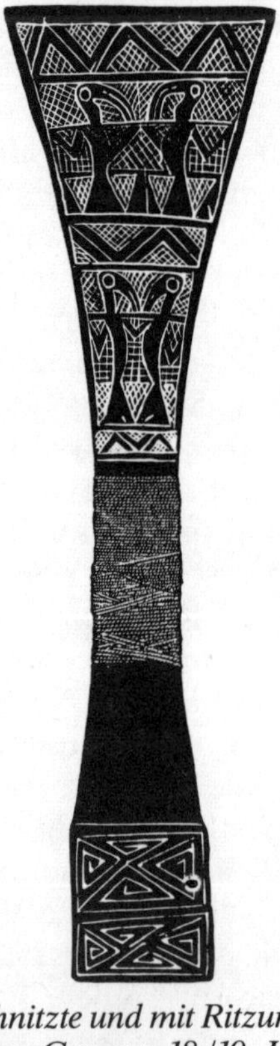

Abb. 33: Holzgeschnitzte und mit Ritzungen verzierte Keule aus Guyana, 18./19. Jh.

Doch welches auch der Ursprung der Muster sein mag – später jedenfalls gaben Indianer den abstrakten Formen Bedeutungen, symbolische Konnotationen. In der wald- und savannenindianischen Zeichnung finden sich Elemente weitgehender (aber nie vollständiger) Hieroglyphisierung, wie sie an anderer Stelle von Birgit Scharlau beschrieben wird. Freilich wird daraus im Wald kein Schriftsystem. Vielmehr wächst etwas Eigenes, das ich im Folgenden vorstelle: das Mythogramm (den Terminus übernehme ich von André Leroi-Gourhan), eine Ausdrucksform, die einige Funktionen der Schrift erfüllen kann. Oralkultur erweist sich hier als ein System, in dem die Schrift auch deshalb nicht benötigt wird, weil andere Wege begangen werden. Betrachten wir uns einmal ein solches Mythogramm.[4]

Gebündelte Gedanken

Nach dem graphischen Code der Xingu-Indianer in Zentralbrasilien ist die Zeichnung Abb. 34 als Schildkröte erkennbar. Ihre besondere Aussage liegt aber in der Stilisierung des Rückenpanzers: In leichter Abweichung sowohl von der Natur als auch von dem in der Graphik seiner Kultur geläufigsten Schildkrötenornament wählte der Zeichner hier ein Muster, das sonst für das rituelle Umgraben des Bodens einer Maniokpflanzung steht.

Abb. 34: Die Schildkröte als Kreuzungspunkt von Bedeutungen

Dem Kundigen vermittelt er damit einiges auf einen Blick: Da ist keine gewöhnliche Schildkröte, denn das Rückenmuster verweist auf ein religiöses Ritual; an dem Tier interessiert hier, was es an Beziehungen zum Umgraben der Erde haben könnte, d.h. vor allem, daß es in Erdlöcher kriecht; usw. Ferner kann einem Xingu-Indianer beim Betrachten der Zeichnung deutlich werden, daß sie im Umriß genau auf die Form eines bestimmten, bei der Zubereitung des Maniok wichtigen Küchengerätes gebracht ist. Die schon im Rückenmuster ausgedrückte Gedankenverbindung Schildkröte-Maniok wird dadurch nochmals betont. So bündelt die Zeichnung in einem einzigen Bild mindestens drei verschiedene Inhalte: ›Schildkröte‹, ›Umgraben der Maniokpflanzung‹ und ›Zubereitung des Maniok‹.

Vergleichen wir diese graphische Komposition einmal mit der Komposition eines Wortes. Wir könnten die Schildkrötenzeichnung im übertragenen Sinn als agglutinierend bezeichnen (d.h. Vor- oder Nachsilben mit einem unveränderten Wortstamm verbindend; oder mehrere Wörter zur Bildung eines neuen Wortes kombinierend): ›Schildkröte‹ wäre in diesem Vergleich wie ein Wortstamm, der mit einem anderen Wortstamm, nämlich ›Küchengerät zur Maniok-Zubereitung‹, und mit der Vorsilbe ›Umgraben der Maniokpflanzung‹ zu einem neuen, zusammengesetzten Wort verbunden würde. Der Begriff des Agglutinierens kehrt in Diskussionen über die Schriftsysteme des vorkolumbischen Amerika wieder. Man spricht da von »agglutinierten« Bildern in der aztekischen Schrift und zieht Dan Sperbers Überlegungen zum Symbol heran: Dieses beschwört das in der Erinnerung einer Kultur gespeicherte Wissen herauf, indem es Bilder »wie in einem Brennpunkt zusammenfaßt«[5].

Sicher wäre es abwegig, die Graphik brasilianischer Indianer von der Schrift der Azteken ableiten zu wollen, die nicht nur in einer anderen Zeit, sondern auch Tausende von Kilometern entfernt lebten. Eine Verwandtschaft scheint mir eher strukturell als historisch denkbar: Die Kultur der brasilianischen Indianer ist Oralkultur. Die Kultur der Azteken hat zwar Schriftelemente entwickelt, aber wir sahen im ersten Teil dieses Buches, wie sehr sie doch noch in einem mündlichen Kontext zuhause war, aus dem sie ihre »Bildlichkeit« gewann. Bilder unterscheiden sich von Texten oft gerade durch die größere Zahl von Bedeutungsschichten, und diese Eigenart des Bildlichen dürfte in mündlichen Kulturen – wo das Bild noch eng mit der Sprache verbunden ist – freier entfaltet sein als in Schriftkulturen, die erst die Sprache als einen Sonderbereich herausheben und schließlich dazu neigen, auch das Bild der größeren Eindeutigkeit der schriftlichen Aussage zu unterwerfen.

Über die sogenannte Stammeskunst (was in den meisten Fällen heißt: Kunst generell in Oralkulturen) schreibt Edmund

Carpenter, daß die Künstler »Wissen in mythischen Formen vielfältiger, aber *gleichzeitiger* Bestimmung kombinieren.«[6] Die Bündelung verschiedener Inhalte in einem einzigen Zeichen scheint tatsächlich ein Kennzeichen des bildnerischen Ausdrucks vieler schriftloser Völker zu sein, das sich in abgewandelter Form in den altamerikanischen Schriftkulturen wiederfindet.

Jedoch zeigt der Vergleich auch deutliche Unterschiede. Sie machen eben das Besondere des Mythogramms aus, das nicht wie das Bildzeichen der Azteken einer (wenn auch erst beginnenden) schriftkulturellen Entwicklung zugehört. Wir sahen im Kapitel über die aztekische Schrift, wie sehr diese schon von der Sprache abhing. In der altamerikanistischen Forschung sucht man in der Sprache, um Bilder zu verstehen.[7] Hingegen sehe ich im Fall der Xingu-Graphik keine unmittelbaren Abhängigkeiten etwa von sprachlichen Bildern oder überhaupt vom Klang, keine Phonetisierung. Das Wort für ›Schildkröte‹ klingt in den Sprachen der Xingu-Indianer nicht gleich dem für ›Pflanzung umgraben‹, und es wird auch nicht metaphorisch dafür verwendet.

Auch möchte ich das Mythogramm nicht einfach als Illustration einer Mythe verstehen, nicht als »eine materielle Antwort, die sich aus der verbalen Information ergibt« (wie nach Lucia Hussak van Velthem ein Teil der Flechtmuster guyanensischer Indianer zu deuten ist[8]). Die Schildkrötenzeichnung ist nicht etwa die schlichte Umsetzung einer Schildkrötenmythe. Eine solche Mythe erzählen die Xingu-Indianer zwar, doch ohne darin das Umgraben der Pflanzung anzusprechen. Eine verborgene Beziehung zwischen Schildkröte und Pflanzung mag zwar implizit in der Mythe angedeutet sein, wird aber erst in der Zeichnung explizit.

In anderen Fällen scheinen sich graphische und mythische Aussage gar zu widersprechen, zumindest vordergründig. Die Xingu-Indianer erzählen, daß ihr Schöpfer sie zunächst aus Holz schnitzte, sie also auf ungeschlechtliche Weise schuf. In der bildlichen Aussage dagegen stellen die gleichen Indianer den gleichen Schöpfer mit einem Penis und mit der von ihm geschwängerten Stammesmutter dar.[9] Holzschnitzende und geschlechtlich zeugende Schöpfung des Menschen sind zwei Versionen, die nicht in äußerlichen Einklang gebracht werden.

Die bildliche Darstellung steht hier eigenständig neben der akustischen, freilich auch in Wechselbeziehung mit dieser. Hier sei mir ein kleiner Ausflug in eine andere mündliche Kultur gestattet, wo in ähnlicher (nicht in ganz gleicher) Weise das Bild sich gegen die Sprache behauptet. Viele Brasilianer verehren afrikanische Götter, denen sie die Namen christlicher Heiliger geben. Interessanterweise richtet sich die Auswahl der Heiligennamen großenteils nach Übereinstimmungen im *Bild* von Heiligem und Gott, auch wenn das zu Widersprüchen mit der gesprochenen Lehre führen kann. So wird etwa der Gott Xangô, der Gewitter erzeugt und recht männlich ist, »Heilige Barbara« genannt, also ausgerechnet mit dem Namen einer Frau, die gegen Gewitter schützt. Die Gleichsetzung ergibt sich aus den Abbildungen der Heiligen mit einem Blitz, der dem Blitzzeichen des Xangô ähnelt, also aus der Bilder-, nicht aus der gesprochenen oder geschriebenen Sprache.

Zurück zu den Indianern. Sie bilden nicht nur ab, sondern komprimieren auch die Inhalte der Abbildungen in nicht mehr naturalistischen Mythogrammen, die als unabhängige Ausdrucksformen neben den gesprochenen Erklärungen, in Wechselwirkung mit diesen, stehen. Der graphische Symbolismus drückt in ganz eigenen Dimensionen einen Zusammenhang aus, der sprachlich zwar auch berührt, aber nicht unbedingt erläutert wird. Bildliches und sprachliches Medium ergänzen einander, anstatt daß (wie es bei der Schrift der Fall ist) das graphische Zeichen die Sprache nur inhaltlich oder gar nur phonetisch wiedergibt, ihr im Grunde untergeordnet ist. Das Bild, schreibt André Leroi-Gourhan über ganz ähnliche prähistorische Entwicklungen, »besitzt noch eine dimensionale Freiheit, die der Schrift stets fehlen wird; es vermag den Sprachvorgang auszulösen, etwa die Erzählung eines Mythos, ist diesem Vorgang aber nicht verhaftet.«[10]

Ein wesentlicher Unterschied zwischen dem Mythogramm Schildkröte und der Mythe von der Schildkröte ist: In der Mythe werden die Beziehungen nacheinander, fortschreitend im Gang der Erzählung (oder auch von einer Erzählung zur nächsten) deutlich; im Mythogramm dagegen auf einmal, in einem einzigen, gleichzeitigen Bild. Aus diesem Grund stimmt mein obiger Vergleich zwischen bildlicher und sprachlicher

Agglutination nur bis zu einem gewissen Punkt: Im Unterschied zum gesprochenen Wort macht die Schildkrötenzeichnung die ›Vorsilbe‹ und die beiden zusammengefügten ›Wortstämme‹ nicht hintereinander hörbar, sondern gleichzeitig, auf einen Blick sichtbar. Im Unterschied zur Mythe (und auch zu dem die Mythe in ihrem Ablauf nachzeichnenden Piktogramm) wiederholt das Mythogramm nicht den Ablauf der Zeit, ist es nicht in Vergangenheit, Gegenwart und Zukunft gegliedert.

Die Vieldeutigkeit und, wenn man so will, Unbestimmtheit des bildlichen Systems im Unterschied zum sprachlich/schriftlichen wird in Fällen bedeutsam, in denen man komplexe, mehrdimensionale Zusammenhänge in knappen, einprägsamen Formeln ausdrücken möchte. Bei den Xingu- und anderen Waldindianern Südamerikas setzt die Religion eine komplizierte und wenigstens vordergründig oft widerspruchsvolle, mystische Wahrheit gegen die geradlinige »Realität« unserer Sinne. Die Welt scheint für die Denker unter diesen Indianern keine statische Materie zu sein, sondern aus ineinander verwobenen und sich verschiebenden, unterschiedlichen Realitäten zu bestehen. Ein Ding ist nicht immer das gleiche Ding, sondern zeigt unterschiedliche Erscheinungsformen je nachdem, wer es wie betrachtet. Die Natur wird deshalb nicht immer als eine Ansammlung fester Körper beschrieben, sondern oft auch als eine Bewegung ständiger Verwandlungen und Verkleidungen.[11]

Das Mythogramm, weniger genau und gerade dadurch umfassender als das Schriftzeichen, leistet zur optischen Umsetzung dieser Weltvorstellung bessere Dienste, als die Schrift das wohl vermöchte. Wir wollen das im folgenden am Beispiel eines religiösen Musters betrachten.

Vieldeutige Muster

Die Xingu-Indianer in Zentralbrasilien, bei deren Beispiel ich hier der Einfachheit halber bleibe, verzieren mancherlei Gegenstände mit einem geometrischen Muster (Abb. 35), das ich im folgenden *tapaka* nenne: So heißt es auf Kamayura, einer der dort gesprochenen Sprachen. Der umfassenden Bedeutung des Musters entspricht ein weites Bedeutungsfeld des Wortes tapaka. Es benennt das graphische Symbol, von dem wir hier sprechen, aber auch (vom Zeichen zum Bezeichneten) einen bestimmten Fisch, der mit dem Ornament symbolisiert wird, und andererseits (vom Zeichen zum Zeichensystem) überhaupt die geometrische Bemalung, die dem künstlerischen Stil der Xingu-Indianer seine eigene Note verleiht.

Ein Blick auf Abb. 35: Schon die einfachste Form (a) ist komplex und stilisiert. Nicht ein Fisch allein wird abgebildet, sondern eine Folge aufeinander stehender Fische, wie sie in der für uns sichtbaren Realität niemals auf- oder hintereinanderstehen. Innerhalb der Reihe wird der einzelne Fisch durch den einzelnen Rhombus dargestellt, dessen vier ausgefüllte Ecken dem Kopf und der Schwanzflosse, der Rücken- und der Afterflosse entsprechen. Vergleichen wir die zoologische Realität (ganz links in der Abb.) mit ihrer geometrischen Umsetzung: Insbesondere bei der Position der Afterflosse bewirkt die geometrische Symmetrisierung eine Verschiebung, das heißt, die Gesetze der zeichnerischen Metaebene überwinden das bloße Abschildern der Natur.

Hier kündigt sich bereits jener Schritt vom Bild zum Bildertext, von der bloßen Abbildung zur komplexen bildlichen Aussage an, den wir im ersten Teil dieses Buches am Beispiel der aztekischen Pikturen sahen. Wenn man in der Zeichnung Abb. 35a vom zweiten Fisch an aufwärts geht, so sieht man, daß jeweils der Kopf des unteren Fisches die Schwanzflosse des nächsthöheren bildet. Das heißt wieder: Die Vereinfachung wird auf einer graphischen Ebene, jenseits der Abbildung der Natur, vorangetrieben. In der Zeichnung Abb. 35b ist dieses Prinzip noch weiter entwickelt: Die Schwanzflosse des einen Fisches ist gleichzeitig die Afterflosse oder der Kopf des anderen.

Wollte man das Verschmelzen mehrerer Fische zu neuer Einheit sprachlich (sei es mündlich oder schriftlich) ausdrücken, so müßte man erklärende Sätze formen, etwa: »Viele Fische bilden eine neue Einheit, und zwar dergestalt, daß die Schwanzflosse des einen gleichzeitig Kopf oder Afterflosse des anderen wird.« Der Leser oder Hörer würde sich das vielleicht nur schwer vorstellen können, weitere Erläuterungen müßten folgen, wie etwa: »Und zwar ist das möglich, indem die Fische ganz eng neben- und übereinanderliegen.« Man würde also eine relativ ausführliche Beschreibung benötigen, die aber immer noch nicht gewährleisten könnte, daß sich der Leser oder Hörer wirklich vorstellt, was gemeint ist. Im Vergleich dazu hat das nichtsprachliche System der Xingu-Indianer den Vorteil unmittelbarer Einsichtigkeit (im wahrsten Sinn des Wortes). Wieder sehen wir die Leistung des Mythogramms, komplexe Agglutinationen darzustellen.

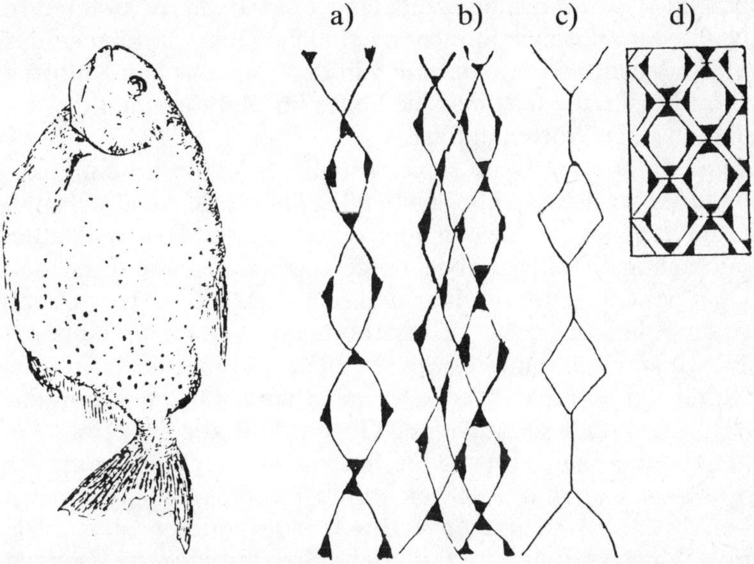

Abb. 35: Zunehmende Ablösung eines Musters von seinem Naturvorbild.
Ganz links: Der tapaka-Fisch, gezeichnet von einem Europäer.
Rechts daneben:
a) Die einfachste Form des tapaka-Musters.
b) Eine komplexere Variante.
c) Vereinfachte Andeutung des Musters (Zeichen eines Zeichens).
d) Das tapaka-Muster als Dekoration auf einem Gegenstand.

Das gilt nicht nur für Sichtbares. Die obige tapaka-Zeichnung Abb. 35b agglutiniert Bedeutungen zweier verschiedener Bewußtseins- und Realitätsebenen. Vordergründig zeigt sie drei ineinander verzahnte Reihen von tapaka-Fischen. Auf einer in der Religion der Xingu-Indianer sehr ernst genommenen, anderen Ebene stellt das Bild die Schuppen eines größeren Fisches dar, des geheimnisvollen »Fischgeist«. In der erstgenannten Bedeutung ist jeder Rhombus ein Fisch, in der zweiten nur eine Schuppe. »Fischgeist« ist eine Art Ur-Fisch, das jenseitige, riesige Vorbild der diesseitigen kleinen Fische, ein Fischelternpaar, dessen Schuppen aus den Fischkindern bestehen, die es den Menschen als Nahrung zukommen läßt. Hinter dieser religiösen Darstellung steht wohl jenes für uns nur schwer verständliche Weltbild: Die Dinge dieser Welt besitzen mehrere Realitäten, eine vordergründige und eine oder mehrere tiefere. In unseren europäischen Sprachen ist solche Doppelbödigkeit nur mühsam ausdrückbar, aber auch in den indianischen Kulturen Zentralbrasiliens stellt man sie lieber im Mythogramm dar, als daß man sie in Worten erklärt.

Das Mythogramm mit seiner Möglichkeit, die Eindimensionalität der Sprache zu überwinden, ist das ideale Ausdrucksmittel für das sonst am ehesten noch in bildhaften Mythen gefaßte, vielschichtige Weltbild. Die obige tapaka-Zeichnung ist den Xingu-Indianern unmittelbar und ohne erklärende Wörter verständlich, indem sie die vielen Rhomben so zu einem einheitlichen Muster kombiniert, wie die vielen Fische des Diesseits Teile des einen jenseitigen Ur-Fisches sind. Oft malt man das Muster in einer Weise auf einen Gegenstand, die zum einen die Unendlichkeit suggeriert (»Fischgeist« ist unendlich groß, der von ihm ausgehende Fischreichtum ist endlos – das geometrische Muster ist sozusagen endlos), zum anderen aber diese Grenzenlosigkeit einfängt in den Grenzen des diesseitigen Objekts.

Freilich ist der Versuch problematisch, den bildlichen Ausdruck in verbale Formen wie »unendlich« und »Eingrenzung« umzugießen – eine europäische Interpretation. Am sichersten ist dieser Annäherungsversuch an eine fremde, nicht-sprachliche Sprache noch bei einigen Masken, zu denen nämlich die Xingu-Indianer relativ ausführliche Erklärungen geben mögen (Abb. 36)[12]. Wie drückt sich Religion in diesen Masken aus, welches sind die Regeln von deren Sprache?

Prinzipiell sehen die Xingu-Indianer in den Geistern zunächst böse Ungeheuer. Aufgabe des Medizinmannes ist die Brechung der feindlichen Macht. Die beiden hier abgebildeten Masken stehen für zwei Phasen der Zähmung. In der ersten

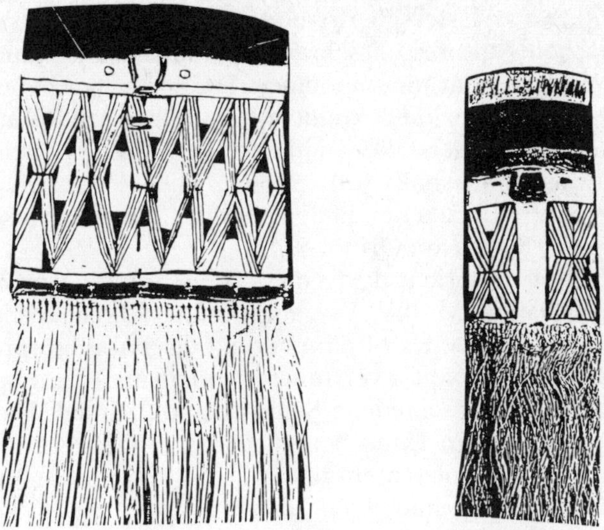

a) b)

Abb. 36: Zwei Masken der Xinguanos.

a) Ein zwar schon in einer Maske eingefangenes, aber noch immer gefährlich wildes, bösartiges Wasser-Monster mit einem Maul aus dem Gebiß des räuberischen Piraña-Fisches.

b) Der endlich gezähmte Geist, nun sozusagen im Handformat, in einer kleineren und schlankeren Maske. Diese unterscheidet sich von der Wild-Form u.a. in folgenden Punkten:
Das natürliche Raubfischgebiß des Monsters ist abgelöst durch ein künstliches, von Menschenhand gemaltes, ganz stark abstrahiertes (die zwei halben Rhomben um den weißen Mittelstreifen des Gesichts stellen das Maul dar – wir sehen hier wieder das typische Stilelement der Mehrdeutigkeit, denn auf einer anderen Ebene sind die Rhomben ja Fische, auf einer dritten Schuppen); und:
das auf der »wilden« Maske sozusagen unendliche tapaka-Muster ist hier zur Zähmung in zwei Rechtecke eingegrenzt.

Phase ist der Geist noch recht wild, in der zweiten ist er sozusagen »kleingemacht«, wozu die Eingrenzung des tapaka-Musters wesentlich gehört. Der Vergleich der beiden Masken führt bildlich und eindringlicher als viele Worte, den mystischen Vorgang der Geisterzähmung vor: Das Natürliche wird abstrahiert und das Unendliche eingegrenzt.

Das tapaka-Muster gehört einer einzigen unter den vielen indianischen Kulturen. Doch auch bei anderen südamerikanischen Wald- und Savannenindianern (wenn auch nicht bei allen) treffen wir auf prinzipiell Ähnliches. Es würde den Rahmen dieses Buches sprengen, dies anhand einer langen Beispielreihe nachzuweisen. Deshalb soll hier ein Hinweis auf nur einen unter mehreren ähnlichen Fällen genügen, den der Maskenherstellung der Piaroa am Orinoco.[13]

Lajos Boglár spricht dort vom »Transformationsprozeß der Schöpfung« einer Maske. Ausgangspunkt ist das naturalistische Abbild eines Tieres. Es wird im Verlauf des Formungsprozesses der Maske immer weiter verfremdet, indem man das ursprüngliche Bild durch verschiedene Schichten von Rinde, Wachs und Farbe zudeckt. Am Ende bemalt man das Ganze mit weißer Erde, die das nun nicht mehr naturalistische Tierbild zum Träger eines Geistwesens macht. Dieses wird also in einem Verfremdungsprozeß aus der Natur gezogen.

Wichtig zum Verständnis dieses Vorgangs und überhaupt der bildlichen Ausdruckssysteme der Waldindianer im Unterschied zu unserer Schrift scheint mir zu sein, daß es sich zumeist um einen *Prozeß* handelt. Er besteht vielfach in einer zunehmenden Entfernung von der Natur: im Beispiel der Piaroa durch schichtenweise Übermalung, im Beispiel der vorher besprochenen Masken durch Verstärkung der Geometrisierung mittels des Rechtecks.

Denken wir zum Vergleich einmal an ein europäisches Buch. Der Prozeß seiner Herstellung, von den ersten handgeschriebenen Manuskriptentwürfen bis zur Korrekturfahne, wird gewöhnlich hinter dem Endprodukt versteckt. Den Buchleser interessiert die vorangegangene Korrekturarbeit nur selten. Es gehört zu den Prinzipien schriftlicher Produktion, den Produktionsprozeß möglichst zur Privatsache des Produzenten zu machen. Ganz anders bei der indianischen Maske. Ihr Wert richtet sich keineswegs nur nach ihrem Endzustand, sondern auch danach, wie sie entstand, unter welchen Riten. Die tapaka-Bemalung ist nicht bloß als Muster wichtig, sondern auch als Akt der Bemalung, durch den der Geist gezähmt wird.

Könnte diese Eigenart der Maskenherstellung südamerikanischer Indianer (das Endprodukt nicht von seinem Herstellungsprozeß zu lösen) letztlich mit generelleren Eigenarten von Oralkultur zusammenhängen? Beim gesprochenen Wort ist das Endprodukt ebenfalls nicht von der Produktion zu trennen: Das Aussprechen des Wortes (seine ›Produktion‹) *ist* das Wort (das ›Endprodukt‹). Beim mündlich vorgetragenen Text kommt es nicht nur auf Inhalt und Stil an, sondern auch auf den Vortrag, d.h. auf die Umstände des Produktionsprozesses. In der Schriftkultur dagegen erlaubt die räumliche und zeitliche Trennung des Geschriebenen vom Schreiber, den Schreibprozeß zu vergessen.

Imamu Amiri Baraka kritisiert die Sonderentwicklung der europäischen Kunst. An die Stelle einer Bewunderung des Kunst*prozesses* sei eine Verehrung der Kunst*objekte* getreten – wie wenn man anstelle der Jagd nurmehr die Jagdtrophäen an der Wand liebe. Der Vorwurf des Fetischismus wird nun also an Europa zurückgegeben. Sam D. Gill greift diese Kritik auf und fragt sich, ob es sich da nicht um einen Unterschied zwischen mündlicher und schriftlicher Kultur handelt (wobei er freilich unter dem »Kunstprozeß« nicht – wie ich hier – auch die Produktion versteht, sondern nur den Einsatz der fertigen Kunstobjekte, z.B. die Eingliederung afrikanischer Masken in ein Tanzritual): In mündlichen Kulturen ist Kunst »nie statisch, und kann nicht auf Dinge begrenzt werden.«[14]

Das Verständnis der Kunst in nicht-schriftlichen Kulturen als *Vorgang* hängt wiederum zusammen mit der oben betonten Eigenart mündlicher Kultur, verschiedene mediale Bereiche, den sprachlichen und den bildlichen, nicht durch Herauslösung der Schrift aus dem Gesamtzusammenhang zu trennen. Kommunikation ist dort wie ein Gesamtkunstwerk, von dem die Maske nur ein Teilelement darstellt. Eigentlich, merkt Edmund Carpenter an, kann die Kunst aus nicht-schriftlichen Gesellschaften nicht aus losgelösten Fotos (oder auch Originalen, aber als Museumsobjekte aus ihrem Zusammenhang gelösten) verstanden werden, sondern nur aus Filmen, die einen Gesamtvorgang, »Leben als Kunst« zeigen.[15] Das ist eine Parallele dazu, daß mündliche Dichtung eigentlich nicht allein aus dem abgelösten Text verstanden werden kann, sondern daß dieser ebenfalls durch einen Tonfilm ergänzt werden müßte, der den Vortrag der Dichtung zeigt.

Auch das tapaka-Muster gehört in den Bereich der unmittelbaren, mündlichen Kommunikation, nicht in den der zeitlich verschobenen schriftlichen. Erblickt man einen tapaka-verzierten Gegenstand Jahre nach dessen Herstellung, aus dem damaligen Zusammenhang gerissen, so kann man zwar vielleicht erraten, was der Künstler ausdrücken wollte, doch bleibt ein großer Spielraum für Fehlinterpretationen – zu vielschichtig ist das Muster. Die ›Schwäche‹ des tapaka (nach europäischen Maßstäben) liegt an der gleichen Stelle wie seine Stärke: in der Breite des Bedeutungsfeldes. Es kann mehr umfassen als ein geschriebener Satz, aber es ist auch weniger eindeutig.

Gerade diesen Unterschied zwischen ihrem eigenen graphischen System und der Schrift der Europäer scheinen auch einige indianische Schrifttheoretiker für besonders relevant zu halten. Ein Medizinmann der Matsigenka (Ostperu) nennt die auf Knochen eingeritzten Symbole seiner Kultur »Worte, die schreiben«, während er die europäische Schrift zum Unterschied als »durch eine Trennung hergestellte Zeichen« bezeichnet. Er drückt so die für ihn fremdartige Weise der europäischen Schrift aus, den Text vom lebendigen Zusammenhang zu trennen. Ähnlich formulieren es z.B. auch Tikuna-Indianer. Das graphische System der Waldindianer (dies scheint ihre Terminologie auszudrücken) ist im Unterschied zu unserer Schrift »metonymisch, unlösbar verbunden mit etwas anderem als es selbst ist: Es ist Ornament eines Körpers, gleichzeitig Niederschrift eines Wortes ... Es gibt also nicht die Totalität beispielsweise einer Rede wieder, sondern ist einer von deren Bestandteilen, wie das Fleisch, das die Knochen umkleidet und dadurch einen Körper bildet.«[16]

Nicht Abstraktion, nicht Einführung einer Metaebene jenseits der konkreten Natur macht die Besonderheit der Schrift gegenüber der Nicht-Schrift tapaka und verwandten graphischen Systemen aus. Auch das Fisch-Muster stellt eine Abstrahierung dar. Es verträgt aber im Unterschied zur Schrift nur schwer die losgelöste Anonymität. Das Mythogramm paßt zum lebendigen Menschen, nicht ins Archiv.

Im vorigen Abschnitt sahen wir ein Beispiel der Stilisierung: Aus dem tapaka-Fisch wurde ein Rhombus. Dieses Zeichen hat seine festgelegte Grundbedeutung, nicht nur für alle heutigen Indianer der Kulturareals, sondern auch über mehrere dortige Generationen hinweg. Schon die erste Forschungsexpedition von Weißen, die nach der Bedeutung des Rhombus fragte, erhielt 1884 die gleiche Auskunft, die man heute noch erhält.

Nun sind aber die Xingu-Indianer nur eine kleine Gemeinschaft (heute nicht mehr als 900 Menschen) auf relativ begrenztem Raum. Daß sie sich auf eine einheitliche Zeichenkonvention in diesem einen Fall einigen konnten, ist noch kein eindrucksvoller Schritt in Richtung eines ausgebildeten Schriftsystems, das über viele Generationen hinweg von vielen einander Unbekannten in gleicher Weise geschrieben wird. Für eine solche umfassende Konventionalisierung fehlt den südamerikanischen Indianern u.a. die zentrale Instanz, die größere Gemeinschaften auf eine einheitliche Lesart einschwören könnte.

Immerhin läßt sich doch bei einigen Zeichen eine gewisse Übereinstimmung über relativ weite Räume und in verschiedenen indianischen Kulturen feststellen. Das möchte ich an einem Beispiel illustrieren. In sonst recht verschiedenen Kulturen des südamerikanischen Tieflandes und mit unterschiedlichen Techniken/Materialien wird doch immer wieder eine in etwa ähnliche Stilisierung gewählt, um den Frosch (bzw. die Kröte) zu zeigen. Es ist, als hätten sich Indianer über Tausende von Kilometern hinweg verabredet, z.B. nicht – wie es Europäern vielleicht einfallen könnte – das große Maul als Charakteristikum des Tieres auszuwählen, sondern die Ansicht von oben auf den Körper mit den gespreizt-gewinkelten Beinen (Abb. 37).

Solchen weitgehenden Übereinstimmungen zwischen sprachlich und kulturell ansonsten durchaus verschiedenen Völkern stehen andere Fälle gegenüber, in denen selbst innerhalb der gleichen Kulturgemeinschaft keine Konventionalisierung erfolgt ist. Auch hierzu eine Illustration. In kurzen Abständen forschten bei zwei ethnisch-kulturell eng verwandten, ja in vielen Punkten gleichen Gruppen der Yanoama im brasilianisch-

Abb. 37:
a) Stroh- und Stoffpuppe der Xingu-Indianer

b) Webmuster der Takana (Ostbolivien)

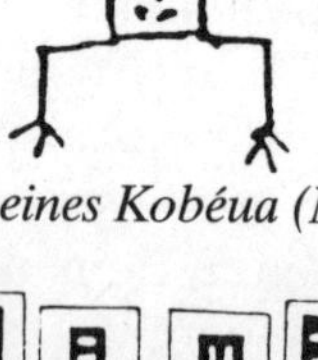

c) Bleistiftzeichnung eines Kobéua (Nordwestbrasilien)

d) Flechtmuster der Kayabí (Zentralbrasilien)

venezolanischen Grenzgebiet zwei Expeditionen. Beide nahmen u.a. die Körperbemalung der Yanoama auf. Beider Ergebnisse dabei waren aber grundverschieden. Betrachten wir etwa die zwei Zeichnungen in Abb. 38. Beide zeigen das gleiche Grundmuster, gepunktete Kreise links und rechts (bzw. ober- und unterhalb) einer Schlangenlinie. Dabei ist es für unseren Zusammenhang vermutlich unerheblich, ob das Muster vertikal oder horizontal angeordnet und ob es von Mann oder Frau getragen wird. Erheblich ist aber, daß die Lesart des Musters in den beiden Fällen differiert. Nicht nur in dem hier abgebildeten Beispiel unterscheiden sich die Interpretationen der beiden Expeditionen dadurch, daß die eine einen Bezug zur Abschilderung der Natur herstellt (der gepunktete Kreis ist ein Abbild des Jaguarfleckens), die andere hingegen zu einer mythischen Mond-Landkarte. Beide Interpreten verweisen auf indianische Gewährsleute, deren Auskünfte sie nur weitergeben. Aber die Indianer, die (b) erklärten, hatten andere, stärker mystische und auf den Mond gerichtete Interessen als jene von (a), die vielleicht nicht weniger religiös waren, ihre Religion aber in handfesten Bezug zu diesseitigen Naturphänomenen setzten.

Wäre dieser scheinbare Widerspruch ein Einzelfall, so könnte man ihn als Sonderfall einer bestimmten Indianergruppe oder eines bestimmten Forschers abtun. Doch solche Fälle sind häufig. Alicia Fernández Distel hat nachgewiesen, daß etwa die Interpretation der Muster auf traditionellen Kleidungsstücken der Mashco (Ost-Peru) sogar bei ein und derselben Produzentin eines Musters von Mal zu Mal wechseln kann. Bei der Gestaltung und Ausdeutung eines Zeichens bewegt sich die Mashco-Indianerin auf zwei verschiedenen Ebenen, der realistischen und der mythischen, die jeweils unterschiedliche Ausprägungen bewirken. Ästhetische Gesichtspunkte können zu weiteren Unterschieden führen.[17]

Erinnern wir uns noch einmal kurz an das Fischmuster tapaka. Seine Interpretation im ganz Konkreten, als Fisch, ist eindeutig. Auf der Ebene des religiösen Symbols hingegen kann es unterschiedliche Deutungen erfahren. In ähnlicher Weise kann zwar die Abbildung eines Frosches einigermaßen gleichstimmig als »Frosch« gedeutet werden, während aber das Zeichen der Yanoama, das in Bezug zu komplexen religiösen

Zusammenhängen steht, vieldeutig ist. Auf einem niedrigen Abstraktionsniveau, im Bereich des mehr oder weniger naturalistisch Konkreten, kann das Mythogramm einige Eindeutigkeit entwickeln. Sobald vielschichtigere religiöse Vorstellungen hinzukommen, ist die Eindeutigkeit verlorengegangen. Auf sprachlicher Ebene entspräche dem etwa, daß es zwar über weite Strecken des südamerikanischen Waldlandes hinweg so etwas wie einen gemeinsamen Code lautmalender Darstellung von Tieren gibt, daß aber komplexere religiöse Ideen zwischen Indianern, die einander sprachlich nicht verstehen, nicht ohne Umstände austauschbar sind.

Just dann also, wenn das indianische System sich durch seine Abstraktionstendenz Schriftsystemen wie etwa der Hierogly-

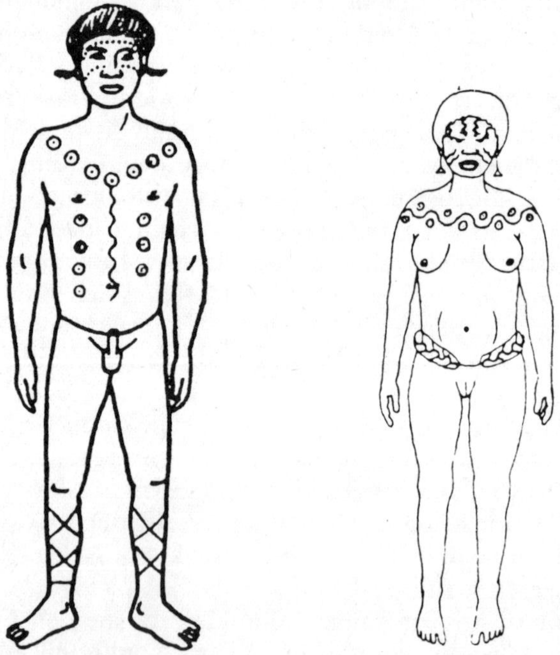

a) b)

Abb. 38:
a) »Jaguarmusterung«
b) »Das Motiv des Blut- oder Regenbaumes des Mondes zu beiden Seiten des Blutflusses«

phenschrift anzunähern scheint, entfernt es sich davon gerade wieder durch seine Mehrdeutigkeit, die nicht (wie etwa bei den Hieroglyphen) durch vereinheitlichende Konvention überwunden wird. Die Abstraktion, die in europäischer Tradition eher in die Schublade Schriftkultur geschoben wird, bleibt in der indianischen Tradition bei der Oralkultur mit ihrer Kommunikation zwischen lebenden Personen, die sich unmittelbar sehen und hören und dabei die Interpretation eines Textes dem lebendigen Kontext gemäß handhaben, anstatt sie aus einem Buch abzulesen.

7
Die Handschrift der Geister

In den beiden vorigen Kapiteln »Die Welt der Worte und Klänge« und »Die Welt der Bilder und Symbole« wurden diese beiden Bereiche aus Gründen der Darstellung zunächst getrennt, um den Faden nicht zu verwirren. In der Praxis sind aber die Welten von Klang und Bild gerade in der Oralkultur eng verzahnt. Der indianische Redner, der spricht, zeigt gleichzeitig in seiner Körperbemalung eine Ornamentik. Der Sänger führt mit seinen Tanzschritten geometrische Figuren aus. Im nun folgenden Kapitel sollen Wechselbeziehungen zwischen akustischem und graphischem Ausdruck diskutiert werden.

Zunächst frage ich nach strukturellen Gemeinsamkeiten zwischen den beiden Ausdrucksformen in der indianischen Oralkultur und vergleiche dafür die Ergebnisse der beiden vorigen Kapitel. Dann gehe ich auf einen besonderen Aspekt ein, der für beide Bereiche gleichermaßen wichtig zu sein scheint und vielleicht zwischen ihnen eine Art Klammer bildet: die Vision. Sie ist auch nach Ansicht der Indianer selbst von großer Bedeutung für das literarische und bildnerische Schaffen. Das führt zu der Frage, wie überhaupt *indianische* Theorien das Verhältnis von Wort und Bild formulieren. Und schließlich: Was sagen Indianer aus der Oralkultur zur Schrift?

Entsprechend dem Verfahren in den vorigen Kapiteln soll auch hier wieder mit ausgewählten Beispielen gearbeitet werden, die mehr als Diskussionsargumente gemeint sind, denn als umfassende Belege.

Die Gemeinsamkeit von Wort und Bild

Am Ende des Kapitels über Bilder und Zeichen sahen wir ein wichtiges Kennzeichen der graphischen Codes der Waldindianer: ihre Vieldeutigkeit. Die schlichte Grundbedeutung ist zwar gewöhnlich einigermaßen festgelegt, die besondere Bedeutung im Einzelfall aber, vor allem die Ausdeutung im religiösen Zusammenhang ist Sache der lebendigen, immer wieder neuen Situationen angepaßten Menschen. Diese Variationsbreite nun findet sich nicht nur im graphischen Bereich, sondern, auf wieder etwas andere Art, auch im sprachlichen. Das Wort hat zwar eine schlichte Grundbedeutung, die einigermaßen festliegen muß, wenn Sprache als Kommunikationsmittel funktionieren soll. In der Literatur aber wird es auf eine Weise eingesetzt, die es vieldeutig macht. Wir sahen, wie sehr die Interpretation einer Liedzeile vom jeweiligen Zusammenhang abhängt.

Im Bildlichen wie im Sprachlichen paßt die Vieldeutigkeit des Ausdrucks zu einem indianischen Weltbild, das unterschiedliche Realitäten gleichzeitig anerkennt. Der Fisch des tapaka-Musters ist auf einer Realitätsebene ein schlichter Fisch, der Reservatsverwalter des Aché-Liedes einfach der Reservatsverwalter. Auf einer anderen, mystischen Ebene hingegen ist der Fisch die Schuppe des Ur-Fisches, und der Verwalter eine neue Erscheinungsform des Ahnenhäuptlings. Die schillernde und nicht endgültig umgrenzte Bedeutungsweite von bildlichem Mythogramm und sprachlichem Bild wird erreicht, indem beide in sehr komprimierter Form eine Vielfalt von Inhalten und Anspielungen zusammenfassen. Dabei sind sie meist nicht entweder nur konkret oder nur abstrakt ausdeutbar, sondern umfassen ein Kontinuum vom Konkreten zum Abstrakten.

Ein wichtiger Faktor der Vieldeutigkeit ist dabei oft die Verwischung von Zeitgrenzen. Wir sahen, daß in indianischen Mythen die Traumzeit der Urahnen und des Anfangs oft nicht klar von der Gegenwart geschieden ist. Nur deshalb war es möglich, daß Kimiragi die Mythe vom Hervorkriechen der urzeitlichen Ungeheuer in die Gegenwart verlegte. Diese Besonderheit macht auch leichter verständlich, wie Kanechirigi dazu kommt, die Grenzen zwischen heutigem Reservatsverwalter und früherem Häuptling zu verwischen. Die Geister der Vergangenheit sind nicht gestorben, nur vorübergehend fort, und wenn sie eines Tages wiederkommen, wird die Zukunft zur Vergangenheit. Erinnern wir uns in diesem Zusammenhang auch an jene Liedformel der Aché, die gleichermaßen Vergangenheit wie Zukunft heraufbeschwört.

Auch im optischen Ausdruck wird diese Zeitverschiebung manchmal deutlich. Eine Körperbemalung wiederholt die Bemalung, die einst ein Ahne anlegte, durch sie wird der Bemalte selbst zu jenem Ahnen. Gleichzeitig bleibt das Muster aber auch ein Hinweis auf ganz Neues, Gegenwärtiges. Ein Indianer bemalt sich etwa wie ein Jaguar, weil ein Urzeitheros dies seinerzeit tat. Er wiederholt damit das Urzeitgeschehen, belebt die Vergangenheit. Gleichzeitig aber bezieht er sich auch auf den gegenwärtigen Jaguar im benachbarten Wald. So kann die Aufhebung von Zeitgrenzen auch im Bildlichen für Vieldeutigkeit sorgen.

In den Gedichten der Aché werden die verschiedenen Bedeutungsebenen zu einem Rätselspiel verschachtelt. Das Gedicht muß Schicht um Schicht entziffert werden, wobei die äußere, als erste verständliche Schicht selten schon die Lösung des Rätsels enthält. Das Prinzip der Verschleierung lernten wir auch bei der Aché-Entsprechung einer Metrik kennen: Das ›eigentliche‹ Gerüst des Gedichts wird kunstvoll unter Deformierungen versteckt.

Ist das nicht eigentlich ein strukturell ähnliches Vorgehen wie das der indianischen Maskenhersteller? Wir sahen, daß diese den Geist zähmen und die Maske zum religiösen Objekt machen, indem sie die bildnerische Grundfigur übermalen. Bei der Maske wie beim Gedicht wird eine Grundlage erst geschaffen, dann – und dies gilt als der eigentlich kunstvolle (bzw. bei der Maske als der eigentlich weihevolle) Vorgang – verschleiert. Heißt das, daß es die Deformierung ist, durch die der Mensch den Geistern oder der von den Geistern kommenden dichterischen Inspiration seinen Stempel aufdrückt? Das wäre noch weiter zu erfragen. Sicher ist, daß solche Eigenarten nicht zu trennen sind von indianischen Theorien über das Wesen der Geister und der künstlerisch/dichterischen Inspiration.

Die Vision als Quelle der Inspiration

Wie bewußt ist die Kontrolle des Dichters über seine Kunst? Inwieweit überläßt er sich einer Inspiration oder inwieweit gestaltet er sie eigenwillig? In dem oben analysierten Aché-Gedicht steckt für europäisches Verständnis ein Widerspruch. Die in Tränen ausbrechende Dichterin steigert sich in einen emotionalen Schlußakkord – der aber sorgfältig kalkuliert ist, und auf den der komplizierte Aufbau des Gedichts von vorneherein abzielt. Die Emotion ist die Krönung eines intellektuellen Spiels.

In der neueren Diskussion um Oralkultur und Schriftkultur behaupten einige Theoretiker einen Gegensatz zwischen »emotionaler« Mündlichkeit und »reflexiver« Schriftlichkeit. Das indianische Material fügt sich schlecht in diese Zweiteilung. Könnte der Unterschied zwischen den indianischen Oralkulturen und unserer Schriftkultur nicht eher gerade darin bestehen, daß hier derartige Gräben gezogen werden, dort aber nicht? Mit anderen Worten, daß die bei uns säuberlich getrennten Ratio und Emotion in der indianischen mündlichen Literatur verschmelzen?

Der gute Aché-Sänger wird von seiner Erregung zwar mitgerissen, aber nicht übermannt: Seine Arbeit an der Konstruktion des Gedichts wird nicht unterbrochen, sondern beflügelt. Bisweilen erinnert er sich am Schluß des Gedichts nicht mehr an das, was er gesungen hat – gerade der Tränengruß und eine besondere Singweise der Männer, die wie das wutschnaubende Ausspucken von Tönen klingt, enthalten Momente von Ekstase. In beiden Fällen verbindet sich intellektuelle Überschärfe mit gesteigerter Emotionalität. Die Wut-Darstellung steht in Beziehung zu einer (in der Aché-Kultur wichtigen) ritualisierten Wut-Ekstase. Erinnern wir uns, daß wir oben schon bei der Literaturgattung der ›entremeses‹ die bewußte Kontrolle über eine nie ganz ausufernde Ekstase als ein Grundelement der Sprechkunst der Aché antrafen.

Als bester Dichter der Aché-Siedlung, in der ich lebte, galt ein Mann, der nach unseren Maßstäben wohl nicht ganz »normal« war, ein Tagträumer, der nicht immer zwischen »Realität« und Vision zu unterscheiden vermochte und bisweilen auch im

Alltagsumgang wie abwesend wirkte. Gerade diese psychische Besonderheit scheint ihm geholfen zu haben, die Grenzen zwischen Intellekt und Vision zu verwischen. Der ekstatische Zustand des Dichters verhilft ihm zu Visionen (z.B. von einer Himmelsreise oder, am Schluß des oben vorgestellten Liedes, von einer nie mehr endenden Totenwache bei den Vorfahren), die er in genau kalkulierter Spannung entwickelt und vorträgt.

Vision und dichterisches Kalkül sind auch in der Poesie anderer südamerikanischer Waldindianer verschwistert. Die Aguaruna in Ostperu (die, anders als die Aché, ihre Ekstasen und Visionen durch gezielten Drogengebrauch leiten) singen Jagdzauberlieder; das können sie am besten nach der Einnahme kleiner Mengen eines Rauschmittels. Die Vorbereitungs-Prozedur dabei ähnelt derjenigen, mit der die Aguaruna sich auf Visionen einstellen. Die Lieder selbst wirken manchmal wie Erläuterungen zu bildlichen Visionen. Sie sind »eine dicht konstruierte Reihe von Bildern, die auf einem esoterischen Vokabular und einer höchst metaphorischen Sprache beruhen.«[1] Solche Lieder bestätigen, daß der Sänger von den Vorfahren inspiriert ist.

Aber auch bildliche Darstellungen sind nicht selten aus Visionen gespeist oder kehren in Visionen wieder. Daß die Fischmuster Teil des Ur-Fisches sind, ist ein Wissen, das die Medizinmänner der Kamayura aus ekstatisch-visionären Sitzungen ziehen. Allerdings scheinen die Mythogramme selten direkte Abbildungen von Visionen zu sein. Die Beziehungen sind wohl meist komplexer. Zwar gibt es auch mehr oder weniger getreuliche Abschilderungen des im Rausch Gesehenen, doch sind dies nicht sogleich die komprimierten heiligen Zeichen. Diese werden wohl erst durch einen längeren Abstraktions- und Transformationsprozeß erarbeitet, auch durch eine Tradition über viele Generationen. Sie dürften aber immerhin Impulse aus der Welt der Visionen aufnehmen. Unmittelbare Visionskunst von religiöser Bedeutung ist mir aus dem südamerikanischen Waldland nicht bekannt (hingegen scheinen in einem anderen Teil Lateinamerikas, in Mexico, manche Wollbilder der Huicholes in diese Kunstgruppe zu gehören). Eine Wiedergabe der Visionen erfolgt eher und unmittelbarer durch die Stimme als durch das Bild. Die Gründe hierfür liegen wohl in der unterschiedlichen

Bewertung von Klang und Bild, von der wir unten noch sprechen werden.

Die Bedeutung der Visionen ist ein Charakteristikum der meisten oder aller Kulturen südamerikanischer Waldindianer. Dort ist auch der Alltag von einer »Sprache von Vision und Traum« durchzogen, die vor allem im Zusammenhang des Medizinmannwesens gesprochen wird. Traum-Interpretation ist bei südamerikanischen Indianern eine entwickelte Kunst, manchmal mit bemerkenswerten Parallelen zur Kunst der Text-Interpretation, wie wir sie bei den Aché kennenlernten. So gehen die Guajiro in Venezuela und Kolumbien von einem »Prinzip der Umkehrung« aus (wie Lawrence C. Watson das nennt): »Die reale, aber verborgene Bedeutung ist das Gegenteil der Oberflächenbedeutung« – ganz Ähnliches lernten wir beim Aché-Lied kennen. Die Traumdeutung beinhaltet ferner den vertrauten und systematisierten Umgang mit Metaphern und Symbolen. Bei den Guajiro ist eine geträumte Überschwemmung das Vorzeichen eines Krieges zwischen Familienverbänden, denn die anschwellende Flut bedeutet anschwellenden Haß und nicht mehr gezügelte Gewalt. Für die Mehináku in Brasilien bedeutet der Traum von einem brennenden Holzscheit in der Feuerstelle langes Leben, denn solche Scheite brennen lang. Wenn ein Mehináku im Traum eine Bogensehne zerbrechen sieht, dann wird seine Frau sterben, denn sie war es, die zu seinem Bogen die Sehne fertigte.[2]

Die Bildhaftigkeit der Sprache der mündlichen Literatur steht hier dem Schauen von Bildern nahe. Wenn im obigen Gedicht die Sängerin den Wald mit einer großen Hütte vergleicht, so könnte dies auch von einer Vision vom Wald herrühren, der zu einer großen Hütte wurde. Wenn sie die Grenzen zwischen dem alten Häuptling und dem neuen Reservatsverwalter kunstvoll zieht und verwischt, so könnte dahinter ein Traumgesicht stehen, in dem ihr der Häuptling als Reservatsverwalter erschien. Vielleicht ist alles eine Inspiration der Geister, so wie die Träume von den Geistern und Urzeitwesen herrühren.

Indianische Theorien vom Ursprung der Worte

Welches ist nach indianischer Ansicht die letzte Quelle dichterischer Inspiration? Woher kommen die Worte? Auch hier gibt es von einer Volksgruppe zur nächsten viele Unterschiede, daneben freilich auch immer wieder Gemeinsamkeiten quer durch das südamerikanische Waldland. Betrachten wir ein relativ gut erforschtes Beispiel, das der (den Aché benachbarten und sprachlich verwandten) Guaraní. Wie ordnen sie das Wort in ihr Weltbild ein?

Die Guaraní unterscheiden beim Menschen mindestens zwei Bestandteile seiner Geistigkeit. Der eine ist wilder, ungeschlachter, manchen Tieren näher, weniger intellektuell. In europäischer Terminologie würde man vielleicht von den »Begierden« oder auch von »Gefühlen« sprechen. Der andere Teil ist den guten Geistern näher, stärker dem Denken zugeneigt – die Übersetzung mit »Verstand« wäre freilich zu sehr europäisierend. Auch, daß man diesen denkerischen Aspekt des Menschen als eine »göttliche Seele« im Unterschied zur ungeschlachten »Körperseele« übersetzt, ist wohl eine Übertragung europäischer Religiosität auf das indianische Menschenbild.[3]

Der Name des stärker intellektuellen Aspekts (in einigen Guaraní-Dialekten *ñe'ẽ*) ist identisch mit dem Wort für »durchdachte Sprache«. Auf der anderen Seite heißt der eher tierische Aspekt (in den gleichen Guaraní-Dialekten *ayvu*): »wirrer Lärm, undurchdachte Sprache, Sprache der unvernünftigen Wesen«. Was uns zuerst, aus europäisch-christlicher Sicht, wie eine Seelenvorstellung erscheint, erweist sich also bei näherem Hinsehen auch als eine indianische Sprachtheorie: eine Gegenüberstellung von durchdachtem und undurchdachtem Sprechen.[4]

Der Unterschied zwischen den zwei Guaraní-Wörtern für Sprache läßt sich vielleicht annähernd mit demjenigen vergleichen, den wir im Deutschen – auf einem anderen Gebiet – zwischen ›essen‹ und ›fressen‹ machen. Daß die indianische Differenzierung in ›vernünftige‹ und ›unvernünftige‹ Sprache (in der ungefähren Übersetzung in europäische Terminologie) bzw. Sprache der ›vernunft‹begabten und der wilden ungeschlachten

Wesen keineswegs in allen Kulturen selbstverständlich ist, wird deutlich, wenn wir im Deutschen eine genaue Entsprechung suchen – es gibt sie nicht. Offenbar hat sich das indianische Denken in besonderem Maße auf die Katalogisierung der Geräuschfolgen nach dem Grad ihrer Sinnhaftigkeit spezialisiert.

Nach dem Tod des Menschen, besagt die verbreitetste Lehre bei den Guaraní, trennt sich die Sprache (Ethnologen übersetzen oft »Seele«) wieder von den mehr tierischen Bestandteilen und kehrt dorthin zurück, wo sie herkam, also etwa zu dem gottähnlichen Wesen »Unser Vater«. Die Beziehung der Guaraní zum Himmlischen wird dadurch mitbestimmt, daß sie daran glauben, die geordnete (im Unterschied zur wirren) Sprache aus dem Jenseits empfangen zu haben. Der französische Ethnologe Pierre Clastres übersetzt das entsprechende Wort der Mbyá mit ›parole‹ (Rede, Sprachgebrauch) und kommentiert ein religiöses Gedicht: »Daß der Sprachgebrauch (parole) als Zeichen und Substanz des Menschlichen von vorneherein im Zentrum der Göttlichkeit des Gottes lokalisiert wird, bestimmt die Natur und die Geschichte des Menschlichen. Die Menschen definieren sich als solche einzig in der Beziehung, die sie, durch die Vermittlung des Sprachgebrauchs, mit den Göttern unterhalten.« Die sinnvoll geordnete Sprache ist die dem Göttlichen und dem Menschlichen gemeinsame Substanz.[5] Der Sprachgebrauch (genauer gesagt wohl: die sinnvolle Anordnung von Lauten, beispielsweise auch Singen und Flöten) macht den Unterschied zwischen Menschen und ›wilden‹ oder ›unvernünftigen‹ Wesen aus.

Dabei unterscheiden manche Guaraní und verwandte Indianer noch verschiedene Formen des Sprachgebrauchs. Es gibt bestimmte Lieder, die nur bestimmten Menschen zu eigen sind und ihnen eine besondere Verbindung zur Welt der Götter gewährleisten. Es gibt auch besondere Formen ritueller Sprache, bei den Mbyá etwa die »Worte derer, die sich über uns befinden« (ein Idiom, in dem die Eingeweihten Botschaften aus dem Jenseits verkünden), und die »Sprache unserer Väter« (eine religiöse Geheimsprache). Bei den Kamayura in Brasilien ist es die in einigen Liedern verwandte, Alltagsbegriffe verfremdende »Alte Sprache«, bei den Sirionó in Bolivien eine metaphernreiche Dichtersprache.[6]

Stets handelt es sich dabei um besonders kunstvolle Formen des »Sprechens« (bei den Kamayura z.B. auch bestimmte Flötenmelodien), durch die man sich den Göttern, Geistern oder dem Geheimnis des Waldes verbindet, und die eine spezifische und geheiligte Tradition einer Kultgemeinschaft ausmachen. Der paraguayische Sprachforscher León Cadogan wurde erst dann in die »Sprache unserer Väter« der Mbyá eingeweiht, als er, obgleich Weißer, in einem Rechtsstreit den indianischen Standpunkt eingenommen und somit bewiesen hatte, daß er sittlich über den anderen Weißen, nämlich auf der Höhe der Mbyá stand. Die Paĩ assoziieren den verständigen Sprachgebrauch, *ñe'ẽ* (den intellektuelleren Teil der menschlichen Geistigkeit und gleichzeitig die spezifische Paĩ-Variante der Guaranĩ-Sprache im Unterschied zur Sprache der weißen Paraguayer) mit dem Begriff des *teko katu*, der »authentischen und wahren Art, zu sein«, durch die sich die Paĩ von den Paraguayern abheben.[7]

Daß das Wort durch höhere Wesen inspiriert ist, wird in vielen Kulturen geglaubt. Bei südamerikanischen Waldindianern gilt es besonders für das gesungene Wort und die Musik. Für die Kalapálo in Zentralbrasilien kommt alle Musik irgendwie von den Geistern, deren Ausdrucksform sie ist. Die Musik wiederum steht in enger Beziehung zum gesprochenen Wort, und die rituellen Gesänge, in denen sich Wort und Musik der Geister verbinden, bilden das Herzstück der Mythen. Daß Dichtung von Göttern oder Geistern inspiriert ist, gehört zu den gemeinsamen Grundannahmen vieler mündlicher Kulturen rund um die Welt.[8]

Betrachten wir die Verbindung von indianischer Sprachtheorie und Religion noch etwas näher, am Beispiel der den Guaraní verwandten Kamayura in Brasilien.[9] Auch die Kamayura unterscheiden zwei Vokabeln für eine Abfolge von Geräuschen. *Ñe'ẽ* ist eine Sequenz, die einen Sinn ergibt: die menschliche Sprache oder eine Melodie oder auch das den Medizinmännern wohlverständliche Klingen der Geistersprache oder die Sprache einiger kluger Tiere. *Ihu* hingegen ist irgendeine Geräuschfolge, sei es ein Blätterrauschen, ein Holzknarren, ein Vogelgezwitscher oder menschliche Sprache.[10]

Der Sprachkontrast wiederholt sich bei den Geistern. Die in den Riten der Kamayura am häufigsten zitierten Geister sind

Añang'u (Abb. 39) und Jakúi.[11] Añang'u ist eine Art Wildform von Jakúi, ungeschlacht, noch ungezähmt. Es hat einen riesengroßen, gefräßigen, brüllenden, heulenden und Menschen verschlingenden Mund. Die verfeinerte, gezähmte Form hingegen, Jakúi, äußert sich nicht mehr in wildem, barbarischem Durcheinander, sondern in schönen Flötenmelodien. Die Zähmung des Añang'u, seine Verwandlung in Jakúi, ist auch die Läuterung des *ihu*-Geräusches, bis es zum ñe'ẽ wird: die Umwandlung eines Lärms in einen sinnvollen Diskurs. Diese Zähmung bildet einen Hauptinhalt des religiösen Lebens der Kamayura.

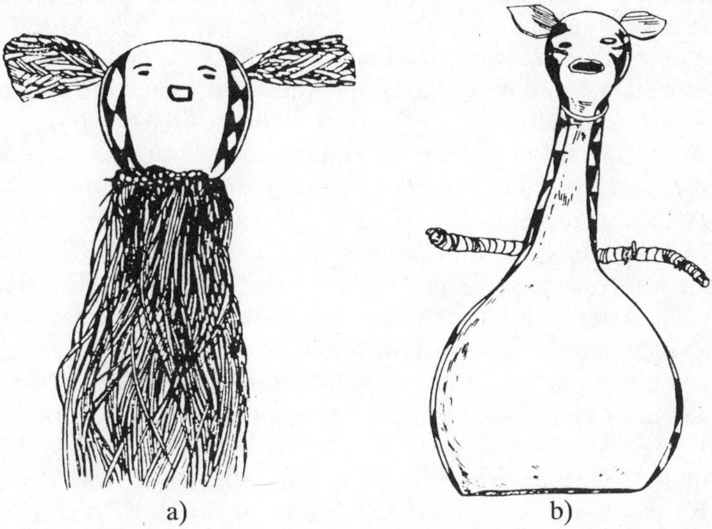

Abb. 39: Kalebassenmaske (a) und Flaschenkürbisfigur (b) des Añang'u

In diesem religiösen Leben nun steht Sprache über der optischen Kommunikation. Die weisen Zauberer der Kamayura *sprechen* mit Verstorbenen, *hören* sie, aber sehen sie nicht. Die Jenseitigen ihrerseits sind blind: Anstatt zu sehen, hören und riechen sie. Schöpfer und Schöpferin der Menschheit werden in der Holzschnitzerei der Kamayura zwar menschengestaltig dargestellt, aber ohne Augen noch Arme; stattdessen tragen sie eine an Augen und Arme erinnernde Bemalung, die »richtigen, wahren« Augen bzw. Arme, von denen unsere menschlichen

Seh- und Greifwerkzeuge nur schwächliche Nachahmungen seien. Das heißt aber nicht, daß das Schöpferpaar etwa besser sähe und taste als wir: Es sieht und tastet überhaupt kaum, stattdessen hört und riecht es. Der ungeschlachte Lärm-Geist Añang'u hat in der bildnerischen Darstellung Augen, während der verfeinerte, gezähmte Geist der geordneten Musik, Jakúi keine Augen mehr hat, sondern nurmehr jene »richtige, wahre« Bemalung, die wir schon beim Schöpferpaar anstelle der Augen kennenlernten. Aber selbst schon des wilden Añang'u wahre Macht ruht nicht in seinen Augen, sondern in den Ohren, deren Abschneiden und Einsammeln durch die Menschen die Zähmung des Ungeheuers einleitet.

Fassen wir zusammen. Der Differenzierung in verstandesmäßig geordnetes und wirr-wildes Sprechen läuft eine Unterscheidung guter, gezähmter und böser, wilder Geister parallel. Damit verschränkt ist ferner ein qualitativer Unterschied, den die Indianer zwischen Hören und Sehen machen. Dem Göttlichen näher ist das Hören.

Der brasilianische Musikethnologe Rafael José de Menezes Bastos kontrastiert »die große Aufwertung des visuellen Beitrags im Abendland« Systemen brasilianischer Indianer, die dem Auge nicht im gleichen Maße wie wir den Vorrang des Verstehens einräumen. In unserer Schrifttradition führt das Nachdenken über den Kosmos, die Kosmologie, zu einer Kosmo*graphie*, einer Beschreibung der Welt mit sichtbaren Mitteln. Hingegen in der Tradition der Indianer führt es zu etwas, was Menezes Bastos Kosmo*akousie* nennt (von griechisch ›akoúein‹ = ›hören‹)[12].

Ins Deutsche läßt sich das Sprachspiel ungefähr übersetzen, indem man das abendländische Welt*bild* dem indianischen Welt*klang* gegenüberstellt. Der Unterschied wird deutlich, wenn wir ein Beispiel aus der Sprache der Kamayura mit dem Deutschen vergleichen. Im Kamayura bedeutet das Wort *anup* sowohl ›hören‹ als auch ›begreifen‹. Im Deutschen ist es dagegen nicht die akustische, sondern die optische Wahrnehmung, die (in unserem Wort ›ein*sehen*‹) einen ähnlich hohen kognitiven Wert erhält. Das Kamayura-Wort *nanuyte*, wörtlich »der nicht *hört*«, läßt sich ins Deutsche auch übersetzen mit »der nicht ein*sichtig* ist« bzw. »der keinen Durch*blick* hat« – immer wieder wird die verständige Apperzeption, in der Kamayura-Sprache als akustischer Vorgang formuliert, ins Deutsche mittels eines Wortes aus dem optischen Bereich übersetzt (und ebenso ins Englische und Französische, nämlich »I see«, »je vois« in der Bedeutung »ich verstehe«). Daß die Kalapálo, Nachbarn der Kamayura, die Welt in musikalischer Sprache begreifen, hat die europäisch-nordamerikanische Anthropologie zwar dargestellt, doch – zwangsläufig an die Tendenz der europäischen Sprachen gebunden – als »musikalische *Sicht* des Universums«[13].

Die Guaraní und einige verwandte Gruppen sind sicher insofern ein Sonderfall, als sie die Religion des Wortes in einem besonderen Maße entwickelt haben. Es ist wohl kein Zufall, daß die Kamayura sich selbst mit einem Namen bezeichnen, der als »Jene, die hören« (im Sinne von »verstehen«) übersetzt wird.[14] Doch ist diese Entwicklung keineswegs ganz isoliert. Daß das »Wort« am Ursprung der Menschheit steht und sie mit höheren Wesen verbindet, ist ein Gedanke, der sich in mancher Mythe, in mancher religiösen oder philosophischen Aussage südamerikanischer Waldindianer und anderer Völker wiederholt.

Daß im Guaraní und im Kamayura das Wort für ›Denken‹ von dem Wort *ñe'ẽ* (durchdachte Sprache) abgeleitet sein könnte[15], fügt sich gut zur indianischen Sprachauffassung. Interessant ist nun, daß sich ganz ähnliche Assoziationen auch bei ganz entfernten Völkern finden. Die Trobriander, berichtet Bronislaw Malinowski, lokalisieren das menschliche Denken nicht wie wir im Gehirn, sondern in den Sprechorganen. Wer nicht sprechen kann, wird von ihnen (ganz ähnlich wie bei den Kamayura derjenige, der nicht hören kann) als geistesschwach klassifiziert. Die Gahuku-Gama auf Neuguinea verlegen kognitive Prozesse ins Gehör: »Wissen oder ›denken‹ heißt ›hören‹...; ›Ich weiß nicht‹ oder ›ich verstehe nicht‹ ist: ›Ich höre nicht‹«. Bekannt wurden die Untersuchungen von Marcel Griaule über die Wortphilosophie der Dogon in Westafrika, wo es auch gerade um die Verbindung von Stimme und Denken geht. Der Musikwissenschaftler Marius Schneider hat 1953 in einem (heute in manchen Einzelheiten überholten, aber im Ansatz noch immer interessanten) Aufsatz unter dem Titel »Die Bedeutung der Stimme in den alten Kulturen« Beispiele dafür zusammengetragen, daß gerade die akustisch wahrnehmbaren Äußerungen von Geistigkeit, seien es Stimmen oder Musik, vielfach besonders hoch bewertet werden.[16]

Im Gegensatz hierzu steht unsere europäische Tradition. Menezes Bastos vermutet, daß die Minderbewertung des Ohres gegenüber dem Auge bis in die Antike zurückreicht. Als Beispiel nennt er, daß bei der alexandrinischen Septuaginta-Übersetzung der Bücher Mose ins Griechische die Offenbarung Gottes gegenüber Moses von einem akustischen zu einem optischen Vorgang wurde: Im hebräischen Originaltext offenbart sich Gott zuerst durch die Stimme, in der griechischen Übersetzung durch den Anblick.[17] Wie dem auch sei – das von Menezes Bastos kritisierte abendländische Schema stellt heute auf die eine Seite Auge, Ratio und Schrift, auf die andere das Ohr und das Gefühl. Daß dieses Gegensatzpaar Auge-Ohr auch die Diskussion um Schriftlichkeit und Mündlichkeit beeinflußt, wird deutlich, wenn wir etwa Marshall MacLuhans Begriff der »visuellen Voreingenommenheit« nachgehen. In mündlichen Kulturen verläuft auch intellektuelle Kommunikation vor allem akustisch, in schriftlichen dagegen eben über die Schrift, also optisch.

Vielleicht ist die europäische Höherbewertung der optischen Aufnahme eine eher seltene Sonderentwicklung. Könnte sie nicht gerade mit der Schrift zusammenhängen? Die Schrift, zu deren Verständnis man nicht hören, sondern sehen können muß, wurde bei uns zum Medium der wichtigsten intellektuellen Anstrengungen. Abstraktion, philosophische Spekulation, kritische Analyse, all dies wird in unserer Tradition vornehmlich schriftlich vermittelt. Könnte dies der Auslöser dafür gewesen sein, daß eben diese höheren geistigen Aktivitäten für uns zu Aktivitäten des Auges wurden, und daß damit dem Sehen ein höherer kognitiv-intellektueller Wert zugemessen wurde als dem Hören? Und daß umgekehrt das Hören eher mit solchen geistigen Bereichen assoziiert wurde, die weniger eng ans Schriftliche gebunden sind, etwa mit dem Gefühl?

Der britische Anthropologe Christopher Robert Hallpike zitiert in seiner Arbeit über »primitives« Denken die obengenannten Beispiele von den Trobriandern und Gahuku-Gama, um seine These zu stützen, daß die nicht schrift-gebrauchenden

Völker dazu neigen, psychische und physische Funktionen durcheinanderzuwerfen: Das Denken werde hier mit dem Hören verwechselt.[18] Das ist nun geradezu ein Schulbeispiel für Eurozentrismus. Auch die europäischen Sprachen benutzen doch Wörter für Körperliches (»be*greifen*«, »er*fassen*«, »ver*stehen*« usw.), um Geistiges auszudrücken, ohne daß es uns deshalb in den Sinn käme, etwa »Greifen« mit »Denken« zu verwechseln. Freilich wählen wir, wie erwähnt, weniger Bilder aus dem akustischen Bereich (oder, wie andere Kulturen in Beispielen von Hallpike, aus dem der Atemwege), als vielmehr solche aus dem optischen (»ich *sehe* ein«). Daß letzterer in höherem Maße intellektuell sei, ist dem europäischen Anthropologen so sehr in Fleisch und Blut übergegangen, daß ihm der Gedanke eines Vergleichs auf gleicher Ebene mit den akustischen Kulturen gar nicht mehr kommt.

Doch versuchen wir einmal, uns in einen Guaraní hineinzudenken, der mit der europäischen Ansicht von der besonderen Intellektualität des Lesens, also optischer Apperzeption konfrontiert würde. Müßte ihm die europäische Art, zu diskutieren, nämlich mit der schreibenden Hand und dem lesenden Auge, nicht grobschlächtig vorkommen, da doch das eigentlich Geistige, der klingende Sprachgebrauch fehlt? Müßte er nicht auch, umgekehrt wie Hallpike, diesen (der einem so niedrigen Organ wie dem Auge die Aufgabe des Verstehens zuschreiben möchte) für primitiv und un-intellektuell halten? Wenn Hallpike (der hier als einer für viele steht) aus dem Vorherrschen des Klangs über das Bild in einer indianischen Kultur auf deren niedrigen intellektuellen Rang schließt – ist das dann nicht einfach ein Zirkelschluß? Bewertet er seine Schrift nicht deshalb höher, weil er das Optische über das Akustische stellt, und tut er letzteres nicht gerade, weil er die Schrift höher bewertet?

In einer rein oralen Kultur wie derjenigen der Kamayura oder früher auch der Guaraní ist nicht die Schrift, sondern das gesprochene Wort das Medium geistiger Anstrengung. Könnte dies ein Grund für die hohe Bewertung des Hörens durch die Indianer sein?

Schlußbemerkung: Europäischer Mythos und indianisches Denken

Wenn das Hören diesen Indianern intelligenter erscheint als das Sehen, dann ist die Schrift für sie vielleicht ein weniger aufregender Einschnitt als für uns.

Welche Schritte als historisch bedeutsam gewertet werden, ist von Kultur zu Kultur unterschiedlich, bedingt durch jeweils eigene Mythen. Die Kamayura beispielsweise erzählen die Mythe vom Frosch, der dem mächtigen Jaguar und den giftigen Schlangen entwischte. Von den Schlangen eingekreist, schnellte er sich mit aller Kraft seiner Hinterbeine zu einem gewaltigen Sprung empor – bis hinauf zum Mond.[19] Als die Kamayura nun in den sechziger Jahren hörten, daß auch die Weißen den Mond zu erreichen suchten, da erstaunte sie die Kühnheit des Unterfangens keineswegs, im Gegenteil: Wie komme es denn, wollten sie wissen, daß die Nordamerikaner mit all ihrer Technik bislang noch nicht geschafft hätten, was dem Frosch doch schon längst geglückt sei?

Was verblüfft uns an dieser Episode? Ein Mythos unserer Gesellschaft (hier: die Bewunderung des technischen Fortschritts) findet bei denjenigen keinen Widerhall, die wir am empfänglichsten für ihn wähnten: bei nackten Wilden ohne Technik, die nämlich einfach andere Mythen haben. Die Nützlichkeit unserer Technik sehen sie dabei durchaus, doch die Mystifizierung machen sie nicht mit. Dort, wo unsere Werte nicht greifen, geht man recht pragmatisch mit unseren Heiligtümern um. Der Flug zum Mond ist interessant, aber kein welthistorischer Schritt, denn die Schamanen können Ähnliches längst viel besser.

Mit unserer Bewunderung der Schrift mag es ähnlich sein: Sie ist denjenigen Indianern, die unsere Mythen noch nicht übernommen haben, sicher eine nützliche Kulturtechnik, deren Beherrschung (wie auch Analphabeten wissen) Vorteile bringt. Daß die Schrift das *Heil* bringt, müssen sie darum noch nicht glauben. Sie können die europäische Errungenschaft ohne den europäischen Glauben übernehmen.

Im Rahmen der Alphabetisierung brasilianischer Indianer wurde einmal untersucht, welche Gründe die verschiedenen

Beteiligten und Betroffenen für die Nützlichkeit des ABC-Unterrichts anführten.[20] Auffällig ist dabei der Unterschied zwischen den Argumenten der alphabetisierenden Weißen und der alphabetisierten Indianer. Hinter den Argumenten der Weißen (wenn man ihre Prämissen herausfiltert und expliziter formuliert) scheint ein Schrift-Mythos auf:

»Wir sehen, daß die Alphabetisierung selbst in ihren guten Absichten nicht ihren assimilationistischen und typisch ethnozentrischen Charakter verbergen kann. Sie baut auf einer Reihe von a-priori-Voraussetzungen auf: Daß die Schriftkultur höher steht als die nicht-schriftlichen Kulturen; daß die Religion besser über fixierte Texte vermittelt wird; daß das Buch den brasilianischen Nationalcharakter fixiert; schließlich auch, daß das Recht nur durch das geschriebene Dokument gesichert werden kann.«[21]

Hierzu paßt, daß die brasilianische Indianerverwaltung selbst dann, wenn sie früher manchmal die Literarisierung der Indianer bewußt einschränkte, dies nicht etwa aus Indifferenz gegenüber der Schrift tat, sondern gerade deshalb, weil sie der Schrift eine zu gefährliche Tragweite zuschrieb.[22] Die Weißen scheinen da bisweilen mehr Angst vor der Schrift gehabt zu haben als die Indianer.

In den indianischen Begründungen dagegen wird die (meist durchaus bejahte) Schrift viel seltener zu einem entscheidenden Kulturfaktor überhöht: »Die eigeborene Gesellschaft, sofern sie noch nicht zu sehr entstellt ist, würde die Alphabetisierung gerne einfach als zusätzliche Technik einsetzen«.[23] Auch andere brasilianische Quellen als die hier zitierte Untersuchung vermitteln ein ähnliches Bild von der Einstellung brasilianischer Indianer zur Schrift.

Hinter den vielfach erhobenen indianischen Forderungen nach mehr Lehrern und Schulen stehen immer wieder ganz praktische Erwägungen (z.B. daß die Anwesenheit eines Lehrers im Dorf wirtschaftliche Vorteile bringt; daß, wer lesen kann, die ihm ausgestellten Abrechnungen durchschaut; daß er wählen und damit vor der Wahl Bestechungsgelder kassieren kann; daß er die Bibel lesen kann; etc. etc.)[24]. Stets ist das Lesen dabei ein nützliches Hilfswerkzeug, selten mehr.

Dem entspricht die geringe Aufmerksamkeit, die der Schrift in den Mythen der Wald- und Savannenindianer Südamerikas zuteil wird. Diese Erzählungen drücken eine Auffassung von der Entwicklungsgeschichte aus, und sie beziehen auch durchaus moderne europäische Kulturgüter ein; so erklären sie etwa, warum die Weißen im Unterschied zu den Indianern die Geldwirtschaft kontrollieren; oder warum die Weißen Feuerwaffen besitzen und die Indianer nicht. Doch die Frage, warum die Weißen die Schrift haben, oder woher überhaupt die Schrift kommt, wird kaum berührt (der zu Beginn dieses Buchteils zitierte Text aus Kolumbien ist eine der wenigen Ausnahmen).

Dabei betreiben religiöse Institutionen doch seit Jahrhunderten bei einigen der Indianer Schulen, und bekommen die Indianer doch seit etwa einem Jahrhundert immer wieder Besuche nicht mehr nur von Beamten und Missionaren, sondern auch von Forschern, die alles aufschreiben. Dennoch hat es den Anschein, daß ein Großteil der Indianer die Schrift noch immer geringer bewertet, als dies etwa moderne Literalitätstheoretiker tun, denen zufolge die Schrift die »große kognitive Scheidelinie« der Menschheit ausmacht.[25] Stattdessen ziehen einige indianische Mythen die Grenzlinie bei der Ausbildung der gesprochenen Sprache.[26]

Wie kommt es, fragten die Kamayura, daß die Weißen trotz all ihrer Technik den Mond noch nicht erreicht hatten, wo der Frosch und die Schamanen das doch schon lange konnten? Wie kommt es, mögen sie vielleicht auch fragen, daß die Weißen erst schreiben lernen müssen, um zu denken, wo die Indianer das doch schon lange mit ihren eigenen Mitteln können?

Anmerkungen

Anmerkungen zu Kapitel 1

1 Cortés 1947: 32f. Zum Sprach- und Beschreibungsproblem in der Neuen Welt vgl. Scharlau 1983: 53f.
2 De Bry 1594: 212f.
3 Gemeint ist Acostas »Historia Natural y Moral de las Indias«, die zum ersten Male 1590 in Sevilla erschien.
4 Acosta 1977: 401.
5 So etwa bei Coulmas 1981: 135ff.
6 Acosta 1977: 402 und 403.
7 Ich beziehe mich hierbei und im folgenden auf V.-David 1965: 31–43.
8 V.-David 1965: 59ff. Den Hinweis auf Leibniz, seine Rezeption der chinesischen Schrift, sein ideographisches Mißverständnis derselben, sowie auch auf die daraus abgeleiteten Universalsprachenprojekte verdanke ich meinem »Doktorsohn« Jean Michel Robert (1983: 140ff.).
9 Dibble 1940: 124 gibt in seinem »hieroglyphischen Wörterbuch« eine Synopse der verschiedenen Funktionen dieses aztekischen Zeichens.
10 Dazu ausführlicher Kap. 3 dieses Buches, dabei insbesondere S. 141f.
11 Acosta 1977: 407–413 (über Bildschrift und *quipus*); daneben finden sich Passagen über *quipus* bei Pedro Cieza de Leon, Agustin de Zárate, Cristóbal de Molina, Pedro Sarmiento de Gamboa, Inca Garcilaso de la Vega, Bernabé Cobo, Martín de Murúa u.a. Über aztekische Bilderschrift berichten noch Bartolomé de las Casas, Jerónimo de Mendieta (gefolgt von Juan de Torquemada) und einige wenige andere; über die Mayaschrift schreibt Diego de Landa.
12 Ich benutze den Begriff »Text« hier im (wörtlichen) Sinne von »Gewebe«, bzw. »Gewebe von Zeichen« – ohne eine bestimmte

Zeichen*art* zu präjudizieren. Es kann dabei um optische (bildförmige, buchstabenförmige etc.), akustische und taktile Zeichen gleichermaßen gehen. Weitergehende Ausführungen zum Textbegriff in Zusammenhang mit Mündlichkeit und Schriftlichkeit finden sich bei Ehlich 1983.

13 Juan de Tovar (Auszug aus dem Briefwechsel mit seinem Ordensbruder José de Acosta, abgedruckt in Garcia Icazbalceta 1947: 92f.

14 Havelock 1982 bezeichnet dieses Phänomen als »recitation literacy«; siehe auch Goody 1981: Einleitung. Zur näheren Bestimmung von Gesellschaften mit mündlich zentriertem Schriftgebrauch vgl. die Überlegungen von Giesecke 1979: 291, Anm. 58.

15 Fevrier 1959: 63 – um nur eine Stimme unter vielen zu nennen.

16 Dazu ausführlicher Kap. 3 dieses Buches.

17 Einen Überblick über die präkolumbischen Literaturen gibt Baudot 1976; vgl. auch Arias-Larreta 1968.

18 Garibay 1971, Bd. 1.

19 Juan de Betanzos, hier zitiert nach Seppilli 1979: 112.

20 Baudot 1976: 304; Ortíz Rescaniere 1973.

21 Gossen 1978.

22 Erdheim 1984: 15f.; Gossen 1978: 282.

23 Gossen 1978: 270–281; vgl. auch Kap. 1 dieses Buches (Unterkapitel ›Die Merkstruktur der Texte‹).

24 Zum Begriff der »Mediatisierung« in diesem Zusammenhang vgl. Zumthor 1983: 36.

25 Gossen 1974: Schaubild 3; vgl. auch die an Gossen anschließenden Überlegungen bei Schlieben-Lange 1983: 80. Einen allgemeinen Überblick über die hier beschriebene Methode (»Ethnoscience«) geben Bachmann/Lindenfeld/Simonin 1981: 54–61; vgl. auch Hymes 1983: 194ff., der jedoch nur auf die nordamerikanischen Entwicklungen in diesem Bereich hinweist. Die Rekonstruktion präkolumbischer Oralkultur mit Hilfe dieser Methode findet sich bei Stanford 1966 und León-Portilla 1983, ansatzweise auch bei Barrera Vasquez 1980: 347f.

26 Ein Nachdruck der Originalfassung (in französischer Sprache) findet sich in Léry 1975. Der hier vorliegende Textauszug (Abb. 6) stammt aus einer deutschen Ausgabe von 1593.

27 Vgl. den Kommentar von Garibay 1971, Bd. 2: 237. Zur sprachlichen Verfremdung dieses Dokuments durch Übersetzungsprozesse vgl. Zimmermann 1955: 151. Für Lanczkowski 1970: 48ff. hingegen besteht keinerlei Zweifel an der Authentizität der Aufzeichnung.

28 Vgl. Sahagun 1829.

29 Schultze Jena 1952: 63.

30 Schultze Jena 1952: 65.

31 Schultze Jena 1952: 181.

Anmerkungen zu Kapitel 2

1 Oviedo y Valdés 1959 VI, 1: 112f.
2 Das erste der beiden Zitate stammt wiederum von Oviedo y Valdés, ebd.; das zweite von Durán 1967 I: 192–193.
3 Rousseau 1969.
4 Wendel 1985: B2.
5 Schultze Jena 1957: 29.
6 Oviedo y Valdés 1959: VI, 1, 113.
7 Acosta 1977: 446.
8 Acosta 1977: 446.
9 Dazu ausführlich Oviedo y Valdés 1959: 112–116.
10 Acosta 1977: 448.
11 Martí/Prokosch Kurath 1964: 38ff.; Seppilli 1979: 104, 107.
12 Durán 1967, I: 188f.
13 León-Portilla 1983: 64ff., den ich im folgenden resümiere.
14 Schultze Jena (Sahagún) 1952: 73
15 Schultze Jena 1957: 29f.
16 Garibay 1971, Bd. 1: 384ff.; Baudot 1976: 50ff., 226ff. und 170ff.
17 Unwahrscheinlich, aber nicht ganz auszuschließen ist, daß die verschiedenen Texttypen erst durch den Akt des kolonialen Aufschreibens ineinander eingebettet wurden.
18 Vgl. dazu die Geschichte von Huactzín und Iztac im Manuskript von Cuautitlán, die bei Garibay 1971: 486 auf spanisch abgedruckt ist.
19 Siméon (Olmos) 1875: 231.
20 Die nachfolgenden Zitate stammen aus Sahagún 1829, Bd. II: 175–197.
21 Sahagún 1829, Bd. II: 128.
22 Sahagún 1829, Bd. II: 147.
22a León-Portilla 1961: 74f.
23 Nicholson 1971: 45ff.
24 Nicholson 1971: 53ff.
25 Gibson 1975: 320; León-Portilla 1980: 81; Nicholson 1971: 63.
26 So die Argumentation von Goody/Watt 1981, die den Ablösungsprozeß am Beispiel des alten Griechenland beschreiben.
27 Die Mythe ist dem Codex Florentinus (Buch VII, fol. 3r–7r; Dibble/Anderson (eds.), Santa Fé 1950–69) entnommen. Bei der Auswahl der Zitate und bei ihrer Übersetzung ins Deutsche gehe ich von dem spanischen Text bei León-Portilla 1983: 48ff. aus.
28 So bei Schultze Jena 1957: 28f.; vgl. auch seine Einleitung, S. XI.
29 Beispiele dafür finden sich u.a. bei Garibay 1971, Bd. 1: 95ff., der die alt-aztekischen Gesänge grundsätzlich in dieser Form präsentiert.

30 Vgl. die Popol Vuh-Ausgabe von Edmonson 1971.
31 Vgl. León-Portilla 1983, dem ich wichtige Anregungen für die nachfolgenden Interpretationen verdanke.
32 Andere Beispiele dafür gibt León-Portilla, ebd., S. 40ff.
33 Schultze Jena 1957: Einleitung, S. X; mit dieser Frage setzt sich auch Nowotny 1956 auseinander.
34 Schultze Jena 1957: 196 u. 197; vgl. auch León-Portilla 1983: 37.
35 Karttunen/Lockhart 1980: 15ff.
36 Als *agglutinierend* werden Sprachen bezeichnet, in denen die grammatischen Funktionen eines Wortes dadurch ausgedrückt werden, daß an den Wortstamm eine entsprechende Anzahl von Affixen angefügt werden. Damit verbunden ist auch ein anderes Wort/Satz-Verhältnis als bei den meisten europäischen (›flektierenden‹) Sprachen: Indianersprachen weisen eher einen *synthetischen* Satzbau auf.
37 Lord 1960: 22.
38 Das zeigen u.a. die Untersuchungen von Husson 1984: 100ff., Edmonson 1971: Einleitung, Garibay 1971 Bd. 1: 65ff. und León-Portilla 1983: 44f., 56ff.
39 Aus Schultze Jena 1957: 28f.
40 Schultze Jena 1957: 29.
41 Schultze Jena 1957: 33.
42 Schultze Jena 1957: 93.
43 Schultze Jena 1957: 149.
44 Die Beispiele geben Höltker 1930 und Lanczkowski 1970: 68f.
45 Zitiert nach Lanczkowski 1970: 69. Zur Metaphorik in der aztekischen Redekunst vgl. auch Zimmermann 1975: 360ff. und León-Portilla 1983: 58ff.
46 León-Portilla 1983: 45 und 56.
47 Über Knotenschnüre im alten Mexiko berichten Clavijero 1976: 251 und Boturini 1746, § 1:2. Zur Bohnenschrift vgl. Hoyle 1943, zu den *quillcas* und *qeros* vgl. De la Jara 1970 und Barthel 1970 und 1971.
48 Miller 1983: 46–48; Ascher/Ascher 1981: 55f.
49 Prem 1979: 106f.; ders. 1983: 168.
50 Robertson 1959: 143.
51 Ixtlilxochitl 1985: 94f.
52 Saussure 1964: 101f., 181f.
53 Ich folge hierbei Prem 1983: 172f., ders. 1979: 109f.; ferner Nowotny 1967, ders. 1959 und Dibble 1971, ders. 1940.
54 Zum Problem der Phonetisierungen vgl. Prem 1983: 174, ders. 1979: 112ff; Nowotny 1967 und 1959; Dibble 1971 und 1940. Zur zeitlichen Lokalisierung der Phonetisierungen (vorkolonial/kolonial) vgl. Nicholson 1973.
55 Dibble 1940: 128.

56 Die Bezeichnungen »narrative Piktographie« und »hieroglyphisches Schreiben« stammen von Prem 1979: 104f. Zur weiteren Terminologiediskussion siehe auch Nicholson 1973: 2.

57 Zur Erklärung dieser Hieroglyphe vgl. Dibble 1940: 114 und Barlow/Mac Afee 1949: 32.

58 Prem 1983: 176.

59 Zum Zusammenhang von aztekischer Bilderschrift und Oralkultur vgl. auch Scharlau 1985: 30ff.

60 Clavijero 1976: 251.

61 Zitiert nach León-Portilla 1961: 64.

62 Dies gilt nur für Pikto- und Ideogramme, nicht jedoch für Phonogramme.

63 Locke 1923: 37 zitiert entsprechende Stimmen.

64 Miller 1983: 46f.

65 Radicati di Primeglio 1977: 49.

66 Nach Tozzer 1912: o.S.

67 Cieza de León 1985: 59.

68 Zu diesen Begriffen siehe Watzlawick/Beavin/Jackson 1971: 61.

69 Acosta 1977: 410.

70 Hierbei und im weiteren folge ich den Erkenntnissen von Ascher/Ascher 1981, Locke 1923, Nordenskjöld 1925, Radicati di Primeglio 1977, sowie den Beiträgen in dem Sammelband von Ravines 1978.

71 Immerhin gibt es ein Dokument aus dem Jahre 1561, das mit allergrößter Wahrscheinlichkeit eine Transkription von *quipu*-Daten darstellt. Darin ist festgehalten, wieviele Menschen und Güter den Spaniern zu einem bestimmten Zeitpunkt (1533–1548) an einem bestimmten Ort (Jauja) von den Indianern überlassen worden waren. Vgl. dazu auch Murra 1975.
Die Rekonstruktion von *quipu*-Inhalten ist teilweise auch über analoge spanische Statistiken und Berichte aus frühkolonialer Zeit möglich. Auf entsprechende Quellen verweist Klein in Garscha/Klein 1979: 133.

72 Ich übernehme hier das klassische (empirische) Beispiel von Locke 1912: 32f.

73 Garcilaso de la Vega 1971, Bd. 2: 127.

74 Dies versucht Murra 1975.

75 Radicati di Primeglio 1977: 79.

76 Brekle 1972: 55.

77 Ascher/Ascher 1981: 21.

78 Garcilaso de la Vega 1971, Bd. 2: 128.

79 Garcilaso de la Vega 1971, Bd. 2: 128f. Im Gegensatz dazu wollen manche heutigen *quipu*-Forscher hinter den Knotenkonstellationen verschlüsselte Sprachlaute sehen, so etwa Burns Glynn 1981.

80 Garcilaso de la Vega 1971, Bd. 2: 129f.

81 Ascher/Ascher 1981: 121.
82 Alva Ixtlilxochitl 1975: 526 (Dedicatoria).
83 Garcilaso de la Vega 1971, Bd. 1: 115.
84 Poma de Ayala 1980, Bd. 1: 169–209; zum Begriff der »*quipu*-Literalität« äußert sich Luxton 1979. Weitere Ausführungen zu Poma de Ayala finden sich in Kap. 3 (›Der indianische Autor‹) dieses Buches sowie in Scharlau 1986 b und c.

Anmerkungen zu Kapitel 3

1 Ich meine die Ausrottung der Bewohner von Hispaniola. Die Gründe für die koloniale Dezimierung der indianischen Bevölkerung sind vor allem eingeschleppte Krankheiten und Zwangsarbeit.
2 Das ist vor allem im kolonialen Mexiko der Fall.
3 Auf dieses Phänomen stößt man vorwiegend im kolonialen Peru.
4 Landa 1985: 43ff.; vgl. auch Bargatzky 1981.
5 Schon in der Inkazeit profitierte weniger die »Bevölkerung«, mehr die herrschende Schicht der Indianer. Diese profitierte auch unter den Spaniern teilweise weiter.
6 Zimmermann 1960: 5.
7 Einen Überblick über diese Situation gibt Robertson 1959: 34–58.
8 Dazu ganz allgemein Kobayashi 1974: 171ff., Ricard 1947, Bravo Ahuja 1977: 22–55. Spezieller zur *Verschriftung* der Náhuatl-Sprache vgl. Davila Garibi 1935 und Diaz Rubio/Bustamante Garcia 1984. Zur Sprach- und Schriftpolitik der Eroberer vgl. Brice Heath 1972: 15–55.
9 Das Zitat führt Kobayashi 1974: 243 an; zu den indianischen Briefen vgl. Zimmermann 1970.
10 Dazu León-Portilla 1977; Karttunen/Lockhart 1976. Einen knappen Überblick über die »linguistischen« Aktivitäten in der Kolonie gibt Scharlau 1986 d, Abschnitt 2.
11 Zitiert nach Baudot 1980: 36.
12 Baudot 1980: 37.
13 Mendieta 1870: 249f., 665f.
14 Das Alphabet erscheint 1579 in seinem Hauptwerk »Rhetorica Christiana«, einem Traktat über Gedächtniskunst und die Möglichkeit, sie im Rahmen der Christianisierung von Indianern einzusetzen. Vgl. auch Palomera 1962: 123ff.
15 Zur Geschichte europäischer Erinnerungskunst siehe Hajdu 1936 und Yates 1966. Letztere macht auch nähere Angaben zu Romberch und Dolce (S. 95, S. 120ff., S. 164f.).
16 Landa hat dieses Alphabet ungefähr um 1566, gemeinsam mit einem Maya-Informanten, erarbeitet. Dieser hat aber die aus

alphabetischer Logik heraus gestellten Fragen offenbar immer im Sinne der einheimischen Schriftlogik beantwortet: Die angeblichen alphabetischen Entsprechungen sind in Wirklichkeit bilderschriftliche Wortzeichen, die nur im Anlaut eine gewisse Ähnlichkeit mit den gewünschten alphabetischen Worten aufweisen.
Zur umstrittenen Bedeutung dieses Alphabets für die Entzifferung der Maya-Schrift vgl. Thompson 1959: 354ff. Zu seiner Bewertung als »kulturelles Mißverständnis« vgl. Riese in Prem/Riese 1983: 182. Zu linguistischen Aspekten vgl. Durbin 1969.

17 So der Titel eines verschollenen Werkes von J. Baptista, das bei Aubin 1860: 247 erwähnt wird. Ob diese Technik Testera zu Recht zugeschrieben wird, diskutiert Glass 1975: 284f.

18 Fevrier 1959: 527ff.

19 Zu den Ursprüngen des Testerianischen Schreibens äußern sich Aubin 1860: 250ff., Glass 1975: 286, Galarza/Monod-Becquelin 1980: 14. Hilfreiche Hinweise zu diesem Thema verdanke ich auch Hanns J. Prem.

20 Ich folge hier der Interpretation von Seler 1902, Bd. 1: 296.

21 So die Erklärung von Galarza/Monod-Becquelin 1980: 96f., von denen auch der »Lektüre«-Vorschlag zu nachfolgendem Bildertext stammt (123).

22 So Bartolomé de Las Casas in seiner »Apologética Historia...«, hier zitiert nach Thompson 1959: 353.

23 Mendieta 1870: 246f.

24 Weitere Überlegungen zum Schriftenkontakt im kolonialen Mexiko finden sich in Scharlau 1986a sowie auch in den nächsten Unterkapiteln (›Situationen des Übergangs‹, ›Dokumente des Übergangs‹) dieses Buches.

25 Hartmann 1984; Ibarra Grasso 1953; Holmer/Miranda Rivera/Ryden 1951.

26 Zur Cuna-Schrift allgemein vgl. die Arbeiten von Nordenskjöld und Wassen. Eine Kurzcharakteristik gibt Kramer 1968.

27 Vgl. die Darstellung und Kritik entsprechender Ursprungs- und Verbreitungshypothesen bei Lettner 1973: 129ff.

28 Diese Angriffe sind unter dem Begriff »Schwarze Legende« in die Geschichte eingegangen.

29 Motolinia 1858: 122.

30 Acosta 1977: 409.

31 Torquemada 1723: Buch 15, Kap. 36.

32 Torquemada 1723: Buch 16, Kap. 16.

33 Über beides berichtet Aubin 1860: 246 (unter Verweis auf die Beschreibungen von Motolinia, Valadés und Torquemada).

34 Zur Klassifikation kolonialer Bilderhandschriften vgl. Glass 1975: 11ff.

35 Karttunen/Lockhart 1976: 44 weisen dieses Beispiel in einem

Dokument von 1572 nach. Auch in der spanischen Sprache schlägt sich die Konfrontation mit der fremden Kultur u.a. in Form von Lehnwörtern aus Indianersprachen nieder, vgl. dazu Scharlau 1983: 53ff.

36 Daß die Silbenfolge »sa-te« dem spanischen Wort »Santo« nicht allzu nahe kommt, mag verschiedene Gründe haben. Einmal wird das unbetonte »o« am Ende spanischer Wörter nicht wie »o«, sondern mit einem Lautwert zwischen »o« und »e« ausgesprochen. Das könnte erklären, weshalb der indianische Künstler hier eine Endsilbe »te« statt einer Endsilbe »to« gebildet hat. Zum anderen haben die auf ihr einheimisches Lautsystem eingestimmten Ohren der Azteken die spanischen Laute sicher anders gehört und daher auch anders wiedergegeben, als wir das heute – aus unserem eigenen Lautsystem heraus – täten.
Die eben geschilderten Beispiele (»Allerseelen« und »Santo«) stammen aus dem Codex Mexicanus und sind bei Galarza 1966: 17, 20 und 23 weitergehend kommentiert.

37 Vgl. dazu auch Robertson 1959: 185f.

38 Es handelt sich um ein Bild aus dem Codex Florentinus, der von dem Franziskanerpater Sahagún inspiriert, jedoch primär von Indianern niedergeschrieben und bebildert worden ist.

39 Robertson 1959: 175 und 178.

40 Zum »corpus sahagunense« und weiteren Fragen der Sahagún-Forschung vgl. León-Portilla 1980: 101–135.

41 Vgl. etwa Schedel'sche Weltchronik 1979: Blatt CVI. Vgl. auch Baird 1983: 157.

42 Vgl. Rösler 1983: 113f.

43 Lord 1960 hat dieses Phänomen bei Sängern und Dichtern in Jugoslawien untersucht. Wenn diese den Stegreif-Vortrag durch Rezitation eines zuvor aufgeschriebenen Textes ersetzten, dann ging damit eine Auflösung der »Formeln« einher, jener Gedächtnisstützen also, die einst den improvisierenden Vortrag ermöglicht hatten.

44 Zu den »Konsequenzen der Literalität« in der griechischen Antike, siehe Goody/Watt 1981: 70ff. Zu entsprechenden Entwicklungen in der Neuen Welt, vgl. die Ausführungen zu Gamboa und Tezozómoc in diesem Buch (S. 141f. und Anm. 47).

45 Schultze Jena 1944: 3.

46 Zur Manuskriptgeschichte des Popol Vuh siehe Edmonson 1971: Einleitung.

47 So bekennt sich etwa der einheimische Historiker Fernando Alvarado Tezozómoc im Vorwort seiner »Crónica Mexicáyotl« sogleich zur historiographischen Methode der Europäer; d.h. er schreibt die alten mündlichen Traditionen seiner Vorfahren nicht einfach auf, sondern überprüft, vergleicht und verarbeitet sie nach schrift-

kulturellen Standards, d.h. quellenkritisch (Alvarado Tezozómoc 1975: 8f.).

48 So Sahagún 1829 Buch I, Prolog.

49 Sahagún 1829 Buch II, Prolog.

50 Enzensberger 1966: 2.

51 Colón 1980: 68; vgl. auch Moebus 1973: 20 und Scharlau 1982: 92.

52 Todorov 1985: 268, der die Frage der Dialektik von Authentizität und Verfälschung im Sahagún'schen Werk noch weitergehend verfolgt.

53 Ich fasse hier frühere Ausführungen zusammen, vgl. Scharlau 1982: 94ff.

54 Alle Zitate, die direkten wie die indirekten, stammen von Gamboa 1906: 7f.

55 Gamboa, S. 31. Gemeint ist das spanische Wort »sacar« (herausholen). Zur Parallelisierung materieller und informativer Ressourcen während der Konquista vgl. Scharlau 1982: 98.

56 Gamboa 1906: 23.

57 Vgl. beispielsweise Gamboa 1906: 35: »Die Inkas und die übrigen Verbündeten... brachen von Tambotoco auf und nahmen eine Vielzahl von Vorräten, Geräten und Waffen mit... so daß sie eine gute Schwadron bildeten, die von Mama Guaco und Manco Capac angeführt war... nach langer gemeinsamer Wanderung gelangten sie an den Ort Guanacancha, vier Meilen vom Cuzco-Tal entfernt...« Hierbei stützt sich Gamboa auf indianisches Traditionswissen, gibt es aber nicht im mündlichen Duktus der Erzählungen, sondern in eigenen Worten wieder.

58 Gamboa 1906: 30f.

59 Gamboa 1906: 23.

60 Gamboa 1906: 23. Der pragmatische Blick auf die Gegebenheiten durchbricht hier die moralisch-religiösen Vorbehalte – eine Entwicklung, die für die Phase der Auseinandersetzung mit den fremden Dingen der Neuen Welt recht typisch ist. Zu Entmystifizierungs-, Objektivierungs- und Rationalisierungsprozessen als Begleiteffekte der Konquista vgl. auch Scharlau 1983: 58ff.

61 Gamboa 1906: 31.

62 Gamboa 1906: 31.

63 Gamboa 1906: 26f.

64 Vgl. die Angaben von Pietschmann in seinem Vorwort zu Gamboa 1906; siehe auch Scharlau 1986 b.

65 In dieser Weise wird der Kolonisierte auch und gerade bei jenen Autoren gezeichnet, die in kolonialismuskritischer Absicht sein Leid zur Sprache bringen; ein Beispiel dafür findet sich u. a. bei E. Wolf 1959: 199: »So litten die Indianer nicht nur unter der Ausbeutung und dem biologischen Zusammenbruch, sondern auch an einer Entkulturierung« – an einem »Verlust der Kultur«.

Autoren aus dem Bereich der Dritten Welt hingegen haben aufgezeigt, daß die Kolonisierten keineswegs nur zum Spielball und Objekt kolonialer Gewalt werden, sondern auch handlungs- und kulturfähige Subjekte bleiben können. Vgl. Memmi 1980 und auch Argüedas 1977. Eine Neuauflage erfährt diese Diskussion derzeit im Zusammenhang mit Begriffen wie ›Identität‹, ›Identitätszerstörung‹ und ›Identitätsverlust‹.

66 Am umfassendsten informiert darüber (aus literatur- und kulturtheoretischer Sicht) Adorno 1986, die auch – gemeinsam mit Murra – eine ausgezeichnete Neuedition von Pomas Chronik vorgelegt hat. Einen kurzen Überblick über die Poma-Forschung gibt auch Scharlau 1986c.

67 Zur unterschiedlichen Entwicklung indianischer Literalität im kolonialen Mexiko und Peru, siehe Lienhard 1983.

68 Poma de Ayala 1980: 101. Siehe auch López-Baralt 1982: 472f.

69 Poma de Ayala 1980: 49. Siehe auch López-Baralt 1982: 472f.

70 Poma de Ayala 1980: 367.

71 Poma de Ayala 1980: 758.

72 Die Übersetzung des Facsimile-Ausschnittes in Abb. 31 stammt von mir, ebenso die Kursivsetzung, die Wiederholungen im Text markiert.

73 So etwa Porras Barrenechea 1948 und Esteve Barba 1968: Einleitung.

74 Zu Pomas Belesenheit vgl. Poma de Ayala 1980: 416f. und Adorno 1978.

75 Ong 1944: 353.

76 Zu den oralkulturellen Reminiszenzen in Pomas Schreibstil vgl. auch Adorno 1986. Lienhard 1985: 56ff. und Garscha in Garscha/Klein 1979: 57 verweisen auf Homologien zwischen Pomas Stil und dem der andinen Autoren des modernen indigenistischen Romans. Oralkulturelle Effekte sind bei Poma nicht nur im Schreibstil, sondern auch auf anderen Ebenen nachweisbar; so in seiner Sprache (Urioste 1981), in seinem Geschichtsverständnis (Ossio 1977), in seinen Zeit- und Ortsbegriffen (Wachtel 1971) und in seinen Bildern (Adorno 1985 und López-Baralt 1982).

Anmerkungen zu Kapitel 4

1 Fulop 1954: 114.

2 S. hierzu Barthel 1970, 1971. Zur Frage der altperuanischen Schrift s. auch etwa Larco 1943.

3 Jiménez Turón 1982: 110. Zur Herausbildung einer ind. Intellektuellenschicht vgl. Varese 1982: 36f., zu den »indianistischen« Bewegungen auch Münzel 1984, 1985.
4 Domínguez 1973: 103.
5 Howe 1979: 4f., s. auch Kramer 1970: 133–139.
6 Findeisen 1957: 194.
7 Ich stimme hier überein mit Finnegan (insbes. 1977: 133).
8 Cascudo 1979: 438; Klaffke 1983: 222; Jousse 1974, 1975, 1978, Calame-Griaule 1977b: 25f.; 1977a: 355, 358.
9 Findeisen 1957: 195; Lommel 1970: 122; s. auch Lommel 1980.
10 Lévi-Strauss 1982: 294.
11 Rakelmann 1981: 169.
12 Klaffke 1983: 222. Wendt 1979: 54.
13 Goody in Descamps 1981: IX. Gerade wegen seiner grundsätzlichen Nähe zu L.-B. muß Goody sich freilich von ihm distanzieren. S. auch Goody & Watt 1981: 69f. Ein weiterer Autor, der L.-B.'s Gedanken in die Oralitätsdebatte einführt, ist z. B. Hallpike (1979: 5, Anm. 3, vgl. die Kritik von Klaus E. Müller 1982).
14 Ong 1982: 29f., im Anschluß an Jaynes 1977.
15 Spengler 1923: II: 187, 180; Vygotski 1962: 99; Goody & Watt 1981: 70, 104. Vgl. auch McLuhan 1968.
16 Scheurmann 1975: 57 et passim; Gerd Stein in Stein (ed.) 1984: 21.
17 Witherspoon 1977: 425.

Anmerkungen zu Kapitel 5

1 Montoya 1639: 12 v. – 13 r. Zur Tendenz, Tupi/Guaraní mit Latein und Griechisch zu vergleichen, s. Münzel 1982: 104f.
2 Abbeville 1963: 68 r. – 73 r.; Ximénez 1967: 35f., 42, 45–49.
3 Abbeville 1963: 313 r.
4 Cardim 1939: 272; Anchieta 1933: 433. Vgl. Melià Ms.: I: 214.
5 Abbeville 1963: 362 r., 99 r., 138 v.
6 Abbeville 1963: 97 r., 111 r.
7 Melià Ms.: I: 125.
8 Fernandes 1963: 325; Léry 1957: 296–298.
9 Thevet 1953: 178.
10 Léry 1957: 296–298. Meine Übersetzung der französischen Übertragung, wobei ich dort, wo das Original zitiert und nicht wörtlich, sondern paraphrasierend ins Französische übertragen wurde, die Übersetzung gemäß dem Original abgeändert habe (Seite 298, Zeilen 2/3, 5/6/7).
11 Restivo 1890: 63; 1892: 191.
12 Xarque 1687: 361, zit. nach Melià Ms.: I: 215.

13 Melià Ms.: I: 218.
14 Vidal 1977: 149f.; Nimuendajú 1956: 17.
15 Sherzer 1974: 281, 280.
16 Gregor 1977: 76–80; Sherzer 1974, 1983.
17 Caspar 1975: 133, s. auch 81, 97, 123, 146.
18 Chumáp & García 1979: 717.
19 Gregor 1977: 77f.
20 Gregor 1977: 80f.
21 Z.B. in der Cuna-Sprache, s. Sherzer 1974: 462, Anm. 3.
22 Mashinkiash' 1976: 43.
23 Grenand 1982: 47; Weiss 1975: 258.
24 Preuss 1921–23: 166; Nimuendajú 1914: 388, 393. Gestützt auf Preuss' sehr detailliertes Vokabular und seine wörtliche Linearübersetzung ändere ich die freie deutsche Wiedergabe dort stilistisch leicht ab, wo dies erlaubt, den Stil seiner Linearübersetzung (und damit auch des Originals) deutlicher zu erkennen. In Zeile 1 von Nimuendajús Übersetzung S. 393 ersetze ich in genauerer Annäherung an den Stil des Originals das erste »allein« durch »als einziger«, das zweite »allein« stelle ich gemäß der Originalsatzstellung um.
25 Weiss 1977: 171. Restivo 1890: 72. Weiss 1975: 417, 260, 310, 295; 1977: 174–179. Bei der Prosopeia ist der rhetorische dem inhaltlichen Aspekt besonders eng verbunden.
26 Bright 1984: 80.
27 Finnegan 1973: 116–124; 1977: 16–24, 126–133 et passim.
28 Preuss 1921–23: 624.
29 Bahrdt 1975: 16. Den Zitatfund verdanke ich B. Floßdorf, Frankfurt am Main.
30 Ong 1982: 34 f., teils im Anschluß an Jason 1969.
31 Heda Jason: Reply, in Jason 1969: 624; Hymes 1981: 5.
32 Lévi-Strauss 1976: II: 282f. Auch sonst vergleicht L.-S. gerne Mythe und Musik, z.B. 1967: 233; 1973: 193f.; 1976: I: 28–50; IV, 2: 757–761; 1980: 57–67.
33 Mauss 1947: 97f.; Grimm 1881–87: II: 10 (meine Hervorhebung).
34 Leach 1968: 198; Radin 1927: 46–48; Young 1983; Cascudo 1952: 23; Lévi-Strauss 1976: IV, 2: 733.
35 Vgl. die Kritik von Gossen 1979: 307; Gill 1982: 64.
36 Bernal 1969: 77, 83; Himmelheber/Fischer 1967: 15.
37 Bourdieu/Mammeri 1978: 51. Paulhan 1982, Koster 1983.
38 Eine rühmenswerte Ausnahme: die Encyclopædia Britannica.
39 Bright 1984: 80.
40 Münzel 1983. S. auch Melià/Münzel 1971. Grundlage meiner Angaben zu den Aché ist meine Feldforschung bei ihnen 1971/72. Zu ihrer mündlichen Literatur s. auch Baldrán/Bareiro 1982; dies. (eds.) 1980: 147–160; Cadogan 1962a, b; 1965; Clastres 1966;

Godoy 1982; Münzel 1971 a; 1978; 1983: 101–108, 113, 227–230, 261, 275, 281 f.; Roa (ed.) 1978: 12–15. Sinnvoll ist ein Vergleich mit der Literatur der nah verwandten Sirionó: Heinz Kelm 1968: 1983: 265–273, 278–280.

41 Finnegan 1977: 89.

42 Monod-Becquelin 1979: 187. Boas 1940: 467.

43 Monod-Becquelin 1979: 201. Dort wird der indirekte Redestil freilich etwas anders interpretiert.

44 Basso 1981: 280 zum Beispiel der Kalapalo.

45 Gill 1982: 64.

46 Vgl. hierzu z.B. Finnegan 1970: 361–367; Gill 1982: 65.

47 Näheres s. Monod-Becquelin 1979, insbes.: 186f., 189–193.

48 Nach Cadogan 1962 a: 46f. Meine (von C. teils abweichende) Übersetzung und Interpretation unter Zugrundelegung von C.'s Arbeit. Den von C. übernommenen Aché-Text orthographiere ich hier nach Münzel 1983: 294.

49 Antje/Heinz Kelm 1975: 49. Monod-Becquelin 1979: 190–193, teils unter Berufung auf Joanna Kaplan. Zu Afrika s. Klaffke 1983: 226, generell Finnegan 1977: 112–116.

50 Kirk 1980: 286f. und 275.

51 Gigon 1968: 25, 27; Albert 1983: 20f. Lévi-Strauss 1980: 181f.

52 Wimmel 1981: 21.

53 Neue Version von mir 1972 auf Tonband aufgenommen. Um alte und neue Version vergleichbarer zu machen, schreibe ich hier nach Cadogan ›*d*ekoiã‹, obwohl ich ›*r*ekoiã‹ hörte – das sind wohl nur Varianten der Orthographie und nicht der Aussprache.

54 Wimmel 1981: 182.

55 Thukydides II. 54, I. 21 (1), I. 22 (4), hier in der Übersetzung von Helmuth Vretska. Auf Thukydides wurde ich in diesem Zusammenhang aufmerksam durch Detienne 1981: 109, 111.

56 Goody/Watt 1981: 50–55; Ong 1982: 46–49. Vgl. auch Goody 1977 b.
Zum Terminus »strukturelle Amnesie«, der den Ausfall bewußter Steuerung in mündlichen Kulturen suggeriert, vgl. Barnes 1947: 48–56. Ausgangspunkt war für diese Autoren u. a. die Untersuchung afrikanischer mündlicher Genealogien und Herrscherlisten (Laura Bohannan 1952 – vgl. auch Paul Bohannan 1967: 325–327 –; Henige 1980 – vgl. auch Henige 1974 –; Peters 1960; Wilson 1945).

57 Lord 1970: 27f.; 1981: 460; 1960: 43. Bäuml 1979: 240. Auf Lord und Parry basiert in diesem Punkt auch Goody 1977 a: 116–120.

58 Dumézil 1983: 8.

59 Laughlin 1977: 4. Auf diese Stelle aufmerksam wurde ich durch Monod-Becquelin 1979: 185. Zu »aktiv« und »passiv« s. Finnegan 1977: 57.

60 Hymes 1977.

61 Zum Verhältnis zwischen Geschlecht und Gesang bei den Aché s. Clastres 1966.
62 Calame-Griaule 1970: 25. Am Rande sei erwähnt, daß der Vergleich mit einem gewebten Band überraschend an die Etymologie eines griechischen Gattungsnamens der mündlichen Literatur erinnert: ›hýmnos‹.
63 Näheres hierzu s. Münzel 1971 a: 186f., 248.
64 Den vollständigen Text auf Aché und Spanisch mit weiteren Erläuterungen bei Münzel 1971 a: 212–219, 244f. (ersch. 1973, aber mit 1971 angegeben, da der Herausg. das Erscheinungsjahr der Ztschr. zurückdatiert hat).
65 Ich habe solche Texte nur verstanden, indem ich sie mitschnitt und später Sängern und anderen Fachleuten unter den Aché mit der Bitte um Erklärung Stückchen für Stückchen nochmals vorspielte.

Anmerkungen zu Kapitel 6

1 S. z.B. Baer 1984: 263ff.; Casevitz 1981: 273–294; Fernández Distel 1976: 16–27; Hissink/Hahn 1984: 11f., 104; Karsten 1935: 106; Reichel-Dolmatoff 1971: 119; Van Velthem 1976.
2 Schmidt 1904, 1926. Ein neues Verständnis für die indianische Ornamentik konnte sich erst mit der Abstraktion in unserer eigenen Kunst entwickeln, vgl. Bento 1980.
3 Scharlau im ersten Teil dieses Buches und 1985.
4 Das hier Folgende geht auf meine Feldforschung in Ipavu (dem Dorf der Kamayura-Indianer) 1967/68 zurück. Dort konnte damals nur ein einziger Einwohner etwas lesen und schreiben, unter allen Indianern des Alto Xingu konnten das nur etwa fünf.
5 Arthur G. Miller 1983: 49 nach Sperber 1975: 139f.
6 Carpenter 1969: 210, meine Hervorhebung. Vgl. auch Carpenter 1966.
7 Barthel 1966: 36; 1971; 1980: 82. Hartmann 1984: 105.
8 Van Velthem 1976: 1.
9 Münzel (ed.) 1973: 15 und Tafel I.
10 Leroi-Gourhan 1984: 246. S. auch Leroi-Gourhan 1978.
11 Ich fasse hier frühere Ausführungen zusammen, vgl. Münzel 1971 b: 205ff.; 296; 1983: 40–46, 281; Münzel (ed.) 1973: Anm. 157.
12 Die folgende Interpretation der Masken beruht auf meinen Gesprächen mit den Herstellern im Kamayura-Dorf Ipavu 1967/68.
13 Boglár 1979: 238.
14 Gill 1982: 35; s. auch ebd. S. 32.

15 Carpenter 1969: 204; s. auch ebd. S. 203, 206–213.
16 Casevitz 1981, das Zitat ist von S. 264.
17 Fernández Distel 1976: 14f.

Anmerkungen zu Kapitel 7

1 Brown 1984: 552, s. auch 555.
2 Siskind 1973: 38; Watson 1981: insbes. 250; Gregor 1981. Vgl. auch Guss 1980, Kracke 1978. Anregungen zu diesem Punkt verdanke ich einem Seminarreferat von Christian Vogt, Frankfurt am Main.
3 Allerdings scheint mir diese Übersetzung immer noch genauer zu sein als die aus der europäischen Religiosität in die Ethnologie übernommene mit »Seele«. Im folgenden versuche ich, die Guaraní-Auffassung eben nicht als »Seelenvorstellung« zu verstehen, sondern als Sprachtheorie, ausgehend von der wörtlichen Übersetzung der »Seelen«-Benennungen.
4 Die Ñandeva-Guaraní vertauschen die Namen, wobei das duale System aber gleich bleibt. Der intellektuelle Aspekt heißt hier *ayvu* (bzw. davon abgeleitet, wohl nach dem Tod, *ayvu-kue*, »was einmal Sprache war«); desgl. bei den Mbyá. Bartolomé 1977: 75f.; Cadogan 1952: 31, 1968b: 426; Melià/Grünberg 1977: 248; Nimuendajú 1914: 301–310; Samaniego 1968: 376; Schaden 1974: 111–118, vgl. auch 148. Die von Nimuendajú vorgeschlagene Übersetzung von ayvu-kue scheint mir etwas weit hergeholt zu sein.
5 Clastres 1974: 25, s. z.B. auch Schaden 1974: 109.
6 Agostinho 1974: 92; Cadogan/López 1978: 40, Kelm 1983: 265–273 und persönl. Mitteilung; Münzel 1971 b: 249.
7 S. hierzu Melià/Grünberg 1977: 186, 188, 248.
8 Basso 1981: 275, vgl. auch z.B. Brown 1984: 548; Finnegan 1977: 236–238.
9 Im folgenden stütze ich mich vor allem auf eigene Forschungsergebnisse. Teile davon sind veröffentlicht, s. insbes. Münzel (ed.) 1973: 15, 276 f., Tafel 1; Münzel 1971b: 119–130. Vgl. auch Bastos 1978.
10 Hierüber schreibt Bastos 1978: 98ff., der freilich die beiden Vokabeln als »Geräusch der Tiere« und »Geräusch der Menschen« unterscheiden möchte, wobei er m. E. die Auffassungen der Kamayura von der Sprechfähigkeit mancher Tiere übersieht.
11 Zu diesen beiden Geistern Näheres s. Münzel 1971b: 119–130.
12 Bastos 1978: 76, vgl. auch 78f.
13 Basso 1981.
14 Bastos 1978: 88f.

15 Guar.: ajepy'amongeta, manchmal auch añepy'amongeta. Kam.: ajemongeta. Vgl. Bastos 1978 und Cadogan 1968a: 72 (Stichwort je).

16 Malinowski 1922: 408f.; Read 1955: 265; Griaule 1948; Marius Schneider 1953.

17 Bastos 1978: 64.

18 Hallpike 1979: 404.

19 Münzel (ed.) 1973: 184–187.

20 S. Melià 1979.

21 Melià 1979: 59.

22 Ausnahmen von der allgemeinen Schulpflicht wurden für Indianer aufgrund von Überlegungen gemacht, die sich schon in den Gründungsdekreten des SPI (s. Arnaud 1973: 72) finden. Sie werden heute von der brasilianischen Indianerverwaltung nurmehr selten vertreten, finden sich aber ähnlich noch bei vielen Völkerkundlern.

23 Melià 1979: 60.

24 S. neben Melià 1979 z. B. die Erklärungen des Pataxó Tururin (bzw. Alberto), zit. bei Martins 1979: 266 (bzw. 308); die Gründe, warum Terêna lesen lernten, bei Oliveira 1976: 101.

25 Wie Frake 1983: 368 die von ihm nicht geteilte Ansicht zusammenfaßt.

26 Eindringlich erläutert dies z. B. am Fall der Yukuna: Jacopin 1977. Vgl. auch etwa Lukesch 1968: 58.

Nachweis der Abbildungen

Abb. 1 Francisco de Xeres: *Libro Primero de la Conquista del Peru*, Venedig 1535.

Abb. 2 Exemplar aus dem Völkerkunde-Museum der Stadt Frankfurt.

Abb. 3 Aus: *Peru durch die Jahrtausende* (Katalog des Niederösterreichischen Landesmuseums, Neue Folge Nr. 133), Wien 1983: 84.

Abb. 4 Ebd., S. 98.

Abb. 5 Nach Larco Hoyle: *Los mochicas,* Bd. II, Lima 1939.

Abb. 6 Aus: *Schiffart in Brasilien in America... durch Johannem Lerium Burgundum; selbsten verrichtet und beschrieben/ beydt in Frantzösisch und Latein/jetzt auffs new verteutscht...*, Frankfurt 1593: 248f.

Abb. 7 Auszug aus Lehmann 1949: 106–108.

Abb. 8 Ausschnitt aus dem *Codex Florentinus*, Buch XVII, Biblioteca Medicea Laurenziana, Florenz.

Abb. 9 Aus: *Condorcito* Nr. 37, Santiago de Chile 1971.

Abb. 10 Aus: Ch.E.Dibble: *Códice Xolotl*, Mexiko 1951: Tafel 8. Die vorliegende Szene ist von Ingeborg A. Keim nachgezeichnet und »restauriert« worden.

Abb. 11 Aus: Guamán Poma de Ayala: *El Primer Nueva Corónica y Buen Gobierno*. Faksimile-Ausgabe, Paris 1936: 360.

Abb. 12 Zeichnung von Ingeborg A. Keim.

Abb. 13 Aus: Diego Valadés: *Rhetorica Christiana*, Perugia 1579.

Abb. 14 Aus Diego de Landa: *Relación de las Cosas de Yucatán* (Colección de Documentos Inéditos Relativos al Descubrimiento, Conquista y Organización de las antiguas poblaciones españolas de Ultramar, Bd. 13, S. 265–411. Academia de la Historia. Madrid 1900).

Abb. 15a Aus Seler 1902, Bd. 1: 288 f. (Bruchstücke XVI der Bilderhandschriften der Alexander v. Humboldt'schen Sammlung).

Abb. 15b Ebd.

Abb. 16 Aus: Egerton Ms. 2898, British Museum, London.
Abb. 17 Aus: *Peru durch die Jahrtausende* (Ausstellungskatalog, s.o.), S. 150.
Abb. 18 Aus: N.Holmer & S.H. Wassen: *Dos Cantos Shamanísticos de los indios cunas*, Göteborg 1963: 48.
Abb. 19 Abbildung aus dem Codex Mexicanus, hier wiedergegeben nach einer Zeichnung bei Galarza 1966.
Abb. 20 Ebd.
Abb. 21 *Schedel'sche Weltchronik*, Nürnberg 1493: Blatt CXXXVI.
Abb. 22 Aus: *Codex Kingsborough*, folio 209 r. British Museum, London.
Abb. 23 Freie Nachzeichnung
Abb. 24 Aus: *Codex Florentinus*, Buch IV, Biblioteca Medicea Laurenziana, Florenz.
Abb. 25 Aus Seler 1902, Bd. II: 766, Abb. 47.
Abb. 26 Aus: *Codex Mendoza.* Bodleian Library, Oxford.
Abb. 27 Aus: *Codex Tudela,* folio 20 r. Museo de América, Madrid.
Abb. 28 Aus: *Codex Cozcatzín*, S. 2. Bibliothèque Nationale, Paris.
Abb. 29 Aus: Francisco Paso y Troncoso (ed.): *Sahagún, Historia de las Cosas de la Nueva España*, Madrid 1905: 8.
Abb. 30 *Codex Florentinus*, Buch IV, Biblioteca Medicea Laurenziana, Florenz.
Abb. 31 Aus: Guamán Poma de Ayala: *El Primer Nueva Corónica y Buen Gobierno*, Faksimile-Ausgabe Paris 1936: 374.
Abb. 32 Koch-Grünberg 1909–10, Bd. I: 247.
Abb. 33 Stolpe 1974: 20.
Abb. 34 Von Herrn Maruare, einem Kamayura aus Ipavu, 1968 mit Kugelstift in mein Notizheft gezeichnet.
Abb. 35 Steinen 1894: Abb. 42/43, Tafel XXII.
Abb. 36 Masken aus dem Kamayura-Dorf Ipavu, jetzt im Museum für Völkerkunde Frankfurt a.M.
Abb. 37a Aus dem Kamayura-Dorf Ipavu, jetzt im Museum für Völkerkunde Frankfurt a.M. (Foto: Petri).
Abb. 37b Hissink/Hahn 1984: Abb. 50 g.
Abb. 37c Koch-Grünberg 1905: Tafel 38 d.
Abb. 37d Ribeiro 1979: Abb. 16 b.
Abb. 38a Zerries/Schuster 1974: Tafel I, Abb. 3.
Abb. 38b Becher 1974: 188, 201.
Abb. 39a Kalebassenmaske, hergestellt von Herrn Tarakuái 1967.
Abb. 39b Flaschenkürbisfigur, hergestellt von Herrn Maruare 1968. (a) und (b) aus dem Kamayura-Dorf Ipavu, jetzt im Museum für Völkerkunde Frankfurt a.M. Zeichnungen aus Zerries 1981: Abb. 12 u. 13.

Wir danken den erwähnten Museen für die großzügige Überlassung des Bildmaterials.

Literatur

d'Abbeville, Claude 1963, *Histoire de la Mission des Pères Capucins en l'Isle de Maragnan et Terres Circonvoisins.* (Frühe Reisen und Seefahrten in Originalberichten, 4) Graz.

Acosta, José de 1977 (1590), *Historia natural y moral de las Indias.* Valencia.

Adorno, Rolena 1978, Las otras fuentes de Guamán Poma: Sus lecturas castellanas. *Histórica* (Lima) II, 2: 137–147.

–, 1985, Visual mediation in the transition from oral to written expression. *New Scholar*, vol. 10, no. 1 (Voices of the first America).

–, 1986, *Guamán Poma: Writing and Resistance in colonial Peru. A critical Study of Guamán Poma's Work in its relationship to European Letters and Political Polemics.* Austin.

–, (ed.) 1982, *From Oral to Written Expression: Native Andean Chronicles of the Early Colonial period,* Syracuse, New York.

Agostinho, Pedro 1974, *Kwarìp. Mito e Ritual no Alto Xingu.* São Paulo.

Albert, Karl (ed.) 1983, *Hesiod: Theogonie.* (Texte zur Philosophie, 1) Sankt Augustin.

Alva Ixtlilxochitl, Fernando de 1975, *Obras Históricas Bd. 1*, Mexiko.

–, 1985 (1610/1640), *Historia de la nación chichimeca* (Crónicas de América 11) G. Vázquez (ed.).

Alvarado Tezozómoc, Fernando 1975 (1949), *Crónica Mexicáyotl*, Mexiko.

Anchieta, Joseph de 1933, Informação da Província do Brasil. In: Ders.: *Cartas, informações, fragmentos históricos e sermões, 1554–1594:* 409–436. Rio de Janeiro.

Argüedas, José María 1977, *Formación de una cultura indoamericana.* Mexiko.

Arias-Larreta, Abraham 1968, *Literaturas Aborígenes de América.* Buenos Aires.

Arnaud, Expedito 1973, O Serviço de Protecão aos Índios. Normas e implicações. In: Simões (ed.) 1973: 71–88.

Ascher, Marcia/Ascher, Robert 1981, *Code of the Quipu*. Ann Arbor.
Assmann, Aleida/Assmann, Jan/Hardmeier, Christof (eds.) 1983, *Schrift und Gedächtnis. Beiträge zur Archäologie der literarischen Kommunikation*. München.
Aubin, Joseph Maria A. 1860. Mémoire sur la peinture didactique et l'écriture figurative des anciens mexicains. *Revue Orientale et Américaine* (Paris) 3: 224–255.
Bachmann, Christian/Lindenfeld, Jacqueline/Simonin, Jacky 1981, *Langage et Communications Sociales*. Paris.
Baer, Gerhard 1984, *Die Religion der Matsigenka, Ost-Peru. Monographie zu Kultur und Religion eines Indianervolkes des Oberen Amazonas*. Basel.
Bäuml, Franz H. 1979, Der Übergang mündlicher zur Artes-bestimmten Literatur des Mittelalters. Gedanken und Bedenken. In: Voorwinden & De Haan (eds.) 1979: 238–250.
Bahrdt, Hans-Paul 1975, Erzählte Lebensgeschichte von Arbeitern. In: Osterland (ed.) 1975: 9–37.
Baldran, Jacqueline/Bareiro-Saguier, Rubén 1982, Le »grand parler« d'une mémoire blessée. *Le Monde Diplomatique,* mars 1982: 20.
Baldran, Jacqueline/Bareiro-Saguier, Rubén (eds.) 1980, *La tête dedans. Mythes, récits, poèmes des Indiens d'Amérique latine*. (Coll. Action poétique) Paris.
Bargatzky, Thomas 1981, Aguilar und Guerrero: zwei versprengte Spanier in Yukatan im Zeitalter der Konquista. *Zeitschrift für Ethnologie* 106: 161–175.
Barlow, Robert/Mac Afee, Byron 1949, *Diccionario de Elementos Fonéticos en Escritura Jeroglífica (Códice Mendocino)*. Mexiko.
Barnes, John A. 1947, The Collection of Genealogies. *Rhodes-Livingstone Journal. Human Problems in Central Africa* 5.
Barrera y Vasquez, Alfredo 1980, El teatro y la danza entre los antiguos Mayas de Yucatán. *Literatura Maya* (Caracas): 342–353.
Barthel, Thomas S. 1966, Maya-Hieroglyphen, eine Schrift im alten Amerika. In: *Kunst der Maya. Aus Staats- und Privatbesitz der Republik Guatemala,* hrsg. v. Rautenstrauch-Joest-Museum, Köln: 29–42.
–, 1968, Writing Systems. In: Th.A. Sebeok (ed.): *Current Trends in Linguistics* IV: 275–301. Den Haag.
–, 1970, Erste Schritte zur Entzifferung der Inkaschrift. *Tribus. Veröffentlichungen des Lindenmuseums* (Stuttgart) 19: 91–96.
–, 1971, Viracochas Prunkgewand. *Tribus. Veröffentlichungen des Lindenmuseums* (Stuttgart) 20: 63–124.
–, 1980, Mourning and Consolation – Themes of the Palenque Sarcophagus. In: Robertson (ed.) 1980: 81–90.
Bartolomé, Miguel Alberto 1977, *Orekuera Royhendu (Lo que escuchamos en sueños): Shamanismo y religión entre los Avá-Katú-Eté*

del Paraguay. (Instituto Indigenista Interamericano, Serie Antropología Social, 17) México.
Basso, Ellen 1981, A »Musical View of the Universe« – Kalapalo Myth and Ritual as Religious Performance. *Journal of American Folklore,* 94, 373: 273–291.
Bastos, Rafael José de Menezes 1978, *A musicológica Kamayurá: Para uma antropologia da comunicação no Alto-Xingu.* Brasília.
Baudot, Georges 1976, *Les lettres précolombiennes,* Toulouse.
–, 1980, Los huehuetlatolli en la cristianización de México. *Separatum de la Revista Anales de Literatura Hispanoamericana* (Madrid) VIII: 23–38
Bauman, Richard / Sherzer, Joel (eds.) 1974, *Explorations in the Ethnography of Speaking.* London.
Becher, Hans 1974, *Poré/Perimbó. Einwirkungen der lunaren Mythologie auf den Lebensstil von drei Yanomámi-Stämmen – Surára, Pakidái und Ironasitéri.* (Völkerkunde-Abteilung des Niedersächsischen Landesmuseums Hannover, Völkerkundliche Abhandlungen, 6) Hannover.
Bento, Antônio 1980, *Abstração na arte dos índios brasileiros.* Rio de Janeiro.
Berlo, Janet Catherine (ed.) 1983, *Text and Image in Pre-Columbian Art. Essays on the interrelationship of the verbal and visual arts.* (BAR International Series, 180) Oxford.
Bernal, Ignacio 1969, Individual Artistic Creativity in Pre-Columbian Mexico. In: Biebuyck (ed.) 1969: 71–83.
Biebuyck, Daniel P. (ed.) 1969, *Tradition and Creativity in Tribal Art.* Berkeley/Los Angeles.
Boas, Franz 1940, *Race, Language and Culture.* New York.
Boglár, Lajos 1979, Creative Process in Ritual Art: Piaroa Indians, Venezuela. In: Browman / Schwarz (eds.) 1979: 233–239.
Bohannan, Laura 1952, A Genealogical Charter. *Africa. The Journal of the International African Institute* 22: 301–315.
Bohannan, Paul 1967, Concepts of Time Among the Tiv of Nigeria. In: Middleton (ed.) 1967: 315–329.
Boturini Benaduci, Lorenzo 1746, *Idea de una nueva historia general de la América Septentrional.* Madrid.
Bourdieu, Pierre/Mammeri, Mouloud 1978, Dialogue sur la poésie orale en Kabylie. *Actes de la Recherche* 23: 51–66.
Bravo Ahuja, Gloria 1977, *La enseñanza del español a los indígenas mexicanos.* Mexiko.
Brekle, Herbert E. 1972, *Semantik.* München.
Brice Heath, Shirley 1972, *Telling Tongues. Language and Policy in Mexico. Colony to Nation.* New York/London.
Bright, William 1984, *American Indian Linguistics and Literature.* Berlin/New York/Amsterdam.

Browman, David L./Schwarz, Ronald A. (eds.) 1979, *Spirits, Shamans, and Stars – Perspectives from South America.* (World Anthropology) The Hague/Paris/New York.
Brown, Michael F. 1984, The role of words in Aguaruna hunting magic. *American Ethnologist* 11, 3: 545–558.
Bry, Dietrich von 1594, *Der newen Welt Neuwe und gründtliche Historia...* Frankfurt.
Burns Glynn, William 1981, *La escritura de los Incas*. Lima.
Cadogan, León 1952, El concepto Guaraní de »Alma«; su interpretación semántica. *Folia Linguística Americana* (Buenos Aires) 1, 1: 31–34.
–, 1962 a, Aporte a la etnografía de los Guaraní del Amambái, Alto Ypané. *Revista de Antropologia* (São Paulo) 10, 1/2: 43–91.
–, 1962 b, Baiõ Kará Wachú y otros mitos guayakíes. *América Indígena* (México), 22, 1: 39–82.
–, 1965, Algunos Textos Guayakí del Yñaró, II. Parte. *Journal de la Société des Américanistes de Paris* 54, 1: 93–115.
–, 1968 a, *Diccionario Guayakí-Español.* Paris.
–, 1968 b, Ñane Ramói Jusú Papá Ñengareté. Canto ritual de Nuestro Abuelo Grande Primigenio (el creador). *Suplemento Antropológico de la Revista del Ateneo Paraguayo* 3, 1/2: 425–450.
Cadogan, León/López Austin, Alfredo 1978, *La literatura de los Guaraníes.* (Série El Legado de la América Indígena) México.
Calame-Griaule, Geneviève 1970, Pour une étude ethnolinguistique des littératures orales africaines. In: Pottier (ed.) 1970: 22–47.
–, 1977 a, Pour une étude des gestes narratifs. In: Calame-Griaule (ed.) 1977: 309–359.
–, 1977 b, Pourquoi l'ethnolinguistique? In: Calame-Griaule (ed.) 1977: 11–28.
Calame-Griaule, Geneviève (ed.) 1977, *Langage et cultures africaines – Essais d'ethnolinguistique.* (Bibliothèque d'anthropologie) Paris.
Calvet, Luis Jean 1984, *La tradition orale.* Paris.
Cardim, Pdre. Fernão 1939, *Tratados da terra e gente do Brasil.* Eds. Baptista Caetano/Capistrano de Abreu/Rodolpho Garcia. (Bibliotheca Pedagógica Brasileira, série 5ª, Brasiliana, 168) São Paulo.
Carpenter, Edmund 1966, If Wittgenstein Had Been an Eskimo. *Varsity Graduate* (Toronto) 12, 3: 50–66.
–, 1969, Comments. In: Biebuyck (ed.) 1969: 203–213.
Cascudo, Luís da Câmara 1952, *Literatura Oral no Brasil.* (História da Literatura Brasileira, 6) Rio de Janeiro.
–, 1979, *Dicionário do Folclore Brasileiro.* São Paulo.
Casevitz, France-Marie 1981. Inscriptions – Un aspect du symbolisme Matsiguenga. *Journal de la Société des Américanistes* 67: 261–295.
Caspar, Franz 1975, *Die Tuparí – Ein Indianerstamm in Westbrasilien.* (Monographien zur Völkerkunde, hrsg. v. Hamburgischen Museum für Völkerkunde, 7) Berlin/New York.

Chumáp Lucía, Aurelio/García-Rendueles SJ, Manuel 1979, *»Duik múun...«. Universo Mítico de los Aguaruna.* 2 Bde. (Centro Amazónico de Antropología y Aplicación Práctica, Serie Antropológica, 2) Lima.

Cieza de Leon, Pedro 1985 (1553), *El señorío de los Incas.* Madrid.

Clastres, Pierre 1966, L'Arc et le Panier. *L'Homme* (Paris) 6, 2: 13–31.

–, 1974, *Le grand parler – Mythes et chants sacrés des Indiens Guarani.* (Coll. Recherches anthropologiques) Paris.

Clavijero, Francisco Javier 1976 (1780), *Historia Antigua de México.* Mexiko.

Colón, Cristóbal 1980, *Los cuatro viajes del Almirante y su testamento.*

Cortés, Fernando 1947, Cartas de Relación. *Historiadores Primitivos de Indias,* Bd. I. Madrid.

Coulmas, Florian 1981, *Über Schrift.* Frankfurt.

V.-David, Madeleine 1965, *Le Débat sur les Ecritures et l'Hiéroglyphe aux XVII*[eme] *et XVIII*[eme] *siècles.* Paris.

Davila Garibi, J. Ignacio 1935, La escritura del idioma náhuatl a través de los siglos. *Investigaciones lingüísticas* 3, 1/2, 3–57.

Descamps, Christian 1981, Jack Goody: manières de table et façons de dire. *Le Monde Diplomatique,* août 1981: IX.

Detienne, Marcel 1981, *L'invention de la mythologie.* (Bibliothèque des sciences humaines) Paris.

Diaz Rubio, Elena / Bustamante Garcia, Jesús 1984, La alfabetización de la lengua náhuatl. *Historiographia Lingüística* XI, 1/2: 189–211.

Dibble, Charles E./Anderson, Arthur J.O. 1950–1955, *Florentine Codex. Náhuatl text with translations.* Santa Fé.

Dibble, Charles E. 1940, El antiguo sistema de escritura en Mexico. *Revista mexicana de estudios de antropología* 4: 105–128.

–, 1971, Writing in Central Mexico. In: R. Wauchope (ed.): *Handbook of Middle American Indians*, vol. 10, Austin 322–331.

Dolgin, Janet L./Kemnitzer, David S./Schneider, David M. (eds.) 1977, *Symbolic Anthropology, A Reader in the Study of Symbols and Meanings.* New York.

Domínguez, Ramiro – La tradición oral en Paraguay – forma y contexto. *Suplemento Antropológico* (Asunción del Paraguay), 8, 1/2: 101–107.

Dumézil, Georges 1983, *Du mythe au roman. La Saga de Hadingus (Saxo Grammaticus, I, v–viii) et autres Essais.* (Coll. Hier) Paris.

Durán, Diego 1967, *Historia de las Indias de Nueva España e Islas de Tierra Firme,* 2 Bde. Mexiko.

Durbin, Marshall E. 1969: An interpretation of Bishop Diego de Landa's Maya Alphabet. *Philological and Documentary Studies*, vol. I, No. 4: 171–179.

Edmonson, Munro S. 1971, *The Book of the Counsel: The Popol Vuh of the Quiché Maya of Guatemala.* New Orleans.

Ehlich, Konrad 1983, Text und sprachliches Handeln. In: Assmann/Hardmeier (eds.) 1983: 24–43.
Enzensberger, Hans Magnus (Übers.) 1966, Aztekische Glossen aus dem Codex Florentinus. *Kursbuch* 5: 1–9.
Erdheim, Mario 1984, Die Erschaffung der Untertanen. Zur politischen Philosophie der Alten Maya. *Journal für Geschichte Mai 1984: 13–17.*
Esteve Barba, Francisco (ed.) 1968, Crónicas Peruanas de Interés Indígena. Madrid.
Fernandes, Florestan 1963, *Organização social dos Tupinambá.* (Côrpo e Alma do Brasil, 11) São Paulo.
Fernández Distel, Alicia Ana 1976, La decoración pintada aplicada a elementos de tela de corteza, entre los indígenas Mashco de la Amazonia Peruana. *Archiv für Völkerkunde* (Wien) 30: 5–30.
Fevrier, James G. 1959, *Histoire de l'écriture.* Paris.
Findeisen, Hans 1957, *Schamanentum, dargestellt am Beispiel der Besessenheitspriester nordeurasiatischer Völker.* (Urban Bücher, 28) Stuttgart.
Finnegan, Ruth 1970, *Oral Literature in Africa.* Oxford.
–, 1973, Literacy vs. Non-Literacy: The Great Divide? Some Comments on the Significance of ›Literature‹ in Non-Literate Cultures. In: Horton/Finnegan (eds.) 1973: 112–144.
–, 1977, *Oral Poetry. Its Nature, Significance, and Social Context.* Cambridge.
Foley, John Miles (ed.) 1981, *Oral Traditional Literature. A Festschrift for Albert Bates Lord.* Columbus, Ohio.
Frake, Charles O. 1983, Did literacy cause the great cognitive divide? *American Ethnologist* 10, 2: 368–371.
Fulop, Marcos 1954, Aspectos de la cultura tukana: Cosmogonía. *Revista Colombiana de Antropología* 3: 97–137.
Galarza, Joaquín/Monod-Becquelin, Aurore 1980, *Doctrina Christiana – Le Pater Noster.* Paris.
Galarza, Joaquín 1966, Glyphes et attributs chrétiens dans les manuscrits pictographiques mexicains du XVIeme siècle, le Codex Mexicanus. *Journal de la Société des Américanistes* LV, 1: 7–32.
Gamboa, Pedro de 1906, *Geschichte des Inkareiches.* (R. Pietschmann, ed.). Berlin.
Garibay, Angel María 1971, *Historia de la literatura náhuatl,* 2 Bde. Mexiko.
Garcia Icazbalceta, Joaquín 1947, *Fray Juan de Zumárraga.* Mexiko.
Garcilaso de la Vega, El Inca 1971, *Comentarios Reales.* 3 Bde. Lima.
Garscha, K./Klein, Horst 1979, *Einführung in die Lateinamerikastudien. Am Beispiel Peru.* Tübingen.
Georges, Robert A. (ed.) 1968, *Studies on Mythology.* (The Dorsey Series in Anthropology and Mythology) Homewood/Illinois und Nobleton/Ontario.

Gibson, Charles 1975, A Survey of Middle American Prose Manuscripts in the Native Historical Tradition. In: R. Wauchope (ed.): *Handbook of Middle American Indians,* vol. 15, Austin: 311–321.
Giesecke, Michael 1979, Schriftsprache als Entwicklungsfaktor in Sprach- und Begriffsgeschichte. In: R. Koselleck (ed.): *Historische Semantik und Begriffsgeschichte,* Stuttgart: 262–302.
Gigon, Olof 1968, *Der Ursprung der griechischen Philosophie. Von Hesiod bis Parmenides.* Basel.
Gill, Sam D. 1982, *Beyond »The Primitive«. The religions of nonliterate peoples.* (Prentice-Hall Series in World Religions) Englewood Cliffs/ New Jersey.
Ginsburg, Theo/Ostheider, Monika (eds.) 1984, *Lateinamerika vor der Entscheidung. Ein Kontinent sucht seinen Weg.* (Fischer Taschenbuch, 4260) Frankfurt am Main.
Glass, John B. 1975, A Census of Middle American Testerian Manuscripts. In: R. Wauchope (Ed.): *Handbook of Middle American Indians,* vol. 14, Austin: 281–296.
Godoy, Lucio 1982, Textos Aché. Ciclo Mberendy. *Suplemento Antropológico* (Asunción del Paraguay) 17, 1: 9–59.
Goody, Jack 1977a, *The Domestication of the Savage Mind.* Cambridge.
–, 1977b, Mémoire et apprentissage dans les sociétés avec et sans écriture: la transmission du Bagré. *L'Homme* (Paris) 1977, 1: 29–52.
Goody, Jack (ed.) 1981, *Literalität in traditionalen Gesellschaften.* Frankfurt am Main.
Goody, Jack/Watt, Ian 1981, Konsequenzen der Literalität. In: Goody (ed.) 1981: 45–104.
Gossen, Gary H. 1978, The Popol Vuh revisted: A comparison with modern Chamula narrative tradition. *Estudios de Cultura Maya,* 11: 267–283.
Gossen, Gary H. 1979, *Los Chamulas en el mundo del sol. Tiempo y espacio en una tradición oral maya.* (Instituto Nacional Indigenista, Colección, 58) México.
Gregor, Thomas 1977, *Mehinaku. The Drama of Daily Life in a Brazilian Indian Village.* Chicago/London.
–, 1981, »Far, far away my shadow wandered...«: The Dream Symbolism and Dream Theories of the Mehinaku Indians of Brazil. *American Ethnologist* 8, 4: 709–720.
Grenand, Françoise 1982, *Et l'homme devint jaguar – l'univers imaginaire et quotidien des Indiens Wayãpi de Guyane.* (Coll. Amérindienne) Paris.
Griaule, Marcel 1948, *Dieu d'eau.* Paris.
Grimm, Wilhelm 1881–87, *Kleinere Schriften.* 4 Bd., ed. G. Hinrichs.
Guss, David M. 1980, Steering for Dream: Dream Concepts of the Makiritare. *Journal of Latin American Lore* 6, 2: 297–312.
Hajdu, Helga 1936, *Das mnemotechnische Schrifttum des Mittelalters.* Wien.

Hallpike, Christopher Robert 1979, *The Foundations of Primitive Thought.* Oxford.

Harner, Michael J. (ed.) 1973, *Hallucinogens and Shamanism.* New York.

Hartmann, Roswith 1984, Christlich-religiöse Bilderschriften aus dem Andenraum. *Tribus. Veröffentlichungen des Lindenmuseums* (Stuttgart) 33: 105–124.

Havelock, E.A. 1982, *The literate revolution in Greece and its cultural consequences.* Oxford.

Henige, David P. 1974, *The Chronology of Oral Tradition.* Oxford.

–, 1980, The Disease of Writing: Ganda and Nyoro Kinglists in a Newly Literate World. In: Joseph C. Miller (ed.) 1980: 240–261.

Himmelheber, Hans/Fischer, Eberhard 1967, Einführung in das Verständnis afrikanischer Skulpturen. In: *Plastik der Afrikaner*, hrsg. v. Museum für Völkerkunde, Frankfurt am Main: 5–22.

Hissink, Karin/Hahn, Albert 1984, *Die Tacana, 2: Daten zur Kulturgeschichte.* (Ergebnisse der Frobenius-Expedition, 19) Wiesbaden.

Höltker, Georg 1930, Dvandvaähnliche Wortkuppelung im Aztekischen. *Wiener Beiträge zur Kulturgeschichte und Linguistik,* Jahrg. I, 349–356.

Holmer, Nils/Miranda Rivera, Porfirio/Ryden, Stig 1951, A modelled picture writing from the Kechua Indians. *Ethnos,* XVI, 3–4: 171–184.

Horton, Robin/Finnegan, Ruth (eds.) 1973, *Modes of Thought: Essays on Thinking in Western and Non-Western Societies.* London.

Howe, James 1979, The Effects of Writing on the Cuna Political System. *Ethnology* 18, 1: 1–16.

Husson, Jean Philippe 1984, L'Art poétique quechua dans la chronique de Felipe Waman Puma de Ayala. *Amerindia* (Revue d'Ethnolinguistique Amérindienne) 9: 9–110.

Hymes, Dell 1977, Discovering Oral Performance and Measured Verse in American Indian Narrative *New Literary History* 8: 431–457.

–, 1981, *»In Vain I Tried to Tell You«. Essays in Native American Ethnopoetics.* Philadelphia.

–, 1983, *Essays in the History of Linguistic Anthropology* (Amsterdam Studies in the Theory and History of Linguistic Science III). Amsterdam/Philadelphia.

Indianer in Lateinamerika. Neues Bewußtsein und Strategien der Befreiung. Dokumente der zweiten Tagung von Barbados. Wuppertal 1982.

Ibarra Grasso, Dick Edgar 1953, *La escritura indígena andina.* La Paz.

Jacopin, Pierre Yves 1977, La parole et la différence ou de l'entrée des blancs dans la mythologie des indiens Yukuna. *Bulletin de la Société suisse des Américanistes* (Genève) 41: 5–19.

Jara, Victoria de la 1970, Los Nuevos Fundamentos para el Estudio

Integral de la Escritura Peruana. In: *Verhandlungen des XXXIX. Internationalen Amerikanistenkongresses.* Lima.
Jason, Heda 1969, A Multidimensional Approach to Oral Literature. *Current Anthropology* 10, 4: 413–426.
Jaynes, Julian 1977, *The Origins of Consciousness in the Breakdown of the Bicameral Mind.* Boston.
Jiménez Turón, Simeón 1982, Die Geschichte der europäischen Herrschaft in Amcrika, geschrieben von einem Beherrschten. In: *Indianer in Lateinamerika* 1982: 107–110.
Jousse, Marcel 1974, *L'anthropologie du geste.* Paris.
–, 1975, *La manducation de la parole.* Paris.
–, 1978, *Le parlant, la parole et le souffle.* Paris.
Karttunen, Frances/Lockhart, James 1976, *Náhuatl in the Middle Years. Language Contact Phenomena in Texts of the Colonial Period.* Berkeley, Los Angeles, London.
–, 1980, La estructura de la poesía náhuatl vista por sus variantes. *Estudios de Cultura Náhuatl* (Mexiko) 14: 15–64.
Karsten, Rafael 1935, *The Head-Hunters of Western Amazonas.* (Societas Scientiarum Fennica, Commentationes Humanarum Litterarum, 8, 1) Helsingfors.
Kelm, Antje/Kelm, Heinz 1975, Zur Interpretation des Erzählguts. In: Dies., *Ein Pfeilschuß für die Braut – Mythen und Erzählungen aus Kwieftim und Abrau, Nordostneuguinea.* (Studien zur Kulturkunde, 37) Wiesbaden: 17–66.
Kelm, Heinz 1968, O canto matinal dos Sirionó. *Revista de Antropologia* (São Paulo) 15/16: 111–132.
–, 1983, *Die Mbía in Ostbolivien.* (Museum für Völkerkunde, Roter Faden zur Ausstellung, 7) Frankfurt am Main.
Kirk, G.S. 1974, *Griechische Mythen. Ihre Bedeutung und Funktion.* Berlin.
Klaffke, Claudia 1983, Mit jedem Greis stirbt eine Bibliothek. Alte und neue afrikanische Literatur. In: Assmann/Hardmeier (eds.) 1983: 222–230.
Kobayashi, José María 1974, *La educación como conquista (empresa franciscana en México)*. Mexiko.
Koch-Grünberg, Theodor 1905, *Anfänge der Kunst im Urwald – Indianer Handzeichnungen.* Berlin.
–, 1909–10, *Zwei Jahre unter den Indianern. Reisen in Nordwest-Brasilien 1903/1905.* 2 Bde. Berlin.
Kohl, Karl-Heinz (ed.) 1982, *Mythen der Neuen Welt. Zur Entdeckungsgeschichte Lateinamerikas.* Berlin.
Koster, Serge 1983, Jean Paulhan: L'ami des Malgaches. *Le Monde*, 21 janvier 1983.
Kracke, Waud H. 1978, Dreaming in Kagwahiv: Dream Beliefs and Their Psychic Uses in an Amazonian Indian Culture. In: Muensterberger et al. (eds.) 1978: 119–171.

Kramer, Fritz W. 1967, Die Schriftsysteme der Cuna. Literatur und Schrift eines Naturvolkes. *Studium Generale* 20: 574–584.
–, 1970, *Literature Among the Cuna.* (Etnologiska Studier, 30) Göteborg.
Lanczkowski, Günther 1970, *Aztekische Sprache und Überlieferung.* Heidelberg/Berlin/New York.
Landa, Diego de 1985, *Relación de las Cosas de Yucatán.* Madrid.
Larco Hoyle, Rafael 1943, La escritura peruana sobre pallares. *Revista Geográfica Americana* (Buenos Aires) 11, 20, 122: 277–292; 123: 345–354.
Laughlin, Robert N. 1977, *Of Cabbages and Kings. Tales from Zinacantan.* (Smithsonian Contributions to Anthropology, 23) Washington.
Leach, Edmund 1968, Myth as a Justification for Faction and Social Change. In: Georges (ed.) 1968: 184–198.
Lehmann, Walter (Übers.) 1949, *Sterbende Götter und christliche Heilsbotschaft. Wechselreden indianischer Vornehmer und spanischer Glaubensapostel in Mexiko 1527.* (Aus d. Nachlaß herausgeg. v. G.Kutscher) Stuttgart.
León-Portilla, Miguel 1961, *Los antiguos mexicanos a través de sus crónicas y cantares.* Mexiko.
–, 1977, Vorwort zu Alonso de Molina: *Vocabulario en lengua castellana y mexicana ...* (1555). Mexiko.
–, 1980, *Toltecáyotl. Aspectos de la cultura náhuatl.* Mexiko.
–, 1983, Cuicatl und Tlahtolli. Las formas de expresión en náhuatl. *Estudios de Cultura Náhuatl*, no. 16: 13–108.
Leroi-Gourhan, André 1978, L'expression du temps et de l'animation des figures au Paléolithique. In: *Systèmes de signes. Hommage à Germaine Diéterlen.* Paris.
–, 1984, *Hand und Wort. Die Evolution von Technik, Sprache und Kunst.* Frankfurt am Main.
Léry, Jean de 1957, *Journal de bord de Jean de Léry En la terre de Brésil 1557.* Ed. M.-R. Mayeux. (Histoire au Présent) Paris.
Léry, Jean de 1975 (1594), *Histoire d'un voyage fait en la terre du Brésil.* Genf.
Lettner, Carlos J. 1973, Las escrituras americanas: descripción. relaciones y problemas etnosemiológicos de fundamentación. *Anuario Indigenista* XXXIII, Dez.: 87–154.
Lévi-Strauss, Claude 1967, *Strukturale Anthropologie.* Frankfurt am Main.
–, 1973, La geste d'Asdiwal. In: Ders., *Anthropologie structurale deux,* Paris: 175–223.
–, 1976, *Mythologica.* 4 Bde. Frankfurt am Main.
–, 1980, *Mythos und Bedeutung. Fünf Radiovorträge, Gespräche mit Claude Lévi-Strauss.* Ed. Adelbert Reif. Frankfurt am Main.
–, 1982, *Traurige Tropen.* (Suhrkamp Taschenbuch Wissenschaft, 240) Frankfurt am Main.

Lienhard, Martin 1983, La crónica mestiza en México y el Peru hasta 1620: Apuntes para su estudio histórico-literario. *Revista de crítica literaria latinoamericana* (Lima), IX, 17: 105–115.
–, 1985, La subversión del texto escrito en el area andina: Guamán Poma de Ayala y J.M. Argüedas. *Gacela* (Aarhus) 1: 51–77.
Locke, L.Leland 1912, The ancient quipu. A peruvian knot record. *American Anthropologist* 14, 2: 325–332.
–, 1923, The ancient quipu or peruvian knot record. (American Museum of Natural History, ed.) New York.
Lommel, Andreas 1970, *Masken. Gesichter der Menschheit.* Zürich/Freiburg.
–, 1980, *Schamanen und Medizinmänner. Magie und Mystik früher Kulturen.* München.
López-Baralt, Mercedes 1982, La crónica de Indias como texto cultural: articulación de los códigos icónico y lingüístico en los dibujos de la Nueva Corónica de Guamán Poma de Ayala. *Revista Iberoamericana* 120/121: 461–533.
Lord, Albert Bates 1960, *The Singer of Tales.* Cambridge, Mass.
–, 1970, Tradition and the Oral Poet: Homer, Huso and Avdo Medjedović. In: *Atti del Covegno Internazionale sul Tema: La Poesia Epica e la sua Formazione,* Roma: 13–28.
–, 1981, Memory, Fixity, and Genre in Oral Traditional Poetries. In: Foley (ed.) 1981: 451–460.
Lukesch, Anton 1968, *Mythos und Leben der Kayapo.* (Acta Ethnologica et Linguistica, 12; Series Americana, 2) Wien.
Luxton, Richard N. 1979, The Inca Quipus and Guamán Poma de Ayala's ›First New Chronicle and Good Government‹. *Iberoamerikanisches Archiv* N.F. 5, 4: 315–341.
Malinowski, Bronislaw 1922, *Argonauts of the Western Pacific. An Account of Native Enterprise and Adventure in the Archipelagoes of Melanesian New Guinea.* London.
Martí, Samuel/Prokosch Kurath, Gertrude 1964, *Dances of Anáhuac.* Chicago.
Martins, Edilson 1979, *Nossos índios nossos mortos – Os olhos da emancipação.* (Edições do Pasquim, 28) Rio de Janeiro.
Mashinkiash, Rafael 1976, *La educación entre los Shuar.* (Mundo Shuar, serie B, 1) Sucúa/Ecuador.
Mauss, Marcel 1947, *Manuel d'ethnographie.* Paris.
McLuhan, Marshall 1968, *Die Gutenberg-Galaxis. Das Ende des Buchzeitalters.* Düsseldorf/Wien.
Melià, Bartomeu SJ 1969, La création d'un langage chrétien dans les réductions des Guarani au Paraguay. (Thèse pour le doctorat en Sciences Religieuses, Université de Strasbourg, Faculté de Théologie) 2 Bde.
–, 1979, *Educação indígena e alfabetização.* (Missão aberta) São Paulo.

Melià, Bartomeu SJ/Grünberg, Georg/Grünberg, Friedl 1977, Etnografía guaraní del Paraguay contemporáneo. Los Paĩ-Tavyterã. *Suplemento Antropológico* (Asunción del Paraguay) 11, 1/2: 151–295.
Melià, Bartomeu SJ/Münzel, Christine 1971, Ratones y jaguares. Reconstrucción de un genocidio a la manera del de los Axé-Guayakí. *Suplemento Antropológico* (Asunción del Paraguay) 6, 1/2: 107–147.
Memmi, Albert 1980, *Der Kolonisator und der Kolonisierte*. Frankfurt.
Mendieta, Jerónimo de 1870, *Historia Ecclesiastica Indiana*. Mexiko.
Middleton, John E. (ed.) 1967, *Myth and Cosmos. Readings in Mythology and Symbolism.* (American Museum Sourcebooks in Anthropology, Q 5) Garden City/New York.
Miller, Arthur G. 1983, Image and Text in Pre-Hispanic Art: Apples and Oranges. In: Berlo (ed.) 1983: 41–54.
Miller, Joseph C. (ed.) 1980, *The African Past Speaks*. London und Hamden/Connecticut.
Moebus, Joachim 1973, Über die Bestimmung des Wilden und die Entwicklung des Verwertungsstandpunktes bei Kolumbus. *Das Argument* 79: 237–307.
Monod-Becquelin, Aurore 1979, Quelques remarques sur la tradition orale amérindienne. *Cahiers de Littérature Orale* (Paris) 6: 172–209.
Montoya, Antonio Ruiz de 1639, *Conquista espiritual hecha por los religiosos de la Compañía de Jesus, en las provincias del Paraguay, Parana, Uruguay, y Tape*. Madrid.
Motolinia, Toribio de Benavente 1858 (c. 1543), *Historia de los Indios de la Nueva España.* Mexiko.
Müller, Klaus E. 1982 [Buchbesprechung zu: Hallpike 1979]. *Zeitschrift für Ethnologie* 106: 286–291.
Muensterberger, Werner/Esman, Aaron/Boyer, L. Bryce (eds.) 1978, *The Psychoanalytic Study of Society.* New Haven.
Münzel, Mark 1971 a, Kware veja puku – »Dejámos lejos al gran oso hormiguero«. Notas preliminares sobre cinco canciones Axé. *Suplemento Antropológico* (Asunción del Paraguay) 6, 1/2: 177–259.
–, 1971 b, *Medizinmannwesen und Geistervorstellungen der Kamayurá (Alto Xingú – Brasilien)*. (Arb. aus d. Sem. f. Völkerkunde d. J.W. Goethe Univ. Frankfurt am Main, 2) Wiesbaden.
–, 1978, L'importance de la poésie Aché dans le contexte paraguayen. *Actes du XLIIe Congrès International des Américanistes* (Paris) 4: 557–563.
–, 1982, Juppiters wilder Bruder. Der Versuch der Missionare, den Tupinambá und Guaraní einen christlichen Gott zu bringen. In: Kohl (ed.) 1982: 101–109.
–, 1983, *Die Aché in Ostparaguay*. (Museum für Völkerkunde, Roter Faden zur Ausstellung, 6) Frankfurt am Main.
–, 1984, Neue Formen der Opposition bei Indianern. In: Ginsburg/Ostheider (eds.) 1982: 67–84.

–, 1985, Der vorläufige Sieg des indianischen Funktionärs über den indianischen Medizinmann. Anmerkungen zum europäischen Diskurs über ethnische Minderheiten in der Dritten Welt. *Peripherie. Zeitschrift für Politik und Ökonomie in der Dritten Welt* (Berlin) 20: 5–17.
Münzel, Mark (ed.) 1973, *Erzählungen der Kamayurá. Alto Xingú – Brasilien.* (Studien zur Kulturkunde, 30) Wiesbaden.
Münzel, Mark/Streck, Bernhard (eds.) 1981, *Kumpania und Kontrolle. Moderne Behinderungen zigeunerischen Lebens.* (Texte zu Sozialgeschichte und Alltagsleben) Gießen.
Murra, John V. 1975, Las etnocategorías de un khipu estatal. In: J.V. Murra (ed.): *Formaciones económicas y políticas del mundo andino.* Lima: 243–254.
Nagy, Arturo/Pérez-Maricevitch, Francisco (eds.) 1967, *Tres encuentros con América.* (Col. Paraquaria, 2) Asunción del Paraguay.
Nicholson, Henry B. 1971, Pre-Hispanic Central Mexican Historiography. In: *Investigaciones Contemporáneas sobre la Historia de México.* Mexiko: 38–81.
–, 1973, Phoneticism in the Central Mexican Writing System. In: E.P. Benson (ed.): *Mesoamerican Writing Systems*. Washington: 1–46.
Nimuendajú Unkel, Curt 1914, Die Sagen von der Erschaffung und Vernichtung der Welt als Grundlagen der Religion der Apapokúva-Guaraní. *Zeitschrift für Ethnologie* 46, 2/3: 284–403.
–, 1956, *Os Apinayé.* (Boletim do Museu Paraense Emílio Goeldi, 12) Belém/Pará.
Nordenskjold, Erland 1925, *The Secret of the Peruvian Quipu.* Göteborg.
Nowotny, Karl Anton 1956, Die Notation des ›tono‹ in den aztekischen cantares. *Baessler-Archiv.* N.F. IV: 185–189.
–, 1959, Die Hieroglyphen des Codex Mendoza. Der Bau einer mittelamerikanischen Wortbildschrift. *Mitteilungen aus dem Museum für Völkerkunde, Hamburg* 25: 97–113.
–, 1967, Die mexikanische Bilderschrift. *Studium Generale* 20: 584–599.
Oliveira, Roberto Cardoso de 1976, *Do índio ao Bugre – o processo de assimilação dos Terêna.* Rio de Janeiro.
Ong, Walter J. 1944, Historical Backgrounds of Elizabethan and Jacobean Punctuation Theory. *Publications of the Modern Language Association* 59: 349–360.
–, 1982, *Orality and Literacy. The Technologizing of the World.* (New Accents) London / New York.
Ortiz Rescaniere, Alejandro 1973, *De Adaneva a Inkarrí.* Lima.
Ossio, Juan M. 1977, Myth and History: The Seventeenth-Century Chronicle of Guamán Poma de Ayala. In: R.K. Jain (ed.): *Text and Context*. Philadelphia: 51–91.

Osterland, Martin (ed.) 1975, *Arbeitssituation, Lebenslage und Konfliktpotential. Festschrift für Max E. Graf zu Solms-Rödelheim.* (Studienreihe des Soziologischen Forschungsinstituts Göttingen) Frankfurt am Main.
Oviedo y Valdés, Gonzálo Fernández de 1959 (1535), *Historia General y Natural de las Indias,* Teil 1 (Biblioteca de Autores Españoles). Madrid.
Palomera, Esteban J. 1962, *Fray Diego de Valadés o.f.m. – Evangelizador de la Nueva España. Su obra.* Mexiko.
Paulhan, Jean 1982, *Cahiers, 2: Jean Paulhan et Madagaskar 1908–1910.* Paris.
Peters, Emrys 1960, The Proliferation of Segments in the Lineage of the Bedouin of Cyrenaica. *Journal of the Royal Institute of Anthropology* 90: 29–53.
Poma de Ayala, Felipe Guamàn 1980 (c. 1615), *El Primer Nueva Corónica y Buen Gobierno.* (J.W. Murra/R. Adorno, eds.) Mexiko.
Porras Barrenechea, Raúl 1948, *El cronista indio Guamán Poma de Ayala.* Lima.
Pottier, Bernard (ed.) 1970, L'ethnolinguistique. *Langages*, 18 juin 1970
Prem, Hanns J. 1979, Aztec Writing considered as a paradigm for mesoamerican scripts. In: B. Dahlgren (ed.): *Mesoamérica. Homenaje al doctor Paul Kirchhoff.* Mexiko: 104–118.
Prem, Hanns J./Riese, Berthold 1983, Autochthonous American Writing Systems. The Aztec and Maya examples. In: F. Coulmas/K. Ehlich (eds.): *Writing in Focus*. Den Haag: 167–186.
Preuss, Konrad Theodor 1921–23, *Religion und Mythologie der Uitoto. Textaufnahmen und Beobachtungen bei einem Indianerstamm in Kolumbien, Südamerika.* 2 Bde. Göttingen/Leipzig.
Radicati di Primeglio, Carlos 1977, *El sistema contable de los quipus*, Lima.
Radin, Paul 1927, *Primitive Man as Philosopher.* New York.
Rakelmann, Georgia A. 1981, Zigeuner in der Schule – Regulierung durch Pädagogik. In: Münzel/Streck (eds.) 1981: 167–191.
Ravines, Rogger 1978, *Tecnología Andina.* Lima.
Read, K.E. 1955, Morality and the Concept of the Person Among the Gahuku-Gama: *Oceania* 25, 4: 233–282.
Reichel-Dolmatoff, Gerardo 1971, *Amazon Cosmos. The Sexual and Religious Symbolism of the Tukano Indians.* Chicago/London.
Restivo, Paulo SJ 1890, *Brevis Linguae Guarani Grammatica Hispanice a Reverendo Patre Jesuita Paulo Restivo secundum libros Antonii Ruiz de Montoya et Simonis Bandini in Paraquaria anno MDCCXVIII composita et »Breve Noticia de la Lengua Guarani« inscripta.* Ed. Christian Friedrich Seybold, Stuttgart.
–, 1892, *Lingua Guaraní Grammatica Hispanice a Reverendo Patre Jesuita Paulo Restivo secundum libros Antonii Ruiz de Montoya,*

Simonis Bandini aliorumque adjecto Particularum lexico anno MDCCXXIV in Civitate Sanctae Mariae Majoris edita et »Arte de la lengua Guaraní« inscripta. Ed. Christian Friedrich Seybold, Stuttgart.
Ribeiro, Berta G. 1979, *Diário do Xingu.* (Estudos Brasileiros, 42) Rio de Janeiro.
Ricard, Robert 1947, *La Conquista Espiritual de México. Ensayo sobre el apostolado y los métodos misioneros de las órdenes mendicantes en la Nueva España de 1523 a 1572.* Mexiko.
Roa Bastos, Augusto (ed.) 1978, *Las Culturas Condenadas.* (Col. América Nuestra – América Colonizada, 18) México.
Robert, Jean Michel 1983, *Leibniz und der Spracherwerb.* Dissertation Frankfurt.
Robertson, Donald 1959, *Mexican Manuscript Painting of the Early Colonial Period: the Metropolitan Schools.* New Haven.
Rösler, Wolfgang 1983, Schriftkultur und Fiktionalität. Zum Funktionswandel der griechischen Literatur von Homer bis Aristoteles. In: Assmann/Hardmeier (eds.) 1983: 109–123.
Rousseau, Jean Jacques 1969, *Essai sur l'origine des langues.* Paris.
Sahagún, Bernardino de 1829, *Historia General de las Cosas de Nueva España.* 2 Bde. (C.M. Bustamante ed.). Mexiko.
Samaniego, Marcial 1968, Textos míticos Guaraníes. *Suplemento Antropológico de la Revista del Ateneo Paraguayo* 3, 1/2: 373–405.
Saussure, Ferdinand de 1964, *Cours de Linguistique Générale.* Paris.
Schaden, Egon 1974, *Aspectos fundamentais da cultura Guaraní.* São Paulo.
Scharlau, Birgit 1980, El Imperialismo Cultural. Besprechung eines gleichlautenden Themenheftes der Zeitschrift ›Comunicación y Cultura‹ (No. 6, 1976). *Iberoamericana* 1: 47–50.
–, 1982, Beschreiben und Beherrschen. Die Informationspolitik der spanischen Krone im 15. und 16. Jahrhundert. In: K.H. Kohl (ed.) 1982: 92–100.
–, 1983, Tiger – Semantik. Gonzálo Fernández de Oviedo und die Sprachprobleme in Las Indias. *Iberoamericana* 18: 51–68.
–, 1985, Wie lasen die Azteken? *Zeitschrift für Literaturwissenschaft und Linguistik* 57/58 (Themenheft »Lesen – historisch«. B. Schlieben-Lange, ed.): 15–34.
–, 1986 a, Escrituras en Contacto: el Caso del Mexico Colonial. Erscheint in: *Actes du XVIIIeme Congrès International de Linguistique et Philologie Romanes* (Trier).
–, 1986 b, Tradición oral y reproducción escrita: las conquistas literarias en el Nuevo Mundo. Erscheint in: *Actas del Noveno Congreso de la Asociación Internacional de Hispanistas* (Berlin).
–, 1986 c, *Lateinamerika-Chroniken* (in Vorbereitung).
–, 1986 d, Abhängigkeit und Autonomie. Die Sprachbetrachtungen des Inca Garcilaso de la Vega. *Iberoamericana* 25/26.

Schedel'sche Weltchronik 1979 (1493). Dortmund.
[Scheuermann, Erich] 1975, *Der Papalagi. Die Reden des Südseehäuptlings Tuiavii aus Tiavea. Eine Kritik der europäischen Kultur, verfaßt von einem Exoten.* Berlin.
Schlieben-Lange, Brigitte 1983, *Traditionen des Sprechens.* Stuttgart.
Schmidt, Max 1904, Ableitung südamerikanischer Geflechtmuster aus der Technik des Flechtens. *Zeitschrift für Ethnologie* 36: 490–512.
–, 1926, Die technischen Voraussetzungen in der Ornamentik der Eingeborenen Südamerikas. *Ipek. Jahrbuch für prähistorische und ethnographische Kunst* 2: 142–174.
Schneider, Marius 1953, Die Bedeutung der Stimme in den alten Kulturen. *Tribus. Jahrbuch des Lindenmuseums* (Stuttgart), N.F. 2/3: 9–29.
Schultze Jena, Leonhard 1944, *Popol Vuh. Das Heilige Buch der Quiché Indianer von Guatemala.* Stuttgart/Berlin.
–, 1952, *Gliederung des alt-aztekischen Volks in Familie, Stand und Beruf. Aus dem aztekischen Urtext Bernardino de Sahagúns übersetzt und erläutert.* Stuttgart.
–, 1957, *Alt-aztekische Gesänge.* Stuttgart.
Seler, Eduard 1902, *Gesammelte Abhandlungen zur Amerikanischen Sprach- und Altertumskunde,* Bd. 1. Berlin.
Seppilli, Anita 1979, *La Memoria e l'Assenza. Tradizione Orale e Civiltá della Scrittura nell'America dei Conquistadores.* Bologna.
Sherzer, Joel 1974, Namakke, Sunmakke, Kormakke: Three Types of Cuna Speech Event. In: Bauman/Sherzer (eds.) 1974: 263–282, 461–464, 489.
–, 1983, *Kuna Ways of Speaking: An Ethnographic Perspective.* Austin.
Siméon, Rémi (ed.) 1875, *Grammaire de la Langue Náhuatl ou Mexicaine, composée en 1547 par le franciscain André de Olmos.* Paris.
Simões, Mário (ed.) 1973, *O Museu Goeldi no Ano do Sesquicentenário.* (Museu Paraense Emílio Goeldi, Publicações avulsas, 201) Belém do Pará.
Siskind, Janet 1973, Visions and Cures Among the Sharanahua. In: Harner (ed.) 1973: 28–39
Spengler, Oswald 1923, *Der Untergang des Abendlandes. Umrisse einer Morphologie der Weltgeschichte.* 2 Bde. München.
Sperber, Dan 1975, *Rethinking Symbolism.* Cambridge.
Stanford, Thomas E. 1966, A Linguistic Analysis of Music and Dance Terms from three Sixteenth Century Dictionaries of Mexican Indian Languages. In: *Festschrift Charles Seeger,* New York: 100–159.
Stein, Gerd (ed.) 1984, *Exoten durchschauen Europa. Der Blick des Fremden als ein Stilmittel abendländischer Kulturkritik.* (Fischer Taschenbuch, 3072. Ethnoliterarische Lesebücher, 2) Frankfurt am Main.
Steinen, Karl von den 1894, *Unter den Naturvölkern Zentralbrasiliens.* Berlin.

Stolpe, Hjalmar 1974, *Amazon Indian Designs from Brazilian and Guianan Wood Carvings.* Ed. Theodore Menten. (The Dover Pictorial Archive Series) New York.
Taylor Baird, Ellen 1983, Text and Image in Sahagún's Primeros Memoriales. In: *Proceedings of the 44th International Congress of Americanists,* Manchester: 155–176.
Thevet, André 1953, *Le Brésil et les Brésiliens.* (Pays d'outre-mer, 2ème série: Les classiques de la colonisation, 2) Paris.
Thompson, J. Eric S. 1959, Systems of hieroglyphic writing in Middle America and Methods of deciphering them. *American Antiquity* XXIV, 4, 1: 349–364.
Todorov, Tzvetan 1985, *Die Eroberung Amerikas. Das Problem des Anderen.* Frankfurt.
Torquemada, Juan de 1723, *Los veinte i un libros rituales i monarchia indiana,* 3 Bde. Madrid.
Tozzer, Alfred M. 1912, The value of ancient mexican manuscripts in the study of the general development of writing. *Smithsonian Institution, Annual Report of 1911.* Washington.
Urioste, George L. 1981, The Spanish and the Quechua voices of Waman Puma. *Review. Latinamerican Literature and Arts* 28: 16–19.
Van Velthem, Lucia Hussak 1976, *Representações gráficas Wayâna-Aparaí.* (Boletim do Museu Paraense Emílio Goeldi, n.s. Antropologia, 64) Belém/Pará.
Varese, Stefano 1982, Ethnische Strategie oder Klassenstrategie? In: *Indianer in Lateinamerika* 1982: 31–42.
Vidal, Lux Boelitz 1977, *Morte e Vida de uma Sociedade Indígena Brasileira: Os Kayapó-Xikrin do Rio Cateté.* São Paulo.
Voorwinden, Norbert/De Haan, Max (eds.) 1979, *Oral Poetry. Das Problem der Mündlichkeit epischer Dichtung.* (Wege der Forschung, 555) Darmstadt.
Vygotski, Lev Semenovitch 1962, *Thought and Language.* Cambridge.
Wachtel, Nathan 1971, Pensée Sauvage et Acculturation. L'espace et le temps chez Felipe Guamán Poma de Ayala et l'Inca Garcilaso de la Vega. *Annales* No. 3–4: 793–840. Paris.
Watson, Lawrence C. 1981, Dreaming as World View and Action in Guajiro Culture. *Journal of Latin American Lore* (Los Angeles) 7, 2: 239–254.
Watzlawick, Paul/Beavin, Janet H./Jackson, Don D. 1971, *Menschliche Kommunikation.* Bern.
Weiss, Gerald 1975, Campa Cosmology. The World of a Forest Tribe in South America. *Anthropological Papers of the American Museum of Natural History* (New York) 52, 5: 217–588.
–, 1977, Rhetoric in Campa Narrative. *Journal of Latin American Lore* (Los Angeles), 3, 2: 169–182.

Wendel, Renate Maria 1985, Gesungene Tänze. *Frankfurter Allgemeine Zeitung* v. 26. 3. 1985: B 2.
Wendt, Ingeborg Y. 1979, Die abendländische Perspektive – Maßstab oder Variante der Weltgeschichte. *Vereinte Nationen* (Bonn), 2/79: 53–56.
Wilson, Godfrey/Wilson, Monica 1945, *The Analysis of Social Change.* Cambridge.
Wimmel, Walter 1981, *Die Kultur holt uns ein. Die Bedeutung der Textualität für das geschichtliche Werden.* Würzburg.
Witherspoon, Gary J. 1977, Navajo Categories of Objects at Rest. In: Dolgin et al. (eds.) 1977: 412–431.
Wolf, Eric R. 1959, *Sons of the Shaking Earth.* Chicago.
Xarque, Francisco 1687, *Insignes misioneros de la Compañía de Jesus...* Pamplona.
Ximénez, Pdre. Bartolomé 1967, Misión a los Tobatines. In: Nagy/Pérez-Maricevitch (eds.) 1967: 25–67.
Yates, Frances A. 1966, *The Art of Memory.* Chicago.
Young, Michael W. 1983, *Magicians of Manumanaua. Living Myth in Kalauna.* Berkeley.
Zerries, Otto 1981, Kalebassenmasken und Idole bei außerandinen Indianern Südamerikas. *Scripta Ethnologica* (Buenos Aires) 6: 173–185.
Zerries, Otto/Schuster, Meinhard 1974, *Mahekodotedi, Monographie eines Dorfes der Waika-Indianer (Yanoama) am oberen Orinoco (Venezuela).* (Ergebnisse der Frobenius-Expedition 1954/1955 nach Süd-ost-Venezuela, 2) München.
Zimmermann, Günther 1955, Über einige stereotype Wendungen und Metaphern im Redestil des Aztekischen. *Baessler Archiv,* N.F. III: 149–168.
–, 1960, *Das Geschichtswerk des Domingo de Muñon Chimalpahin Quauhtlehuanitzin.* Hamburg.
–, 1970, *Briefe der indianischen Nobilität aus Neuspanien an Karl V und Philipp II um die Mitte des 16. Jahrhunderts.* Hamburg.
–, 1975, Fray Bernardino de Sahagún's Enzyklopädie der aztekischen Kultur. *Baessler-Archiv,* N.F. Bd. XXIII: 347–362.
Zumthor, Paul 1983, *Introduction à la poésie orale.* (Poétique) Paris.